Tendências constitucionais no Direito de Família
Estudos em homenagem ao Prof. José Carlos Teixeira Giorgis

T291   Tendências constitucionais no Direito de Família: estudos em homenagem ao Prof. José Carlos Teixeira Giorgis / Adriane Donadel ... [et al.]; orgs. Sérgio Gilberto Porto, Daniel Ustárroz. — Porto Alegre: Livraria do Advogado Editora, 2003.
224p.; 16x23cm.
ISBN 85-7348-287-7

1. Direito de Família. I. Donadel, Adriane. II. Porto, Sérgio Gilberto, org. III. Ustárroz, Daniel, org.

CDU - 347.6

Índices para o catálogo sistemático:
Direito de família

(Bibliotecária responsável: Marta Roberto, CRB-10/652)

Sérgio Gilberto Porto
Daniel Ustárroz
organizadores

Tendências constitucionais no Direito de Família

Adriane Donadel
Cristiane Avancini Alves
Cristiane Flôres Soares Rollin
Cristina Reindolff da Motta
Éderson Garin Porto
Fernanda Louro Figueras
Francisco Tiago Duarte Stockinger
Gustavo Bohrer Paim
Juliano Spagnolo
Luiz Paulo Rosek Germano
Márcio Louzada Carpena
Miguel Tedesco Wedy

Estudos em homenagem ao Prof. José Carlos Teixeira Giorgis

livraria
DO ADVOGADO
editora

Porto Alegre 2003

©
Adriane Donadel
Cristiane Avancini Alves
Cristiane Flôres Soares Rollin
Cristina Reindolff da Motta
Daniel Ustárroz (org.)
Éderson Garin Porto
Fernanda Louro Figueras
Francisco Tiago Duarte Stockinger
Gustavo Bohrer Paim
Juliano Spagnolo
Luiz Paulo Rosek Germano
Márcio Louzada Carpena
Miguel Tedesco Wedy
Sérgio Gilberto Porto (org.)
2003

Projeto gráfico e diagramação de
Livraria do Advogado Editora

Revisão de
Rosane Marques Borba

Direitos desta edição reservados por
Livraria do Advogado Editora Ltda.
Rua Riachuelo, 1338
90010-273 Porto Alegre RS
Fone/fax: 0800-51-7522
livraria@doadvogado.com.br
www.doadvogado.com.br

Impresso no Brasil / Printed in Brazil

Sumário

Apresentação 7

1. Efeitos da constitucionalização do Direito Civil no Direito de Família
   Adriane Donadel 9

2. Embriões excedentários e bioética: rumo a novas perspectivas no âmbito do Direito de Família sob um prisma constitucional
   Cristiane Avancini Alves 21

3. Paternidade responsável em direção ao melhor interesse da criança
   Cristiane Flôres Soares Rollin 35

4. A constitucionalidade da prisão civil do devedor de alimentos
   Cristina Reindolff da Motta 51

5. A efetividade dos Direitos Fundamentais e a prova no Direito de Família
   Daniel Ustárroz 63

6. Coisa julgada inconstitucional nas ações de investigação de paternidade
   Éderson Garin Porto 85

7. Aspectos constitucionais da união de pessoas do mesmo sexo
   Fernanda Louro Figueras 103

8. Família constitucional, separação litigiosa e culpa
   Francisco Tiago Duarte Stockinger 117

9. Bem de família e o princípio constitucional da dignidade da pessoa humana
   Gustavo Bohrer Paim 127

10. Uma visão dos alimentos através do prisma fundamental da dignidade da pessoa humana
    Juliano Spagnolo 141

11. Deveres constitucionais da família frente ao Estado
    Luiz Paulo Rosek Germano 155

12. Da tutela constitucional inibitória no Direito de Família
    Márcio Louzada Carpena 169

13. A prisão constitucional por alimentos e o princípio da proporcionalidade
    Miguel Tedesco Wedy 187

14. Constituição e processo nas ações de revisão de alimentos
    Sérgio Gilberto Porto 199

Apresentação

Homenagear *José Carlos Teixeira Giorgis*, antes de mais nada, é, para os signatários da iniciativa, a alegria de poder concretizar um singelo, porém, sincero, reconhecimento ao mestre e amigo.

Ao mestre, em razão de sua incomparável capacidade de incentivar a todos que o cercam para o enfrentamento de desafios culturais, apontando, sempre, com a precisão de um experiente navegante, o rumo a ser seguido e, também, por sua inesgotável paciência de fazer compreender e apreender as formas de enfrentar as - nem sempre favoráveis - condições da existência.

Ao amigo, por identificar nele a figura imortalizada no verso sábio de Fernando Pessoa, quando diz, em *Procura-se um amigo,* que este não precisa ser homem, basta ser humano, basta ter sentimento, basta ter coração. Tem que gostar de poesia, da madrugada, de pássaros, do sol, da lua, do canto dos ventos e dos murmúrios das brisas. Deve amar ao próximo e respeitar a dor que todos os passantes levam... Deve guardar segredo sem se sacrificar... Deve ter um ideal e medo de perdê-lo... Seu principal objetivo há de ser o de ser amigo... Deve compreender o imenso vazio dos solitários... Deve ser Don Quixote, sem, contudo, desprezar Sancho Pança... Deve se comover quando chamado de amigo... Deve gostar de coisas simples... de orvalhos, de grandes chuvas e de recordações da infância... Um amigo que diga que vale a pena viver, não porque a vida é bela, mas porque se tem um amigo e deve, especialmente, admirar o outono, como o estimado "Juca" que faz que nos sintamos felizes, exatamente, por ser nosso amigo!

Não bastassem, por si só, as circunstâncias antes elencadas à homenagem que se presta, também merece especial atenção o invejável histórico pessoal de José Carlos Teixeira Giorgis. Nascido em 18 de julho, na cidade de Bagé, com cuja história contemporânea de tal forma se embrica que fica difícil separá-los.

Licenciou-se em História Natural pela PUCRS, universidade na qual viria a lecionar, anos mais tarde. Não satisfeito, em sua terra natal, concluiu o curso de licenciatura em Filosofia. Ao final, ainda ingressou na Faculdade de Direito de Pelotas, onde colou grau em fevereiro de 1965.

Sua singular vida acadêmica como discente é refletida fielmente pelo denodo com que, posteriormente, se dedicou ao ensino. Lecionou, afora sua atuação no ensino fundamental, entre outras conceituadas escolas, na UFRGS, Escola Superior da Magistratura do Rio Grande do Sul, Escola Superior do Ministério Público, na Escola Superior de Advocacia da OAB/RS, na Escola Superior do Instituto dos Advogados do Rio Grande do Sul (IARGS), no Centro de Estudos Jurídicos (CEJUR), nas Faculdades de Direito, Filosofia, Letras, Ciências e de Agronomia de Bagé, todas da URCAMP, seu acalentado berço acadêmico docente.

Na advocacia, dedicou-se inicialmente à atividade privada e depois à pública, onde titulou o cargo de Procurador do Estado. Nomeado, mercê de seus reconhecidos méritos profissionais, Juiz de Alçada em vaga dedicada ao quinto constitucional, e, desde 1997, é membro do Tribunal de Justiça do Estado do Rio Grande do Sul, ora tomando assento como Desembargador na 7ª Câmara Cível, cuja competência engloba o direito de família.

No Tribunal de Justiça do Rio Grande do Sul, vem desenvolvendo a especial missão de concretizar os mandamentos constitucionais que se revelam sob a forma de princípios. Solver os conflitos de família, assegurando a mais-valia constitucional ao cidadão, parece ser o lema do homenageado cada vez que veste a toga. Daí a idéia dos signatários de desenvolver estudos de sua seara de atuação como forma de reconhecimento de uma verdadeira escola de pensamento que debate os reflexos do constitucionalismo moderno no direito de família.

Os autores

— 1 —

Efeitos da constitucionalização do Direito Civil no Direito de Família

ADRIANE DONADEL
Mestre em Direito Processual Civil pela PUCRS

Sumário: Introdução; 1. Breve notícia histórica do Direito Civil; 2. Notas sobre alguns conceitos: constitucionalização, publicização, despatrimonialização e repersonalização do Direito Civil; 3. Formas de atuação da Constituição Federal sobre o Direito Privado; 4. Supremacia material da Constituição e eficácia normativa; 5. Efeitos da constitucionalização do Direito Civil no Direito de Família; Conclusões.

Introdução

A constitucionalização do direito privado é caminho inevitável que leva à obrigatória releitura do Código Civil, das leis especiais e de todo ordenamento à luz dos preceitos da Constituição.

A partir de uma breve análise da evolução histórica do direito privado, buscar-se-á suas principais características na vigência do Estado liberal clássico e sua evolução até a instituição do Estado Democrático de Direito.

Num segundo momento, terá lugar o estudo das várias designações que vêm sendo utilizadas pela doutrina para adjetivar o direito privado nos novos rumos que tem tomado: constitucionalização, publicização, despatrimonialização e repersonalização.

Logo em seguida, serão destacadas as formas de atuação da Constituição Federal sobre o direito privado e sua eficácia normativa que acarreta a supremacia material da Constituição Federal na interpretação de todo o ordenamento infraconstitucional.

No tópico subseqüente e derradeiro, serão avaliados os efeitos e as conseqüências que o fenômeno da constitucionalização do direito civil tem acarretado em um dos principais institutos do direito civil: o direito de família.

1. Breve notícia histórica do Direito Civil

É de grande importância a análise, ainda que sucinta, da evolução histórica do direito privado para a compreensão do fenômeno da constitucionalização do direito civil. Cuida-se de averiguar quais as conseqüências trazidas em razão da transformação do papel desempenhado pelo Código Civil ao longo do tempo.

Durante a vigência do Estado liberal clássico, o contexto histórico que se apresenta é o da Revolução Francesa do século XIX. Este espaço de tempo é identificado como a "era das codificações" ou a "era dos códigos".[1] Os produtos mais importantes desse momento histórico são o Código de Napoleão, de 1804, e o BGB alemão, de 1896, também designado de "segunda codificação".[2] O Código Civil brasileiro de 1916 também é fruto da mesma mentalidade individualista e nasceu com as chamadas "codificações tardias", entendidas estas como as surgidas depois do BGB alemão, já no século XX, tais como os Códigos Civis suíço (1907), grego (1940), italiano (1942) e português (1966).[3]

De fato, o Código é o maior monumento erguido pelo liberalismo e erigido tendo como destinatário o sujeito dotado de patrimônio. As principais características da "era dos códigos" são a liberdade contratual, a autonomia da vontade, a propriedade privada e o modelo familiar patriarcal.

Identifica-se a total vinculação entre as codificações e o modelo liberal de organização do direito vigente na época.

A codificação de natureza civil era considerada o núcleo do sistema. Prevalecia o dogma da completude representado por "um sistema fechado, axiomático-dedutivo, em que a atividade do intérprete resumia-se a isolar

---

[1] FINGER, Júlio César. Constituição e direito privado: algumas notas sobre a chamada constitucionalização do direito civil. In.: SARLET, Ingo Wolfgang (organizador). *A Constituição concretizada: construindo pontes com o público e o privado*. Porto Alegre: Livraria do Advogado, p. 85-106, 2000, p. 87.

[2] CORDEIRO, António Menezes, prefaciando CANARIS, Claus-Wilhelm. *Pensamento sistemático e conceito de sistema na ciência do direito*. Trad. de António Menezes Cordeiro. 2ª ed. Lisboa: Fundação Calouste Gulbenkian, 1996, p. XCIII.

[3] *Id.*, p. XCVIII.

o fato e identificar a norma jurídica a ele aplicável, como se fosse tal atividade uma operação lógico-formal".[4]

Segundo Gustavo Tepedino, "a Escola da Exegese, reelaborando o princípio da completude de antiga tradição romana medieval, levou às últimas conseqüências o mito do monopólio estatal da produção legislativa, de tal sorte que o direito codificado esgotava o fenômeno jurídico, em todas as suas manifestações".[5] O direito codificado era considerado suficiente para regular todas as situações que pudessem surgir entre os integrantes da sociedade. Vigorava a chamada ideologia dos três cês: as leis eram tidas como completas, claras e coerentes.

Predominava a igualdade formal de direitos subjetivos. O Código Civil era visto como a "constituição privada" a regular todos os aspectos da vida dos cidadãos. Preponderava a absoluta divisão entre o direito público e o direito privado.[6]

As Constituições asseguravam apenas os direitos fundamentais de primeira dimensão que representam "uma esfera *negativa* de proteção contra a ação do Estado".[7]

A família hierarquizada de modelo patriarcal e seus integrantes eram protegidos tendo em vista predominantemente as suas funções política, religiosa e patrimonial. O ser humano e sua dignidade eram colocados em segundo plano e reinavam os valores referentes à apropriação de bens.

A ordem econômica era realizada através de contratos celebrados entre indivíduos autônomos e formalmente iguais, alicerçada no princípio do *pacta sunt servanda*, sem qualquer preocupação com a justiça distributiva.

Enfim, o Código Civil protegia o indivíduo isolado no papel do contratante e do proprietário.

Já na segunda metade do século XIX, inicia-se a ruptura com o Estado liberal através do crescimento dos movimentos sociais e do processo de industrialização aliado à eclosão da Primeira Guerra Mundial.

São incorporados às Constituições os chamados direitos de segunda dimensão, tais como os direitos econômicos, sociais e culturais. Trata-se de direitos que consagram prestações positivas, tais como os direitos à assistência social, à saúde, à educação e ao trabalho. Ao invés de um não-fazer, os Estados passaram a dever aos cidadãos um fazer. No Brasil,

---

[4] FINGER, *op. cit.*, p. 88.
[5] TEPEDINO, Gustavo. Normas constitucionais e relações de direito civil na experiência brasileira. *Revista Jurídica*. Rio de Janeiro, v. 278, p. 5 a 21, dez. 2000, p. 6.
[6] FINGER, *op. cit.*, p. 86.
[7] *Id.*, p. 87.

esses direitos prestacionais foram incluídos pela primeira vez na Constituição Federal de 1924.[8]

Somente após o segundo pós-guerra, as Constituições incorporaram os direitos de terceira dimensão. São os chamados direitos de solidariedade e fraternidade, tais como o direito à paz, ao desenvolvimento, ao meio ambiente, à qualidade de vida e à comunicação.[9] No Brasil, somente na Constituição Federal de 1988 essa dimensão foi incorporada na sua plenitude.[10]

O contexto que se seguiu, permeado pela grande circulação de bens, levou à edição de estatutos especiais, regulamentadores de temas específicos que fugiam ao padrão disposto nos Códigos.[11] "O Estado legislador movimenta-se então mediante leis extracodificadas, atendendo às demandas contingentes e conjunturais, no intuito de reequilibrar o quadro social delineado pela consolidação de novas castas econômicas".[12]

O surgimento dessas novas situações fáticas que desencadearam a edição de novos diplomas legais deu início ao fenômeno da descodificação do direito civil.[13] Desta forma, começaram a surgir novos ramos jurídicos autônomos, chamados de microssistemas, como resultado de concretizações de princípios constitucionais. Entre eles, estão o Estatuto da Criança e do Adolescente, o Código de Defesa do Consumidor, a Lei de Locações e a Lei de Parcelamento do Solo Urbano.

A relação entre os microssistemas e o Código Civil passou a ser de gênero-espécie: quando não havia previsão específica na legislação extracodificada se buscava a regra genérica do Código Civil. O Código Civil, que antes era o centro do sistema, passou a ser aplicado apenas de forma residual, pois os estatutos passaram a complementar e, muitas vezes, a revogar o disposto no Código Civil. "Começa-se a se escrever a palavra 'código' com minúscula, e consideram-no uma lei a mais, suscetível de sofrer tantas modificações como as demais".[14] Verificou-se uma verdadeira descentralização e conseqüente fragmentação do sistema de direito privado.

Assim, iniciou-se a intervenção do direito constitucional sobre o direito privado.

---

[8] *Id.*, p. 90 e SARLET, Ingo Wolfgang. *A eficácia dos direitos fundamentais*. 2. ed. Porto Alegre: Livraria do Advogado, 2001, p. 51.
[9] SARLET, *A eficácia...*, p. 51.
[10] FINGER, *op. cit.*, p. 91.
[11] *Id., ibid.*
[12] TEPEDINO, Gustavo. *Temas de direito civil*. 2. ed. Rio de Janeiro: Renovar, 2001, p. 4.
[13] LÔBO, Luiz Paulo Netto. Constitucionalização do direito civil. *Revista de Informação Legislativa*. Brasília, a. 36, n. 141, p. 99 a 109, jan./mar., 1999, p. 102.
[14] LORENZETTI, Ricardo Luis. *Fundamentos do direito privado*. São Paulo: Revista dos Tribunais, 1998, p. 60.

Inicialmente esta intromissão se deu através do legislador ordinário nos diversos diplomas legais surgidos para reequilibrar as relações contratuais: Estatuto da Terra, Lei das Locações Urbanas, Código de Defesa do Consumidor, entre outros.

Posteriormente, a Constituição passa a regular temas antes deixados para o direito civil, como a justiça, a segurança, a liberdade, a igualdade, a propriedade, o direito de família, entre outros.[15] Isto é, "matérias típicas do direito privado passam a integrar uma nova ordem pública constitucional".[16]

A Constituição passa a ser o centro do ordenamento e a influenciar a interpretação de todas as normas infraconstitucionais.

No Estado Democrático de Direito da Constituição Federal de 1988, com seus fundamentos na dignidade da pessoa humana, o antagonismo entre público e privado perdeu definitivamente o sentido.[17]

Com a introdução, no âmbito da ordem constitucional, de temas anteriormente considerados tipicamente "privados", houve um rompimento com o sistema de direito civil clássico. O direito de família foi um dos campos mais afetados.

Nisso consiste o fenômeno da constitucionalização do direito privado: numa tentativa de reunificar o sistema, fragmentado devido ao surgimento de infinitos estatutos esparsos.

2. Notas sobre alguns conceitos: constitucionalização, publicização, despatrimonialização e repersonalização do Direito Civil

Paulo Luiz Netto Lôbo alerta que os termos *constitucionalização* e *publicização* têm significação distinta. Para o autor, "a constitucionalização do direito civil é o processo de elevação ao plano constitucional dos princípios fundamentais do direito civil, que passam a condicionar a observância pelos cidadãos, e a aplicação pelos tribunais, da legislação infraconstitucional".[18] Já a publicização "compreende o processo de crescente intervenção estatal, especialmente no âmbito legislativo, característica do Estado Social do século XX".[19]

---

[15] FINGER, *op. cit.*, p. 93.
[16] TEPEDINO, *Temas...*, p. 7.
[17] TEPEDINO, Maria Celina Bodin de Moraes. A caminho de um direito civil constitucional. *Revista de Direito Civil*. v. 65, p. 21 a 32, 1993, p. 26.
[18] LÔBO, *op. cit.*, p. 100.
[19] *Id. ibid.*

O fenômeno da publicização do direito civil é responsável pelo surgimento de ramos autônomos ao Código Civil como conseqüência do intervencionismo estatal no campo legislativo e redução do espaço de autonomia privada para a garantia da tutela jurídica dos hipossuficientes.[20]

Para Michele Giorgianni, "o uso dos termos 'publicização' ou 'socialização' deriva, portanto, não já de uma concepção especulativa – como a submissão de todo ato de autonomia privada à 'norma' – mas, sim, da constatação do fenômeno 'intervencionista' do Estado na economia".[21]

Assim, o fenômeno da publicização do direito civil seria identificável com o processo de intervenção legislativa infraconstitucional, enquanto a constitucionalização do direito civil teria como objetivo submeter o direito positivo aos fundamentos de validade constitucionalmente estabelecidos.

Fala-se também de uma despatrimonialização do direito civil como conseqüência da sua constitucionalização. Também se poderia falar em uma repersonalização do direito civil: deixar de lado os direitos do proprietário e focar-se no direito da pessoa humana em sociedade.[22]

A idéia é de rumar no sentido de uma despatrimonialização dos estatutos e bens jurídicos, com um conseqüente apego maior a valores imateriais, tais como a educação.

"A era da codificação civil liberal tinha como valor necessário da realização da pessoa a propriedade, em torno da qual gravitavam os demais interesses privados, juridicamente tutelados".[23] A repersonalização tem sentido em repor a pessoa humana como centro do direito civil, passando o patrimônio para segundo plano.[24]

A reposição da dignidade da pessoa humana como valor supremo não significa o completo abandono da regulação acerca do patrimônio. A despatrimonialização do direito civil apenas consagra a revisão de alguns conceitos jurídicos (pessoa, patrimônio, família) adequando-os a uma nova realidade jurídica calcada nos princípios constitucionais.

Isto é, o fenômeno da despatrimonialização não quer significar a redução quantitativa do conteúdo patrimonial no sistema jurídico civilístico, mas, sim, conforme Pietro Perlingieri, a "passagem de uma jurisprudência civil dos interesses patrimoniais a uma mais atenta aos valores existenciais".[25]

---

[20] Id. ibid.
[21] GIORGIANNI, Michele. O direito privado e as suas atuais fronteiras. *Revista dos Tribunais*. São Paulo, v. 747, p. 35 a 55, jan., 1998, p. 45.
[22] FINGER, op. cit., p. 95.
[23] LÔBO, op. cit., p. 103.
[24] Id., ibid.
[25] PERLINGIERI, Pietro. *Perfis do direito civil: introdução ao direito civil constitucional*. Trad. de Maria Cristina De Cicco. Rio de Janeiro: Renovar, 1999, p. 33.

Não basta insistir na afirmação dos interesses da personalidade sobre o direito privado. É necessário realizar uma reconstrução do sistema segundo o valor da dignidade da pessoa humana.[26]

A exacerbação do enfoque patrimonialista está inclusive no âmbito do direito de família, em que o valor principal adotado é nitidamente o de proteção do patrimônio, e não da pessoa.

3. Formas de atuação da Constituição Federal sobre o Direito Privado

Salutar apreender de que forma a normativa constitucional influencia o direito privado e, principalmente, o instituto do direito civil ora em enfoque: o direito de família.

Segundo Ingo Wolfgang Sarlet, a Constituição Federal poderá atuar sobre o direito privado de três formas: "a) indiretamente, quando o legislador infraconstitucional concretizar a norma de direito fundamental ao legislar a regra de direito privado; b) indiretamente, quando o juiz interpretar as cláusulas gerais e conceitos indeterminados, preenchendo a norma incompleta com valores albergados nos princípios constitucionais; ou c) diretamente, quando inexistir norma de direito privado, cláusula geral ou conceito indeterminado ou, ainda, a norma ordinária tiver alcance mais restrito que a normativa constitucional".[27]

Neste último caso, estar-se-ia reconhecendo uma eficácia irradiante dos direitos fundamentais.[28]

De fato, a Constituição Federal é o centro do ordenamento jurídico. A sua supremacia é revelada por muitas razões. Em primeiro lugar, a Constituição Federal é a fonte primária das normas jurídicas. Outro fator relevante é o de que a Constituição Federal traz arraigada a idéia de rigidez, permanência e supremacia, o que agrega segurança a todo o sistema.

4. Supremacia material da Constituição e eficácia normativa

A noção de que todo o ordenamento jurídico deve ser interpretado conforme os princípios constitucionais também decorre da idéia de que os

---

[26] *Id.*, p. 34.
[27] FINGER, *op. cit.*, p. 100 e SARLET, *A eficácia...*, p. 337 e ss.
[28] FINGER, *op. cit.*, p. 100.

princípios jurídicos positivados na Constituição Federal têm eficácia normativa.[29]

Não se sustenta mais a idéia de os princípios constitucionais não passarem de normas programáticas.[30] "A Constituição é dotada de elementos normativos substanciais aptos a regular situações jurídicas presentes na vida de relação, não apenas de formas e procedimentos prestáveis pela ação estatal".[31]

Segundo José Joaquim Gomes Canotilho, "não existem quaisquer dúvidas quanto à função dos direitos, liberdades e garantias como regras jurídicas vinculantes da ordem jurídica privada".[32]

A Constituição Federal de 1988 estabeleceu a aplicabilidade imediata das normas definidoras dos direitos e garantias fundamentais (art. 5°, § 1°, da Constituição Federal: As normas definidoras dos direitos e garantias fundamentais têm aplicação imediata).

Por isso, todo o direito infraconstitucional é direito constitucionalizado, não se podendo, da mesma forma, ter um direito civil autônomo em relação ao Direito Constitucional. "O grupo de direitos fundamentais atua como um núcleo, ao redor do qual se pretende que gire o Direito Privado; um novo sistema solar, no qual o Sol seja a pessoa".[33] Assim, superou-se a divisão entre direito público e privado.

A Constituição Federal é a lei fundamental portadora de valores, expressos positivamente através dos princípios constitucionais. Dentre eles o princípio da dignidade da pessoa humana é o mais importante.

5. Efeitos da constitucionalização do Direito Civil no Direito de Família

A família é considerada a base da sociedade pelo art. 226 da nossa Constituição Federal. De fato, o seio familiar apresenta-se como "o local próprio para o desenvolvimento pessoal em todos os sentidos".[34]

---

[29] *Id.*, p. 96.

[30] TEPEDINO, Maria Celina Bodin de Moraes, *op. cit.*, p. 27.

[31] MATTIETTO, Leonardo. O direito civil constitucional e a nova teoria dos contratos. In.: TEPEDINO, Gustavo (coordenador). *Problemas de direito civil-constitucional*. Rio de Janeiro: Renovar, p. 163-186, 2000, p. 168-169.

[32] CANOTILHO, José Joaquim Gomes. O provedor de justiça e o efeito horizontal de direitos, liberdades e garantias, *in* http://www.provedor-jus.pt/publicações/sessao/gcanotilho.htm.

[33] LORENZETTI, *op. cit.*, p. 145.

[34] CARBONERA, Silvana Maria. O papel jurídico do afeto nas relações de família. In.: FACHIN, Luiz Edson (coordenador). *Repensando fundamentos do direito civil contemporâneo*. Rio de Janeiro: Renovar, p. 273-313, 1998, p. 277.

Verificou-se a evolução de uma família patriarcal, até o início deste século, baseada em aspectos religiosos, de procriação e de detenção e transmissão do patrimônio, para uma visão de família constituída por um grupo unido por laços afetivos.

O modelo codificado de família era centralizado na figura do pai/marido que comandava todos os contornos da comunidade familiar. A mulher e os filhos ocupavam posição de inferioridade e submissão. Todos os aspectos da vida familiar eram regrados focalizando a proteção patrimonial.

Todavia, a família sofreu profundas transformações pelo processo de urbanização e industrialização agregado ao ingresso da mulher no mercado de trabalho e à valorização dos laços afetivos entre pais e filhos.

A afetividade é a característica fundante da família brasileira atual na forma em que se encontra traçada constitucionalmente. Foram colocadas em segundo plano as funções política, econômica e religiosa e valorizada a dignidade de cada um dos componentes da família.

Estes novos moldes constitucionais dados ao direito de família são perceptíveis através de diversos dispositivos constitucionais, tais como:

a) o reconhecimento da união estável entre o homem e a mulher como entidade familiar (art. 226, § 3º, da Constituição Federal) representa o desapego a fatores religiosos e a valorização da afetividade;

b) o reconhecimento como entidade familiar da comunidade formada por qualquer dos pais e seus descendentes (art. 226, § 4º, da Constituição Federal) reproduz a ruptura com a sociedade patriarcal;

c) o reconhecimento dos mesmos direitos e deveres para homens e mulheres no que se refere à sociedade conjugal (art. 226, § 5º, da Constituição Federal) demonstra a modificação da figura do homem como chefe da família e a falência da família hierarquizada de modelo patriarcal;

d) a igualdade entre irmãos biológicos e adotivos e o respeito a seus direitos fundamentais (art. 227, § 6º, da Constituição Federal) evidencia a supremacia da afetividade e do respeito à dignidade da pessoa humana sobre os interesses eminentemente patrimoniais;

e) a garantia constitucional do divórcio (art. 226, § 6º, da Constituição Federal) confirma o desprendimento de valores patrimoniais e assegura a possibilidade da busca da felicidade nas relações familiares;

f) a possibilidade de livre planejamento familiar por parte do casal fundado nos princípios da dignidade da pessoa humana e da paternidade responsável (art. 226, § 7º, da Constituição Federal) privilegia o desenvolvimento da personalidade dos filhos;

g) a criação de mecanismos de intervenção no núcleo familiar para coibir a violência doméstica (art. 226, § 8º, da Constituição Federal) reforça a proteção à pessoa e a seus direitos fundamentais.

Todos esses exemplos são conseqüência da constitucionalização do direito privado que desencadeou o fenômeno da repersonalização das relações familiares.

A doutrina aponta os mais importantes princípios constitucionais regentes das relações familiares nos novos moldes desenhados pela Constituição Federal: o da dignidade da pessoa humana, o da liberdade e o da igualdade.[35]

O art. 227 da Constituição Federal dispõe que é dever da família, da sociedade e do Estado assegurar à criança e ao adolescente, com absoluta prioridade, o direito à vida, à saúde, à alimentação, à educação, ao lazer, à profissionalização, à cultura, à dignidade, ao respeito, à liberdade e à convivência familiar e comunitária, além de colocá-los a salvo de toda forma de negligência, discriminação, exploração, violência, crueldade e opressão. Esta é a suprema manifestação do princípio da dignidade da pessoa humana no direito de família.

O princípio da liberdade representa a faculdade de escolher a forma de constituição e extinção da unidade familiar; a liberdade de aquisição e administração do patrimônio familiar; a liberdade de planejamento familiar; a liberdade para definir os modelos educacionais, culturais e religiosos.[36] Já o princípio da igualdade "relaciona-se à paridade de direitos entre os cônjuges ou companheiros e também entre os filhos".[37] Devem ser mantidas, obviamente, certas desigualdades inerentes entre pais e filhos. Da mesma forma, as desigualdades entre gêneros não podem ser ignoradas pelo ordenamento jurídico. A mulher é diferente do homem, mas enquanto pessoa deve exercer os mesmos direitos.

O novo modelo de família é resultado do fenômeno da constitucionalização do ordenamento jurídico. "Tais modificações foram sentidas plenamente na esfera jurídica com a constitucionalização de um modelo de família eudemonista e igualitário, com maior espaço para o afeto e a realização individual".[38]

Alterou-se o conceito de unidade familiar para um conceito mais flexível, cujo objetivo primordial é o desenvolvimento da personalidade de seus membros.[39]

---

[35] LÔBO, op. cit., p. 105 e CARBONERA, op. cit., p. 310.
[36] LÔBO, op. cit., p. 105.
[37] Id., ibid.
[38] CARBONERA, op. cit., p. 309.
[39] TEPEDINO, Temas..., p. 352.

Conclusões

Passa-se, a seguir, a expor algumas das principais conclusões resultantes do presente estudo.

A constitucionalização do direito civil é o processo de elevação ao plano constitucional dos princípios fundamentais do direito civil, que passam a condicionar a observância pelos cidadãos, e a aplicação pelos tribunais, da legislação infraconstitucional.

A necessidade de o Código Civil ser estudado à luz da Constituição Federal é resultado de longa evolução histórica que resultou na consagração do princípio da dignidade da pessoa humana em detrimento de valores meramente patrimoniais.

O fenômeno da constitucionalização do direito civil é decorrente da imprescindível interpretação sistemática do direito a ser realizada por todo o intérprete comprometido em hierarquizar as normas, princípios e valores que compõem uma ordem axiológica dentro do sistema.[40] Ou seja, o jurista deve buscar nas normas contidas na Constituição Federal as direções hermenêuticas fundamentais.

A constitucionalização do direito civil é mais do que um critério hermenêutico da legislação infraconstitucional. Decorre de lenta evolução histórica e de mudanças de paradigmas, desde o Estado liberal até o Estado democrático.

A Constituição procedeu à clara opção pelos valores existenciais que exprimem a idéia de dignidade da pessoa humana, em superação do individualismo marcante em nosso ordenamento anterior. Os interesses patrimoniais devem se adequar à nova realidade, pois a pessoa prevalece sobre qualquer valor patrimonial.

De todos estes aspectos se depreende a necessária releitura do Código Civil e das leis especiais à luz da Constituição Federal.

O direito privado foi despido da sua carga ideológica para ocupar o papel de regulamentador de determinadas atividades da vida econômica e familiar.

Assim, ao contrário de ocorrer o chamado "declínio" ou "crise" do direito privado, o que se aufere é uma verdadeira reconstrução do direito civil para amoldar-se a um novo padrão constitucional que privilegia os valores da dignidade da pessoa humana sobre os eminentemente patrimoniais.

---

[40] FREITAS, Juarez. *A interpretação sistemática do direito*. 2 ed. São Paulo: Malheiros, 1998, p. 51.

Assim, pode-se dizer que "O Direito Privado absolutamente não perdeu territórios, (...) adquiriu novos, impondo o uso de seus instrumentos à atividade econômica do Estado e dos entes públicos".[41] O que se percebe é uma maior relação entre os institutos do direito privado e a atual realidade social e econômica.

Trata-se, conforme Gustavo Tepedino, "de uma *transformação qualitativa* de cada um dos institutos do direito civil, iluminados pelo Texto Maior, sem que com isso se pretenda subtrair da autonomia privada seus poderes, titularidades e responsabilidades, na construção de uma sociedade (que o constituinte quis) justa e solidária".[42]

E, por fim, o direito civil constitucional não se restringe ao instituto do direito de família aqui estudado com maior enfoque e com tratamento específico no texto da Constituição Federal. O direito civil constitucional compreende toda a disciplina de direito civil. Não há como divisar nenhuma parte do direito civil que fique imune à incidência dos valores e princípios constitucionais.

---

[41] GIORGIANNI, *op.cit.*, p. 55.
[42] TEPEDINO, *Normas...*, p. 18.

— 2 —

Embriões excedentários e bioética: rumo a novas perspectivas no âmbito do Direito de Família sob um prisma constitucional

CRISTIANE AVANCINI ALVES
Mestranda em Direito Privado pela UFRGS

Sumário: Introdução; 1. A Bioética e as conexões relativas à reprodução assistida; 1.1. Bioética: uma nova ciência; 1.2. Concepções sobre o início da vida; 1.3. Aspectos civis e penais; 2. Embriões excedentários e a Constituição Federal de 1988; 2.1. Disposições do Conselho Federal de Medicina; 2.2. Alguns questionamentos referentes aos embriões excedentários e ao Direito de Família; 2.3. A pessoa humana e a Constituição Federal de 1988; Conclusão.

Introdução

A célebre frase "Ser ou não ser, eis a questão", que faz parte da peça "Hamlet", de William Shakespeare, é um aspecto da reflexão sobre a dicotomia vida e morte já presente há séculos atrás. Citá-la não deixa de ser uma forma de mostrar a necessária indagação do homem a respeito de seu papel numa sociedade em constante transformação nos mais diversos âmbitos de atuação do ser humano no mundo. Entre estas modificações, está o implemento das ciências tecnológicas, que ampliam o questionamento eternizado por Shakespeare: ser ou não ser, mas, também, como viver, onde e como ser, quando começo a ser.

A modernidade trouxe, juntamente com as dúvidas já presentes a respeito da concepção do ser humano, um enorme leque de descobertas e pesquisas que envolvem o desenvolvimento de cada indivíduo. Entre elas, está a divulgação do mapeamento do material genético humano no início do ano de 2001. Já em novembro de 1997, a Declaração Universal sobre o Genoma Humano e os Direitos do Homem proclamou o genoma humano e a informação nele contida como patrimônio comum da humanidade.

Com esta Declaração, foi acrescentada uma nova figura ao âmbito jurídico da pessoa humana: o genoma humano como objeto e sujeito de direitos. Cada país, segundo seus valores culturais, éticos, sociais, religiosos, econômicos, entre outros, vai tutelar o conjunto de genes de cada pessoa, não só no aspecto tangível (DNA e RNA) como, também, no aspecto intangível (a informação), desde o momento em que estas estruturas e esta informação estão operacionais, isto é, desde a formação do zigoto ou ovo. É nesse ponto que se entra na discussão sobre a definição do início da vida humana, e desde qual momento será considerado alvo da tutela jurídica o ser humano em formação.

A Bioética assume um importante papel dentro do universo jurídico propriamente por abranger as questões relativas às técnicas de reprodução assistida, assim como a figura dos embriões excedentários. O novo Código Civil Brasileiro, em seu artigo 1.597, incisos III, IV e V, introduziu, no que concerne à filiação, a técnica da fecundação artificial e algumas de suas particularidades na delimitação relativa à presunção de que os filhos assim tidos se presumem concebidos na constância do casamento. E o referido dispositivo estabelece uma importante conexão com o artigo 2º do próprio CCB.[1] Dessa forma, pode-se perceber a relevância do estudo referente à Bioética e à problemática relativa à tutela jurídica dos embriões excedentários, com inevitáveis reflexos nas relações familiares.

1. A Bioética e as conexões relativas à reprodução assistida

1.1. Bioética: uma nova ciência

Bioética (do grego *bios*, vida, *ethos*, ética) é um termo novo, utilizado pela primeira vez pelo cancerologista americano Van Rensselaer Potter em seu livro *Bioethics: a bridge to the future* (Bioética: uma ponte para o

---

[1] Art. 2º A personalidade civil da pessoa começa do nascimento com vida; mas a lei põe a salvo, desde a concepção, os direitos do nascituro.
Art. 1.597 Presumem-se concebidos na constância do casamento os filhos:
III – havidos por fecundação artificial homóloga, mesmo que falecido o marido;
IV – havidos, a qualquer tempo, quando se tratar de embriões excedentários, decorrentes de concepção artificial homóloga;
V – havidos por inseminação artificial heteróloga, desde que tenha prévia autorização do marido.

futuro), em 1971. Segundo Márcio Fabri dos Anjos,[2] a contundência dos avanços científicos e tecnológicos no campo da biomedicina, somada com a longa tradição da ética médica, ajudou a fazer crer que a Bioética era uma nova consideração da ética médica. E "nova" apenas porque introduzia as questões ou casos trazidos pela recente tecnociência da época, que levantava diferentes questionamentos em relação às práticas médicas utilizadas.

Para Van R. Potter, a palavra "bioética" tinha um sentido ambiental e evolucionista: "Como uma disciplina nova que combina o conhecimento biológico com um conhecimento dos sistemas de valores humanos... Escolhi 'bio-' para representar o conhecimento biológico, a ciência dos sistemas vivos; e '-ethics' para designar o conhecimento dos sistemas de valores humanos".[3] A sua aspiração era criar uma disciplina que fosse uma ponte – termo do título de seu livro – entre duas culturas, a das ciências e a das humanidades, que em sua época eram completamente separadas. Preocupou-se com a sobrevivência tanto da espécie humana como das culturas criadas pelo homem, tendo como objetivo criar um meio ambiente onde se pudesse realizar uma considerável adaptação do ser humano ao seu próprio ambiente. Afirma Potter:

> "The purpose of this book is to contribute to the future of the human species by promoting the formation of a new discipline, the discipline of 'Bioethics'. If there are 'two cultures' that seem unable to speak to each other – science and humanities – and if this is part of the reason that the future seems in doubt, then possibly, we might build a 'bridge to the futute' by building the discipline of Bioethics as a bridge between the two cultures".[4]

A inserção do Direito neste contexto reside no desafio do jurista em compatibilizar a reflexão ética propiciada pelos novos paradigmas científicos com a racionalidade "utilitarista" comumente atribuída ao regramento jurídico:

> "A razão prática está na preocupação do jurista, na medida em que o Direito não apenas 'é' a produção de normas, ele também 'serve' à produção de normas destinadas a resolver casos mediante decisões, para alcançar escolhas e ações de relevância social, no seu fulcro residindo, portanto, uma aporia fundamental: saber o que é justo aqui e

---

[2] In BARCHIFONTAINE, Christian de Paul de, e PESSINI, Leo (orgs.). *Bioética: alguns desafios*. São Paulo: Edições Loyola, 2001, p. 17.
[3] In *10 palavras-chave em Bioética*, de Javier Gafo Fernández. São Paulo: Paulinas, 2000, p. 15.
[4] POTTER, Van Rensselaer. *Bioethics: bridge to the future*. Englewood Cliffs, New Jersey: Prentice-Hall, 1971, prefácio.

agora, pois a cada problema social concreto uma resposta, também concreta e imediata, deve ser dada pelos tribunais".[5]

Um dos aspectos presentes na discussão dos temas envolvendo a Bioética refere-se aos avanços relativos à área de reprodução assistida e, conseqüentemente, à possibilidade de conservação e utilização de embriões excedentários decorrentes das práticas e desenvolvimento das técnicas de fertilização artificial. E, neste campo de estudo, permanece o questionamento quanto aos limites éticos e jurídicos envolvendo os referidos embriões. Médicos e professores da Universidad de La Habana expuseram com bastante clareza este novo panorama em texto publicado pelo Conselho Federal de Medicina brasileiro:[6]

"La búsqueda de remedios para la infertilidad se remonta a los tiempos bíblicos, pero no es hasta el siglo actual, con el desarrollo de las nuevas técnicas de reproducción aistida, que este tema ha llamado la atención de los juristas. Aunque en estas discusiones la atención está centrada en la protección de la vida humana, su traducción en las numerosas resoluciones y documentos emitidos por comisiones creadas al afecto van desde el control estatal con un final abierto, hasta restricciones jurídicas categóricas. El impacto está dado, no tanto por la tecnología en sí, como por el reto que su aplicación plantea a los juristas en lo referente a determinar el alcance de los derechos y libertades previstos por las leyes. El papel creciente de los gobiernos nacionales en las instituciones e salud y en la selección de los participantes se ha extendido además, al control de la donación y disposición de los gametos y embriones humanos. De esta forma la tecnología reproductiva se convierte en una excusa para fomentar dos tendencias: la ya presente 'medicalización' de la reproducción y la 'judicialización' del embarazo. Cabe entonces preguntarse hasta que punto es posible controlar (sin afectar) el desarollo de la tecnologia reproductiva y al mismo tiempo respetar los derechos legítimos de la persona. Sin dudas, las respuestas a esta interrogante no está al alcance de la mano, y es ahí donde el Derecho, haciendo uso de la experiencia y los recursos disponibles, y a través de las personas encargadas de redactar y conformar las Leyes, va a desempeñar un papel determinante."

Neste contexto, torna-se interessante trazer alguns aspectos relativos à atuação do Direito nesta discussão.

---

[5] MARTINS-COSTA, Judith. A universidade e a construção do Biodireito. Bioética – Revista de Bioética e Ética Médica publicada pelo Conselho Federal de Medicina, vol. 8, nº 2, 2000, p. 230.
[6] In *Desafios éticos*. Brasília: Conselho Federal de Medicina, 1993, p. 147.

1.2. Concepções sobre o início da vida

Do ponto de vista biológico, a vida inicia-se com a fecundação do óvulo pelo espermatozóide, resultando um ovo ou zigoto. Conforme adverte o biólogo Botelha Lhuzia,[7] o embrião ou feto representa um ser individualizado, com uma carga genética própria, que não se confunde nem com a do pai, nem com a da mãe. Por isso, não é exato afirmar que o embrião seja parte do corpo da mãe.

As concepções de "nascituro" são bastante variadas na doutrina. Silmara J. A. Chinelato e Almeida, em artigo publicado na RDC nº 44, de 1988,[8] defende que somente se poderá falar em nascituro quando houver nidação do ovo. "Embora a vida se inicie com a fecundação, é a nidação – momento em que a gravidez começa – que garante a sobrevida do ovo, sua viabilidade". Segundo a referida autora, o nascituro tem personalidade desde a concepção. Quanto à capacidade de direito (que não se confunde com personalidade), apenas alguns efeitos de certos direitos dependem do nascimento com vida, como o direito de receber doação. Contudo, os direitos absolutos de personalidade, como o direito à vida, à integridade física e à saúde, independem do nascimento com vida.

O Conselho Nacional de Ética para as Ciências da Vida, no Relatório-Parecer sobre a Experimentação no Embrião Humano (15/CNECV/95), entende que "a vida humana merece respeito, qualquer que seja o seu estágio ou fase, devido à sua dignidade essencial. O embrião é, em qualquer fase e desde o início, o suporte físico e biológico indispensável ao desenvolvimento da pessoa humana, e nele antecipamos aquilo que há de vir a ser: não há, pois, razões que nos levem a estabelecer uma escala de respeito". Para Stela Marcos de Almeida Neves Barbas, na obra "Direito ao Patrimônio Genético",[9] o nascimento não produz o milagre de converter em humano algo que não o era. Assim, desde a concepção até a velhice, é sempre o mesmo ser vivo que se desenvolve, amadurece e morre.

1.3. Aspectos civis e penais

Aspectos civis: O artigo 2º do novo Código Civil Brasileiro dispõe: "A personalidade civil da pessoa começa do nascimento com vida; mas a lei põe a salvo, desde a concepção, os direitos do nascituro." Para Genival

---

[7] In *O nascituro no Código Civil e no Direito Constituendo do Brasil (Projeto de Código Civil e Projeto de Constituição Federal)*, de Silmara J. A. Chinelato e Almeida, publicado na Revista de Direito Civil nº 44, ano 12, abril/junho de 1988, p. 181.

[8] Idem, p. 180.

[9] BARBAS, Stela Marcos de Almeida Neves. *Direito ao Patrimônio Genético*. Coimbra: Livraria Almedina, 1998.

Veloso de França,[10] a definição de nascituro é o ser humano desde o momento da fecundação até o parto, sendo equiparado à pessoa humana, e seus direitos estão assegurados desde o momento da concepção.

Em outras legislações, a personalidade civil inicia-se com a viabilidade, isto é, desde o momento em que o feto apresenta condições fisiológicas de uma vida autônoma. No sistema argentino, tem-se a doutrina concepcionista, em que a personalidade começa no momento da fecundação. Outros sistemas atribuem personalidade apenas ao recém-nascido que apresenta condições de sobrevivência e forma humana. Assim, um anencéfalo, por exemplo, não teria personalidade. O sistema espanhol fixou um tempo de 24 horas para que o recém-nascido venha a ter direitos.

É interessante perceber, na visão de Veloso de França, a questão de que os direitos do nascituro estão resguardados desde a fecundação, "existindo como que uma instituição própria e independente, objeto da relação jurídica, fundamentada no respeito à vida humana e numa *expectativa de personalidade*". Segundo o autor, o sistema brasileiro seguiu a doutrina naturalista por parecer mais prática e mais simples sob o ponto de vista pericial, ou seja, a personalidade civil tem início naquele ser que nasceu e respirou.

Contudo, os que defendem a teoria concepcionista fundamentam suas razões afirmando que, se o nascituro é considerado sujeito de direitos, se a lei civil lhe confere um curador, se a norma penal o protege, então determina o bom senso que seja a ele reconhecido o caráter de pessoa. Este era o pensamento do civilista Clóvis Beviláqua que, entre outros argumentos, afirmava: "A verdade está com aqueles que harmonizam o Direito Civil consigo mesmo, com o Penal, com a Fisiologia e com a Lógica, quando consideram a personalidade civil do homem desde a concepção."

Pierangelo Catalano[11] revive o Direito Romano ao tratar do que ele considera uma simplista afirmação de que o nascituro nunca teria sido reconhecido pelo Direito como 'pessoa em sentido próprio', ao se referir a sentenças emitidas em 1973 pela Corte Suprema dos Estados Unidos:

> "Diante de tal fervor individualista, podemos remontar ao princípio codificado por Justiniano, através da opinião de Ulpiano (D. 37, 9, 1, 15) (4): 'Não duvidamos que o pretor tenha que prestar ajuda também ao concebido, bem mais porque a sua causa deve ser mais favorecida do que aquela do menino: porquanto o concebido é protegido para que venha à luz, o menino para que seja introduzido na família; pois este

---

[10] FRANÇA, Genival Veloso de. *Direito Médico*. São Paulo: Fundação BYK, 1994, p. 287.
[11] In *Os nascituros entre o Direito Romano e o Direito Latino-Americano (A propósito do art. 2º do Projeto de Código Civil Brasileiro)*, publicado na Revista de Direito Civil nº 45, p.15.

concebido tem que ser nutrido porque nasce não somente para o pai, ao qual diz-se pertencer, mas também para a república (cf. Código Civil, Esboço, por Teixeira de Freitas, art.57 e nota sobre os 'Agentes do Ministério Público')."

A expectativa de personalidade constitui-se num dos principais argumentos para a definição do ser fecundado como sujeito de direitos, e não apenas no momento da nidação ou do nascimento, conforme determinadas legislações e doutrina. E essa afirmação torna-se ainda mais contundente na análise do envolvimento do Direito Penal na questão, quando há uma instigante visualização do início da vida com a fecundação, momento em que há a constituição de um cidadão em potencial.

Aspectos penais: "O limite entre o aborto e o homicídio é o nascimento". Essa afirmação, feita por Veloso de França,[12] é alicerçada no fato de que tanto o aborto quanto o homicídio são tratados nos crimes contra a vida, mesmo tendo penas desiguais. Percebe-se que o referido autor se posiciona terminantemente contra a interrupção da vida intra-uterina, postura essa reafirmada por Nelson Hungria, ao ressaltar que "quem pratica um aborto não opera 'in materiam brutam', mas contra um homem na ante-sala da vida civil. O feto é uma pessoa virtual, um cidadão em germe. É um homem *in spem*". Aníbal Bruno ressalta que a vida do homem em formação é um bem jurídico primordialmente protegido pela definição do aborto na grande maioria das legislações.

É interessante ressaltar que a técnica da reprodução assistida leva a um novo desafio quanto à decisão do destino dos embriões que não forem implantados. Dessa forma, caso ocorra a destruição dos embriões excedentários, cria-se uma nova figura: o embrionicídio. Essa denominação é utilizada por Oliveira Ascensão,[13] ao afirmar que "o embrionicídio no exterior do corpo da mulher é figura não prevista na lei penal e que suscita perplexidade. Não é abrangido pelo tipo legal do aborto. Todavia, são configuráveis como aborto as hipóteses de aniquilamento fora do útero. Apenas o que ocorre é a diferença das vias utilizadas na forma de o realizar".

O principal questionamento sobre a destruição de embriões surge se for reconhecido que todo o óvulo humano fecundado é, em si mesmo, uma vida humana que está sendo eliminada. Novamente, tem-se a dialética vida-morte: uma produção voluntária da vida que desencadeia um processo determinante de morte. Stela Barbas faz os seguintes questionamentos: "Será lícito aceitar que para um ser humano nascer ocorra a morte de outros? Será lícito matar para gerar?".

---

[12] FRANÇA, Genival Veloso de. Op.cit., p. 289, inclusive quanto às referências a Nelson Hungria e Aníbal Bruno.
[13] In BARBAS, Stela Marcos de Almeida Neves. *Op. cit.*, p. 88.

2. Embriões excedentários e a Constituição Federal de 1988

2.1. Disposições do Conselho Federal de Medicina

As normas éticas adotadas na Resolução nº 1.358/92, do Conselho Federal de Medicina, definem que as técnicas de reprodução assistida têm o papel de auxiliar na resolução dos problemas de infertilidade humana, facilitando o processo de procriação quando outras terapêuticas tenham sido ineficazes ou ineficientes para a solução de infertilidade do caso em exame. Toda mulher, capaz nos termos da lei, pode ser receptora das técnicas de reprodução assistida, desde que tenha concordado de maneira livre e consciente em documento de consentimento informado. Estando casada ou em união estável, é necessária a aprovação do cônjuge ou companheiro.

O número ideal de oócitos e pré-embriões[14] a serem transferidos para a mulher, denominada de "receptora", não deve ser superior a quatro, com o intuito de não aumentar os riscos já existentes de multiparidade. E em caso de gravidez múltipla, é proibida a utilização de procedimentos que visem à redução embrionária. Tais normas tratam, ainda, de questões relevantes, como a doação de gametas e pré-embriões. Determina que os doadores não devem conhecer a identidade dos receptores e vice-versa. Em situações especiais, as informações sobre doadores, por motivação médica, podem ser fornecidas exclusivamente para médicos, resguardando a identidade civil do doador.

As clínicas, centros ou serviços podem criopreservar espermatozóides, óvulos e pré-embriões. Ou seja, eles ficam congelados, permitindo dissociar, no tempo e no espaço, o momento da fecundação *in vitro* do esperma e o da sua implantação no útero da beneficiária e, ainda, controlar a qualidade biológica do esperma. Assim, as células, durante o período que permanecem congeladas, mantêm o estado fisiológico, a fase de desenvolvimento e idade inicial.

A preservação criogênica, no entendimento de alguns cientistas, constitui a solução ética mais adequada para debelar o problema dos embriões excedentários. Cientificamente, é possível a crioconservação dos embriões por um período ainda indeterminado de tempo. Assim, é possível chegar a situações que contrariam toda a lógica e princípios das leis naturais, como seria o caso de manter congelados os embriões por mais de um século e só depois fazer a sua implantação.

---

[14] Termos empregados na Resolução nº 1.358/92, que adota as normas éticas para a utilização das técnicas de reprodução assistida, anexas à Resolução como dispositivo deontológico a ser seguido pelos médicos (DOU, Seção I, de 19.11.1992, p. 16.053). A referida Resolução pode ser encontrada no site www.cfm.org.br

2.2. Alguns questionamentos referentes aos embriões excedentários e ao Direito de Família

Segundo reportagem publicada na Revista Veja,[15] estima-se que existam, no Brasil, 20.000 embriões congelados. Esse número advém do elevado número de óvulos gerados pela mulher em cada ciclo de fertilização artificial. Para evitar nascimentos múltiplos, são implantados no útero feminino no máximo quatro óvulos. O restante é congelado. Contudo, a maioria dos casais desiste de ter mais filhos, criando-se a figura dos embriões excedentários que, de acordo com o Conselho Federal de Medicina, não podem ser destruídos.

No início deste artigo, foi ressaltada a crescente evolução das tecnologias na atualidade. E essas mesmas tecnologias trouxeram enormes benefícios à medicina, com a descoberta de novos tratamentos para doenças de difícil cura, assim como o implemento da pesquisa. A figura dos embriões excedentários surge nessa esteira de desenvolvimento técnico que tem o objetivo de melhorar as condições de vida humanas. Eles fazem parte, exatamente, do desejo de um casal ter filhos.

A multidisciplinariedade entra nessa discussão. Não se tem a cura de uma doença propriamente dita, mas a realização de um sonho acalentado por diversos casais, que se reflete em suas condições de vivência familiar e social e, assim, também salutar. É evidente que há uma enorme gama de pesquisas que podem ser realizadas com os embriões. Mas é esse o ponto nevrálgico da discussão: é possível formar um ser humano com determinado intuito (o de ser implantado no útero da mulher e nele se desenvolver) e, caso não "utilizado", ser um alvo instrumental de outras práticas? Será possível estabelecer um direito de propriedade sobre os embriões? No caso de separação ou divórcio e, até mesmo, morte do casal, de quem serão os embriões? Estariam eles incluídos numa determinada sucessão hereditária? E, no caso de violação ao inciso V do artigo 1.597 quanto à previa autorização do marido no que se refere à inseminação artificial heteróloga, poderá se falar em adultério?

Quanto a este último questionamento, torna-se interessante reproduzir um caso ocorrido na Itália.[16] Em 7 de novembro de 1958, foi julgada perante a Prefeitura de Pádua uma mulher casada, acusada de ter se submetido à fecundação artificial sem o conhecimento e, portanto, sem o consentimento do marido. A acusação versava sobre adultério. A sentença de primeiro grau, então proferida, absolveu a acusada nos seguintes termos: "Aduterio – Fecondazione artificiale della moglie senza il consenso

---

[15] Revista Veja, ano 34, nº 18, edição 1.699, p. 108/115.
[16] Caso retirado do texto "Aspectos da fecundação artificial *in vitro*", de Eugenio Carlos Callioli, publicado na Revista de Direito Civil, nº 44, p. 89/90.

del marito – Non costituisce adulterio (Codice Penale, art. 559) – Ementa – La fecondazione artificiale della moglie con seme di terzo, senza il consenso del marito, non integra gli elementi costitutivi del reato di adulterio".

A parte vencida não se conformou. Recorreu, e viu provido seu apelo por decisão do Tribunal de Pádua, em sessão de 15 de fevereiro de 1959: "Adulterio – Fecondazione artificiale della moglie senza il consenso del marito – Costituisce adulterio (Códice Penale, art.559) – Ementa – La fecondazione artificiale di donna coniugata con seme di persona diversa dal marito e senza il di lui consenso costituisce adulterio".

Segundo Callioli, a sentença do Pretor, demonstrando não se enquadrar na lei penal italiana a figura da inseminação artificial, provocou discussões acirradas que repercutiram na Câmara dos Deputados. E, tanto contra quanto a favor, várias manifestações se fizeram ouvir. Diante da insegurança da solução, os deputados Giuseppe Gonella e Clemente Manco apresentaram, em 25 de novembro de 1958 (18 dias após a sentença do Pretor e muito antes da decisão do Tribunal de Pádua) um projeto de lei que ficou conhecido como Gonella-Manco, pedindo a "criação de um título especial de crime, a fim de não deixar em branco essa modalidade, considerada delituosa".

Pode-se perceber, desta forma, como se torna ainda necessária uma análise mais detalhada dos aspectos que envolvem a questão dos embriões excedentários para que possa ser esboçado, conforme sugere Francisco Amaral, um "Estatuto Jurídico da Vida Humana". Contudo, é possível trazer alguns aspectos constitucionais a respeito da questão referente a determinadas circunstâncias que envolvem a inseminação artificial e, assim, levantar elementos concernentes à discussão referente à proteção da vida humana.

2.3. A pessoa humana e a Constituição Federal de 1988

Em seu artigo 1º, inciso III, a Constituição da República Federativa do Brasil de 1988 dispõe sobre o respeito à "dignidade da pessoa humana", consagrando-a como bem supremo da ordem jurídica. Há o fundamento de se ver o homem como sujeito, e não como objeto de poderes ou relações de domínio. Nesse ponto, é interessante retomar as Instituições de Gaio, que ressaltam a distinção entre as pessoas das coisas, dos objetos, assim como a divisão das coisas em patrimoniais e extrapatrimoniais. As primeiras eram disponíveis pelos particulares nas suas relações jurídicas, as segundas eram indisponíveis. Essa é uma diferenciação atual e importante na aplicação dos direitos de personalidade, indisponíveis por sua natureza, e que se refletem, de forma intensa, no âmbito do Direito de Família, em especial no que tange à filiação oriunda de técnicas de reprodução assistida.

A autonomia da vontade exprime-se, segundo a Constituição Federal, na livre iniciativa, no poder de agir (art. 1º, IV, e art. 170). Segundo Francisco Amaral, ao mesmo tempo que tais dispositivos estabelecem relações jurídicas através de um princípio fundamental da própria ordem jurídica, eles sofrem grandes limitações no campo do Biodireito no que tange à extrapatrimonialidade e à indisponibilidade, inerente aos direitos de personalidade, categoria a que pertence o direito à vida. Ainda, o artigo 5º da Constituição Federal assegura sua inviolabilidade.

Esse mesmo dispositivo constitucional é amplamente discutido no *Habeas corpus* nº 71.373-4 RGS pelo Pleno do Supremo Tribunal Federal em novembro de 1994, que decidiu, por maioria de votos, que ninguém pode ser obrigado, sem o seu expresso consentimento, a se submeter a exame pericial com a finalidade de estabelecimento da paternidade biológica em ação investigatória. O fato discutido não está diretamente ligado à questão dos embriões excedentários, mas é interessante transcrever a posição de alguns ministros quanto à proteção da vida e da identidade filial.

O Ministro Francisco Rezek, que votou contra o referido *Habeas corpus*, cita o Estatuto da Criança e do Adolescente, dizendo que "A Lei nº 8.069/90 veda qualquer restrição ao reconhecimento do estado de filiação, e é certo que a recusa significará uma restrição a tal reconhecimento". Na mesma direção aponta o Ministro Carlos Velloso, quando afirma que "não há no mundo interesse moral maior do que este: o do filho conhecer ou saber quem é o seu pai biológico".

As posições citadas evidentemente estão a avaliar uma situação específica, mas demonstram a argumentação dos referidos magistrados quanto à importância da identidade filial. E essa também é uma questão que deverá ser discutida no âmbito da reprodução assistida e, em especial, sobre a adoção de embriões excedentários. Será possível à criança concebida biologicamente por pais que não aqueles que a geraram e criaram ter acesso ao conhecimento de seus pais sangüíneos? É interessante apresentar o depoimento de uma empresária entrevistada pela Revista Veja que adotou um embrião e gerou uma criança que, hoje, está com quase quatro anos: "Agradeço ao casal que me deu esse menininho maravilhoso. Mas jamais quero saber quem são."

Em discordância com a negação do *Habeas corpus* acima citado, o Ministro Marco Aurélio retoma o artigo 5º da CF ao questionar: "Onde ficam a intangibilidade do corpo humano, a dignidade da pessoa, uma vez agasalhada a esdrúxula forma de proporcionar a uma das partes, em demanda cível, a feitura de certa prova?". A analogia que pode ser feita ao tema tratado neste texto reside propriamente no questionamento da produção de embriões excedentários como resultado do desejo de casais em terem filhos biológicos. Até que ponto eles têm o direito de dispor da vida de seus filhos?[17]

O médico inglês Peter Brinsden,[18] que participou da equipe que trouxe ao mundo o primeiro bebê de proveta, em 1978, e é um dos mais respeitados especialistas em fertilização assistida, ressalta o dilema do descarte de embriões:

"Quando decidimos queimá-los, porque não há outra saída, pessoas ameaçam nos pôr na cadeia. Dizem que estamos matando seus filhos. Eles se esquecem de que esses embriões só existem por causa do egoísmo deles próprios. Eles fazem tudo por um filho e pagam por isso. Depois do parto, não pensam mais no que restou. Infelizmente, vida é um negócio para nós. Temos de atender os nossos clientes."

Eis o ponto fundamental da inserção do Direito na determinação dos limites de licitude do progresso científico, em especial da biomedicina. É interessante ressaltar a observação da Profa. Dra. Judith Martins-Costa[19] sobre o assunto:

"Submergida a idéia de 'pessoa' na de 'indivíduo' (ao senso 'egoísta' do termo) e não visualizada a de 'personalidade' pela preeminência do conceito técnico de 'capacidade', traçaram-se as semânticas que acabaram por fundir o 'ser pessoa' com o 'ser capaz de adquirir direitos e contrair obrigações'. Em outras palavras, instrumentalizou-se a personalidade humana, reproduziu-se, na sua conceituação, a lógica do mercado, o que conduziu à desvalorização existencial da idéia jurídica de pessoa, para torná-la mero instrumento da técnica do Direito, ponto que percebido com especial nitidez pela civilista argentina Aida Kemelmajer de Carlucci segundo a qual, sob a ótica codificatória oitocentista o dano (el mal hecho) à pessoa se justificava 'en la supuesta existencia de un verdadero derecho del sujeto sobre el propio cuerpo,

---

[17] Mônica Scarparo afirma que "o reconhecimento de direitos aos embriões congelados ocorreu em 1989 nos Estados Unidos, quando o casal Davis, após o divórcio, discutiu sobre a posse dos embriões. Neste episódio, a mãe, Mary Davis, queria a custódia dos filhos em potencial, por considerá-los seres vivos, enquanto o pai, Lewis Davis, negava-se a assumir a paternidade, tampouco permitindo a maternidade da ex-esposa, sob a alegação de que os embriões não eram seres vivos, mas meros tecidos. Num histórico julgamento, o juiz da cidade de Memphis, no Tennessee, dá a Mary Davis o direito à custódia dos embriões. Esta decisão revolucionária não só permitiu a maternidade por meio da fertilização assistida à mulher divorciada, como o direito à vida ao embrião congelado". SCARPARO, Mônica Sartori. *Fertilização assistida: questão aberta: aspectos científicos e legais*. Rio de Janeiro: Forense Universitária, 1991, p. 44.

[18] In Revista Veja. Op. cit, p. 115.

[19] MARTINS-COSTA, Judith. *Bioética e Dignidade da Pessoa Humana: Rumo à Construção do Biodireito*. Revista da Faculdade de Direito da UFRGS, v. 18, 2000, p. 159/160.

concebido a imagen y semejanza del derecho de Propiedad'. A frase 'eu sou dono do meu corpo' expressa lapidarmente esta lógica. O corpo humano, reificado, é visto como um objeto de um direito de propriedade, integrante de um patrimônio individual, e, como os demais bens patrimoniais, pode ser objeto de mercancia."

Conclusão

A discussão referente aos embriões excedentários reside na necessidade de se perceber a expectativa de personalidade que os envolve e, desta forma, avaliar os reflexos que as novas técnicas biomédicas relativas à reprodução assistida trazem ao cenário do Direito de Família. Torna-se interessante, ainda, analisar as diferentes posições que abrangem a inserção do Direito neste contexto, assim como as posições dos mais variados setores que envolvem a discussão de sua participação nas questões relativas à Bioética e, assim, no que tange à inseminação artificial no âmbito do novo CCB. Afirma Volnei Garrafa.[20]

"(...) convém refletir que a criação das leis e códigos, apesar de trazer avanços, também originaram limitações e cerceamentos, pois nem sempre a legislação e a ética acompanham o processo do desenvolvimento da ciência e da própria sociedade. As leis e os códigos foram criados para regular a liberdade e a autonomia. No entanto, caso seu emprego – ou mesmo a omissão na sua aplicação – tragam danos ao coletivo, devem eles deixar de ser respeitados, caracterizando-se aqui uma forma de desobediência civil através do exercício democrático do princípio da radicalidade. Para o sociólogo alemão Jürgen Habermas, o exercício da radicalidade, em circunstâncias determinadas, configura-se como uma forma legítima de pressão democrática, no que ele não deixa de ter razão."

É importante, neste momento, perceber os diversos posicionamentos relativos a um tema que se pode afirmar ainda em formação. E este é propriamente o desafio em que o Direito vai estar inserido, de maneira a proporcionar uma fundamentada avaliação dos diferentes caminhos que possibilitem uma melhor e mais clara análise das questões que abrangem a Bioética e a discussão relacionada, especificamente neste artigo, aos embriões excedentários e aos aspectos que envolvem a vida familiar neste sentido. Disse Van Rensselaer Potter:

---

[20] GARRAFA, Volnei. *A dimensão da ética em saúde pública*. São Paulo, Faculdade de Saúde Pública/USP, 1995, p. 27.

"Desde o início chamei a bioética de nova disciplina que combinaria conhecimento e reflexão. A bioética deve ser vista como uma abordagem cibernética em relação à contínua busca de sabedoria pela humanidade, que defini como usar o conhecimento para a sobrevivência humana e para o aperfeiçoamento da condição humana. Devemos pensar a bioética como uma nova ciência ética que combina humildade, responsabilidade e uma competência que é interdisciplinar, intercultural e que potencializa o senso de humanidade."

Esta perspectiva não está dissociada da posição de Lorenzo Scillitani[21] referente à relação entre família e sociedade, ou seja, na consideração do ser humano como alguém não genericamente social, mas relacional-familiar:

"Ció richiede di prendere coscienza, svolgendone tutte le implicazioni (anche filosofiche) di un fatto inechivocabile, di importanza antropologica capitale: 'quando l'uomo fa il suo ingresso in ció che noi chiamiamo Storia, non solo ha giá inventato la famiglia, ma anche dato alle strutture familiari forme tanto raffinate e complesse che le società 'civili' non vi hanno aggiunto praticamente nulla'. In questo senso, il polimorfismo culturale, sotto il quale la famiglia si presenta, sembra non alterare mai in maniera significativa la natura profonda della giuridicità co-esistenziale, dell'esser-con inerente ai principi organizzativi di base delle relazioni familiari."

Nas palavras de Hannah Arendt,[22] "o que proponho nas páginas que se seguem é uma reconsideração da condição humana à luz de nossas mais novas experiências e nossos temores mais recentes. É óbvio que isto requer reflexão; e a irreflexão – a imprudência temerária ou a irremediável confusão ou a repetição complacente de 'verdades' que se tornaram triviais e vazias – parece ser uma das principais características do nosso tempo. O que proponho, portanto, é muito simples: trata-se apenas de refletir sobre o que estamos fazendo."

As novas tecnologias trazem o questionamento de saber se podemos dispensar ao embrião *in vitro* a mesma tutela jurídica do embrião *in utero*, assim como as conseqüências que a prática da reprodução assistida pode trazer na relação familiar. É neste ponto que se deve atentar para o contexto em que vivemos, a carga valorativa social que nos envolve, o ordenamento jurídico vigente, a interação com as demais ciências. Está lançado o desafio.

---

[21] SCILLITANI, Lorenzo. La famiglia come 'stato di diritto': uno sguardo antropológico. Rivista internazionale di filosofia del diritto. Luglio/settembre, LXXII, 1995, p. 597.
[22] ARENDT, Hannah. *A condição humana*. Rio de Janeiro: Forense Universitária, 2001, p. 13.

— 3 —

Paternidade responsável em direção ao melhor interesse da criança

CRISTIANE FLÔRES SOARES ROLLIN
Advogada, Pós-Graduada em Direito da Economia e da Empresa
pela Fundação Getúlio Vargas

Sumário: Introdução; 1. Família e noção de paternidade; 2. Crescimento populacional desordenado; 3. Algumas conseqüências da não-observação do princípio da paternidade responsável; 4. No melhor interesse da criança: um método interpretativo; Conclusão.

Introdução

Nossa atual Constituição Federal, ao cuidar da família, da criança, do adolescente e do idoso, preceitua que a família é a base da sociedade e tem especial proteção do Estado.[1]

Ao considerá-la como base da sociedade, não poderia o legislador deixar de dispor a respeito do planejamento familiar. Nesse sentido, restou estabelecido, no art. 226, § 7º da CF/88, que, "fundado nos princípios da dignidade da pessoa humana e da paternidade responsável, o planejamento familiar é livre decisão do casal, competindo ao Estado propiciar recursos educacionais e científicos para o exercício desse direito, vedada qualquer forma coercitiva por parte de instituições oficiais ou privadas".

Verifica-se, pois, que o casal realizará o planejamento familiar, observados os princípios da dignidade da pessoa humana e da paternidade responsável. Todavia, uma vez vedada qualquer interferência coercitiva

---

[1] Art. 226, *caput,* da CF/88.

do Estado, a este compete propiciar aos cidadãos as condições necessárias para que o planejamento possa ser feito adequadamente.

O presente estudo centra-se na análise do princípio da paternidade responsável e dos reflexos danosos que a não-observância deste princípio constitucional acarreta às crianças e aos adolescentes.

Identificados alguns destes problemas, passa-se a analisar a atuação do magistrado, com fundamento no melhor interesse da criança, especialmente no que diz respeito à guarda, ao direito de visitas e à pensão alimentícia do menor.

Assim, nos limites deste pequeno ensaio, tem-se por escopo não o esgotamento do tema, mas a identificação da importância de que a paternidade seja exercida de forma responsável, protegendo-se os interesses das crianças, que deverão ser observados pelo magistrado quando da solução dos conflitos que lhe são submetidos.

1. Família e noção de paternidade

Família, desde há muito tempo, é considerada a célula fundamental da sociedade.[2] Quando se fala em família, em sentido estrito, pode-se pensar em um grupo de pessoas, constituído por um casal, homem e mulher, e seus filhos.

Esta concepção, contudo, vem sendo paulatinamente alterada. As separações e os divórcios são cada vez mais freqüentes, e a entidade familiar, necessariamente, sofre uma remodelação. Não raro, os ex-cônjuges constituem uma nova família.

Hoje, aliás, já se tem reconhecido, inclusive, a união entre pessoas do mesmo sexo.[3]

Com efeito, as pessoas unem-se e desunem-se às outras em razão de laços de afetividade.[4] O vínculo entre os cônjuges, parceiros ou compa-

---

[2] BASTOS, Celso Ribeiro. *Curso de Direito Constitucional*. São Paulo: Saraiva. 1998, p. 492.

[3] Com efeito, o Tribunal de Justiça do Estado do Rio Grande do Sul, em vários precedentes, tem estendido o instituto da união estável aos homossexuais. Nesse sentido, cita-se o seguinte acórdão: "União homossexual. Reconhecimento. Partilha do patrimônio. Meação. Paradigma. Não se permite mais o farisaismo de desconhecer a existência de uniões entre pessoas do mesmo sexo e a produção de efeitos jurídicos derivados dessas relações homoafetivas. Embora permeadas de preconceitos, são realidades que o judiciário não pode ignorar ... Nelas remanescem conseqüências semelhantes às que vigoram nas relações de afeto, buscando-se sempre a aplicação da analogia e dos princípios gerais do direito, elevando sempre os princípios constitucionais da dignidade humana e da igualdade..." (Apelação Cível nº 70001388982, 7ª C. Cível, Rel. Des. José Carlos Teixeira Giorgis, j. 14/03/2001).

[4] Naturalmente, existem outros fatores que contribuem para a união de um casal, mas, como o objetivo do presente estudo não está centrado nestas relações, deixaremos de examiná-los.

nheiros, assim como é estabelecido, pode ser rompido. Todavia, quando desta união resulta prole, inclusive adotiva, o vínculo do casal com estes não se rompe.

Os pais, quando adquirem este *status*, automaticamente, por força do princípio constitucional da paternidade responsável, são contemplados com deveres e direitos que subsistem à falência conjugal. Aliás, pode-se ir mais longe e afirmar-se que, na verdade, estes deveres preexistem ao próprio nascimento da criança ou mesmo a sua concepção, pois este é um princípio que também fundamenta o planejamento familiar, ou seja, observar a paternidade responsável implica planejar o nascimento dos filhos.

Realmente, o fundamento da paternidade responsável reside no empenho pelo bem daqueles em relação aos quais a mesma é exercida, e este empenho está atrelado a um complexo de deveres e direitos correlatos. João Baptista Villela identifica os seguintes deveres básicos dos pais com seus filhos menores: "promover-lhes as necessidades de alimento, vestuário, instrução, formação e lazer; assegurar-lhes assistência, preventiva e curativa, à saúde física e mental; velar pelo seu patrimônio, bem como proporcionar-lhes carinho, afeto e companheirismo".[5]

Estes deveres subsistem à ruptura do núcleo familiar e devem ser observados quando da separação do casal, especialmente quando do estabelecimento da guarda e fixação da pensão alimentícia.

2. Crescimento populacional desordenado

Um dos objetivos do planejamento familiar é a determinação de número de filhos do casal. Consoante disposto pelo legislador constitucional, compete exclusivamente ao casal esta decisão. É vedada, pois, a interferência coercitiva quanto a este aspecto. Todavia, o casal deveria receber o suporte necessário para fazer uso, de forma responsável, da liberdade que lhe foi concedida.

No entanto, falha o Estado em prover a população de recursos educacionais e científicos para a realização do adequado planejamento.[6] Um

---

[5] VILLELA, João Baptista. Paternidade. *Enciclopédia Saraiva do Direito*. V. 57. São Paulo: Saraiva, p. 242.

[6] Em que pese a edição da Lei nº 9.263/96, que regula o § 7º do art. 226 da CF/88, com a previsão de que serão oferecidos todos os métodos e técnicas de concepção e contracepção, sabe-se que, na prática, a grande maioria da população mais necessitada não chega a receber orientação e informações adequadas para o planejamento familiar. Veja-se que a referida lei menciona que a apresentação dos métodos e técnicas de planejamento familiar deverá ser realizada mediante avaliação e atendimento clínico. Ou seja, é necessário que esta orientação seja feita por um médico. MACHADO, Paulo

dos reflexos oriundos desta falha se verifica pelo crescimento populacional desordenado, especialmente nas camadas mais pobres da população. Este fato não é difícil de ser explicado: como estas pessoas não têm condições de suprir a ausência dos recursos não fornecidos pelo Estado – o que não ocorre nas camadas sociais mais abastadas –, quanto maior a desinformação, maior será o número de filhos e, em conseqüência, menores serão as condições de criar e educar seus descendentes.[7] Trata-se, na verdade, de um verdadeiro efeito cascata, pois as chances de que estes descendentes repitam a trajetória de seus pais é muito grande.

A preocupação com o crescimento populacional não é recente. Fácil lembrar da conhecida *teoria malthusiana,* oportunidade em que Thomaz Robert Malthus, através de seu ensaio publicado em 1798, concluiu que a espécie humana aumentaria em progressão geométrica, enquanto os meios de subsistência, em progressão aritmética.[8]

Nesse sentido, muitos são os estudos desenvolvidos, como o citado trabalho de Ana Valderez Alencar. Entretanto, nos termos da legislação vigente, o planejamento familiar não deve estar vinculado ao controle demográfico. É o que dispõe o art. 2º da Lei nº 9.263/96: "para fins desta Lei, entende-se planejamento familiar como o conjunto de ações de regulação da fecundidade que garanta direitos iguais de constituição, limitação ou aumento da prole pela mulher, pelo homem ou pelo casal. Parágrafo único. É proibida a utilização das ações a que se refere o *caput* para qualquer tipo de controle demográfico".

Assim, em razão dos claros termos das normas constitucional e infraconstitucional, deixa-se de discorrer a respeito da importância de que o Estado se preocupe e se ocupe do problema do crescimento demográfico desordenado, pois, para tanto, extrapolar-se-iam os limites do presente.[9]

Affonso Leme; PERROTTI, Maria Regina Machado; PERROTTI, Marcos Antônio. Direito do Planejamento Familiar. *Revista dos Tribunais,* n. 749, março de 1998, p. 46.
Com isto, pode-se dizer que acabou de ser selada a inviabilidade do planejamento familiar! Se não há médicos suficientes para atender sequer as emergências nos hospitais públicos, parece inconcebível imaginar a existência de médicos suficientes para orientar toda a população sobre a melhor forma de se fazer o planejamento familiar. Ressalta-se que, embora se esteja considerando apenas aquela parcela da população que necessita de orientação por meio de serviços públicos, há de se atentar que este direito é concedido a todos os cidadãos. Parece inimaginável o atendimento de todas as pessoas, quando nem mesmo as mais necessitadas o recebem.

[7] FERREIRA, Pinto. *Comentários à Constituição Brasileira.* V. 7. São Paulo: Saraiva, 1995, p. 406.

[8] ALENCAR, Ana Valderez A. N. de. Explosão Demográfica: Controle da Natalidade e Planejamento Familiar. *Revista de Informação Legislativa.* Brasília: Senado Federal, jan./mar. 1973, p. 175.

[9] A atual Constituição Federal é clara ao vedar as interferências coercitivas sobre o planejamento familiar e a Lei nº 9.263 é taxativa ao afastar o controle demográfico das ações destinadas ao planejamento familiar. Todavia, ressalta-se que os problemas oriundos do crescimento desordenado da população não deveriam ser ignorados, ou relevados para um plano secundário, pois uma ação moderada do Estado, hoje, evitaria que, no futuro, fosse imperiosa a imposição de medidas um tanto drásticas, semelhantes às hoje adotadas na China: liminatação da prole do casal em apenas um filho.

3. Algumas conseqüências da não-observação do princípio da paternidade responsável

É entendimento unânime que a boa relação familiar que se estabelece entre a criança e seus pais contribui para sua adequada formação e desenvolvimento. Isto ocorre porque a criança e o adolescente vislumbram em seus pais um modelo a ser seguido e, freqüentemente, tendem a refletir as condutas destes.

Não é por outra razão que, para detecção dos problemas psíquicos de uma criança, é recomendada uma sessão conjunta com toda a família, para que se possa verificar com adequação seu contexto familiar. Isto ocorre porque a criança, na maioria das vezes, reflete o bom ou o mau funcionamento da entidade familiar. De sorte que os pais, em vários casos, também necessitam de tratamento, uma vez que seus transtornos atingem seus filhos.[10]

É importante que a criança e o adolescente identifiquem estas duas figuras (pai e mãe), com elas se relacionando, mesmo que não mais formem um casal. A ausência, o desprezo ou a mera indiferença, seja da figura paterna, seja da figura materna, interferirão, na maioria das vezes, de forma danosa em sua formação.

Nesse sentido, Judith E. Robinson expõe que a agressividade apresentada por crianças e adolescentes pode ser um comportamento que espelha o de seus pais, ou de quem tem a sua guarda. Manifestações de infelicidade e insegurança também podem ser vistas como respostas à frustração aos problemas de relacionamento com os membros da família, especialmente com aqueles que têm o dever de cuidá-las e protegê-las.[11]

Verifica-se, pois, que uma das razões para a crescente agressividade das crianças e jovens está relacionada ao inadequado exercício da pater-

---

Ives Gandra Martins, ao discorrer sobre o assunto, menciona que "medidas deploráveis como a do Banco Mundial, que pressionou Estados indianos a forçar o planejamento familiar à força, inclusive com pena de prisão para os casais com dois filhos que não abortassem um terceiro (Estado de Maharashtra), no Brasil são proibidas pela Constituição. A liberdade do casal não pode ser atingida por interesses que atentem contra a dignidade humana". (BASTOS, Celso Ribeiro; MARTINS, Ives Gandra. *Comentários à Constituição do Brasil: Promulgada em 5 de outubro de 1988.* V. 8. São Paul: Saraiva, 2000, p. 1035). No exemplo citado, não só a limitação da prole se faz de modo coercitivo, como é imposta a realização do aborto quando o casal extrapola o número de filhos. Tais medidas são de um todo drásticas, não se desconhece, mas o Estado não pode ignorar uma realidade que é o aumento desordenado da população na camadas inferiores. Assim, para que não se chegue a extremos como os citados, entende-se que medidas moderadas, como o incentivo e a divulgação da esterilização em hipóteses mais amplas às previstas na Lei nº 9.263 já amenizariam o problema.

[10] DULCAN, Mina K. POPPER, Charles W. *Child & Adolescent Psychiatry.* Washington: American Psychiatric Press, Inc., 1999, p. 9.

[11] ROBINSON, Judith E., Emergencies I. *Manual of Clinical Child and Adolescent Psychiatry.* American Psychiatric Press, Inc.: Washington, 1997, p. 259.

nidade. A agressividade manifesta-se em várias circunstâncias: em casa, na escola e nas ruas. Desenvolve-se um comportamento violento, que muitas vezes leva à criminalidade.

Renato Guimarães Júnior expõe que as camadas mais desfavorecidas da sociedade tendem a reproduzir-se com maior celeridade e, à falta de recursos, a pobreza aumenta, empurrando todas estas pessoas ao crime. Como o planejamento familiar, nestes casos, é praticamente nulo, os filhos que são indesejados e assim criados tendem a repetir o ciclo, de sorte que, segundo o autor, à ausência de um adequado planejamento familiar, o aumento da criminalidade é fato certo.[12]

Outro fenômeno também verificável em estruturas familiares comprometidas é a gravidez na adolescência, que pode ser conseqüência da má observância da paternidade responsável,[13] bem como pode ser origem de uma paternidade irresponsável, pois, muitas vezes, a insatisfação da gravidez é diretamente transmitida à criança indesejada.

Sobre a gravidez na adolescência, Ronald Pagnoncelli pondera que "a classe economicamente menos favorecida quase sempre tem a família mal estruturada, filhos fora do casamento, prole grande e precoce, difícil acesso aos recursos de saúde e total ausência de princípios de educação, higiene e prevenção. Entre os adolescentes de classe média superior a incidência da gravidez e do aborto em clínicas particulares é a mesma. O nosso adolescente de classe média ainda está sujeito a um certo grau de rigidez moral, religiosa e cultural que tende a limitar a incidência de gravidez. Em contrapartida, se ela vier a ocorrer (o que tem acontecido cada vez mais nos últimos tempos), a dificuldade de lidar com essa gravidez é

---

[12] "Tal como o crime, o criminoso não nasce por si só: ele é nascido, criado, e este é o perfil de seu âmbito de atuação: enquanto as bases mais pobres se proliferam rapidamente e, por não subirem na escala econômica, se estendem apenas horizontalmente na própria pobreza, os seguimentos mais nobres tendem a se disciplinar, dentro da concepção de paternidade responsável, e crescem mais ou menos continentemente ... Pode-se, assim, não só projetar que a prole indesejada de hoje será, somatoriamente, a paternidade do crime incontrolável de amanhã, como também que, inversamente, a prole programada de hoje contribuirá, porque, proporcionalmente muito menor, com maior número de vítimas para o acirramento da criminalidade de amanhã ... O crime visto nesta perspectiva pode ser particularmente sedutor para o demógrafo com quedas para superpai, pois já não basta a paternidade responsável; é preciso também o crescimento populacional responsável para a proteção de nossos filhos... É urgente que se compreenda em que extensão o crime é conseqüência, direta ou indireta, da falta de planejamento familiar e, mais, que se investiguem as implicações do atual crescimento populacional brasileiro no aumento da criminalidade no futuro". GUIMARÃES JÚNIOR, Renato. *Extrapolando Criminalidade e Conseqüências. Justitia.* São Paulo: v. 43, out./dez. 1980, p. 246.

[13] Veja-se que, segundo Melvin Lewins e Fred Volkmar, o divórcio mal conduzido leva, em muitos casos, e que as meninas adolescentes iniciem a atividade sexual de forma precoce. LEWINS, Melvin. VOLKMAR, Fred. *Clinical Aspects of Child and Adolescent Development.* Williams & Wilkins, 1990, 3a ed., p. 413. Então, nesta circunstância, uma adolescente, que tem relações conturbadas com seus pais, inicia a vida sexual sem que esteja preparada e orientada adequadamente sobre os métodos contraceptivos, resultando em gravidez.

muito maior, pois é muito má a aceitação de um filho sem casamento e as opções de aborto ou adoção representam o caos familiar ... a gravidez na adolescência, nos países pobres, resulta em um número enorme de crianças desajustadas, desnutridas, marginalizadas, matéria-prima de crescente criminalidade ... A mortalidade infantil é praticamente o dobro entre os filhos de mães solteiras em qualquer idade. O período de amamentação é menor, o índice de desnutrição é maior. Tais crianças têm maior freqüência de problemas de aprendizagem e menor rendimento em provas de inteligência e vários autores assinalam maior risco potencial de descuido e maus-tratos".[14]

O mesmo autor aponta que alguns jovens estão mais predispostos ao uso de drogas. Estes jovens apresentariam os chamados fatores de risco. Mais uma vez, verifica-se a absorção das condutas de seus pais e outros familiares pelo adolescente, pois um dos fatores de risco é que seus pais usem ou abusem de drogas. A instabilidade familiar, a ausência de supervisão dos filhos, as separações, novas uniões conjugais, doença e morte dos pais também compõem os chamados fatores de risco. Assim, se os pais proporcionassem um ambiente familiar adequado, seguramente o uso de drogas entre os adolescentes diminuiria.[15]

Quando é ressaltada a importância da família, da presença e do acompanhamento de ambos os pais, não se afirmando que estes problemas ocorram apenas em casos de pais separados. Todavia, o processo de divórcio do casal, quando não é bem conduzido, potencializa a ocorrência destes fenômenos.

Com efeito, em relação ao divórcio, Alberto Stein assevera que, "quando existem filhos, as pessoas levam muito tempo para tomar uma decisão... As negociações financeiras em geral são difíceis, e muitas vezes parte do dinheiro de pensão é extra-oficial, sendo que metade dos homens não paga em dia, costumeiramente aqueles mais distantes dos filhos. Dez por cento dos pais desaparecem da vida dos filhos ... Os pais precisam aprender a separar a relação marital, que termina, da parental, que continua".[16] O autor prossegue, enfatizando que, apesar da maior aceitabilidade da separação dos casais, ela traz ainda fortes sentimentos de fracasso, frustração, raiva e desejo de vingança, que podem refletir-se danosamente nos filhos.

Verifica-se, pois, que a separação do casal, ou seja, a falência da unidade familiar é sempre sentida pelas crianças, variando o grau de

---

[14] SOUZA, Ronald Pagnoncelli de. *O Adolescente do Terceiro Milênio*. Porto Alegre: Mercado Aberto, 1999, p. 103.

[15] SOUZA,*O Adolescente* ... p. 114 e 119.

[16] STEIN, Alberto ... [*et. all*]; org. Luiz Carlos Prado. Famílias e Terapeutas: construindo caminhos. *Divórcios e Recasamentos: Enfrentando o Desconhecido*. Porto Alegre: Artes Médicas, 1996, p. 175.

intensidade dos efeitos maléficos absorvidos pelo menor, de acordo com a forma em que este processo de desmantelamento da família é conduzido pelos pais.

Melvin Lewins e Fred Volkmar constataram que, nos Estados Unidos, o maior fenômeno social contemporâneo é o alto índice de divórcios, sendo que cerca de dois terços dos casamentos acabam desfeitos. Verificaram, também, que os efeitos sobre as crianças durante todo o processo do divórcio, incluindo o período pré-divórcio, com a falência do relacionamento marital, os eventos durante a separação e o próprio divórcio, os conflitos acerca da guarda, a subseqüente reestruturação dos pais divorciados são enormes. O divórcio produz um prolongado desequilíbrio psicológico e social que deixam a criança estressada.[17]

Realmente, observaram que os meninos são normalmente mais vulneráveis, sendo significativamente mais desajustados que os outros insertos em uma família bem estruturada. As meninas, por sua vez, apresentam reações durante a adolescência, como a atividade sexual precoce e fugas.

Por estas e outras razões, os pais, quando se separam, não podem negligenciar seus filhos. A paternidade, ao contrário do matrimônio, não pode ser dissolvida. Todavia, prosseguem os autores citados, estudos apontam que, dentro de dois anos após o divórcio, 40% das crianças perdem contato com os pais que não detêm sua guarda. Na verdade, é importante para o desenvolvimento da identidade da criança conhecer sua família, incluindo tios, primos e avós de ambos os lados. O acesso da criança ao pai que ficou sem a guarda é necessário. Infelizmente, muitas vezes isto não acontece. Com efeito, as disputas acabam por colocar o foco da questão nos pais ao invés de colocá-lo na criança, o que é errado, pois o foco deveria ser em suas necessidades.

O cuidado com os filhos durante o processo de separação do casal e após a dissolução definitiva do núcleo familiar deve ser permanente, sob pena de as crianças desenvolverem traumas psicológicos duradouros.[18]

---

[17] LEWINS, Melvin; VOLKMAR, Fred. *Clinical Aspects of Child and Adolescent Development.* Williams & Wilkins, 1990, 3a ed., p. 413.

[18] KAPLAN, Harold I. SADOCK, Benjamin J. GREBB, Jack A. *Compêndio de Psiquiatria.* Porto Alegre: Artes Médicas, 1997, 7ª ed., p. 59. Asseveram os autores que "a idade da criança à época do divórcio afeta a reação do evento. Imediatamente após o divórcio, existe um aumento das perturbações comportamentais e emocionais em todos os grupos etários ... A recuperação e adaptação dos efeitos do divórcio, geralmente leva de 3 a 5 anos, mas cerca de um terço dos filhos de lares onde ocorreu o divórcio apresenta traumas psicológicos duradouros. Entre os meninos, a agressão física é o sinal mais comum de sofrimento. Os adolescentes tendem a passar mais tempo longe de casa depois do divórcio. Tentativas de suicídio podem ocorrer, como resultado direto do divórcio: um dos previsores do suicídio na adolescência é o divórcio ou separação recente dos pais. As crianças que se adaptam bem ao divórcio o fazem porque cada um dos pais se esforça para continuar o relacionamento com a criança, a despeito da raiva e ressentimento desta. Para facilitar a recuperação, o casal divorciado também deve evitar discussões e demonstrar um comportamento consistente em relação à criança".

Perturbações psicológicas que, consoante já frisado, desenvolvem a agressividade e podem levar, em situações mais extremas, os adolescentes a cometer o suicídio.

Como visto, o rompimento do núcleo familiar gera conflitos nas crianças e adolescentes. Todavia, aqueles podem ser minorados e, talvez, até evitados, se os pais exercerem efetivamente uma paternidade responsável, que não se traduz apenas em prover seus filhos materialmente, mas, também, provê-los de amor, carinho, afeto e segurança.

4. No melhor interesse da criança: um método interpretativo

Mostra-se incontestável que a paternidade deverá ser exercida de forma responsável, seja para realização do planejamento do número de filhos, seja para provê-los do suporte afetivo e material necessário para o seu bom desenvolvimento.

Este princípio está vinculado ao método interpretativo *in the best interest of the child*,[19] que está previsto tanto na Constituição Federal,[20] quanto no Estatuto da Criança e do Adolescente.[21]

Naturalmente, tais princípios e regras acabam sendo aplicados para solução dos litígios que são submetidos ao controle judicial. As hipóteses são muitas, mas serão analisadas, ainda que perfunctoriamente, apenas aquelas relativas à guarda dos menores e à fixação de alimentos.

Consoante exposto, para o melhor desenvolvimento da criança e do adolescente, é necessário que os pais lhe destinem não só recursos materiais, mas afeto, amor, educação, atenção. Quando o divórcio não é bem conduzido pelos pais, e a guarda, em conseqüência, vem a ser discutida judicialmente, a função do magistrado na condução do processo e, principalmente, no momento de decidir é de vital importância.

---

[19] GAMA, Guilherme Calmon Nogueira da. Filiação e Reprodução Assistida: Introdução ao Tema sob a Perspectiva do Direito Comparado. *Revista Brasileira de Direito de Família*. n. 5, abr./jun./2000, p. 7.

[20] Art. 227. É dever da família, da sociedade e do Estado assegurar à criança e ao adolescente, com absoluta prioridade, o direito à vida, à saúde, à alimentação, à educação, ao lazer, à profissionalização, à cultura, à dignidade, ao respeito, à liberdade e à convivência familiar e comunitária, além de colocá-los a salvo de toda forma de negligência, discriminação, exploração, violência, crueldade e opressão.

[21] Art. 4º. É dever da família, da comunidade, da sociedade em geral e do Poder Público assegurar, com absoluta prioridade, a efetivação dos direitos referentes à vida, à saúde, à alimentação, à educação, ao esporte, ao lazer, à profissionalização, à cultura, à dignidade, ao respeito, à liberdade e à convivência familiar e comunitária.

O magistrado deve estar atento para a postura dos pais e suas reais aptidões para o pleno e melhor exercício da guarda da criança e do adolescente. Muitas vezes, será necessário que se faça uma avaliação dos pais, da criança e mesmo de outros familiares,[22] como os avós, para que se possa determinar com quem deverá ficar a guarda da criança, ou seja, com qual solução o juiz estaria alcançando o seu melhor interesse.

Veja-se que esta orientação já vem sendo seguida pelo Tribunal de Justiça do Estado do Rio Grande do Sul. Cita-se precedente, de lavra do Desembargador José Carlos Teixeira Giorgis, em que, face aos desacertos entre os pais e episódios de agressões, as visitas do ex-cônjuge, que não detinha a guarda do menor, deveriam ocorrer, até realização de perícias e estudos pertinentes, em dependência forense, com assistência de pessoas especializadas.[23]

O Colendo Superior Tribunal de Justiça, também com fundamento no melhor interesse do menor, determinou que a guarda das crianças deveria ser concedida ao cônjuge responsável pela separação, pois, conforme recomendado pela assistente social, os filhos manifestaram o desejo de permanecer com o pai, já estavam adaptados àquela situação, bem como manifestaram rejeição à figura materna.[24]

---

[22] Relembra-se que, conforme estudos já citados, uma avaliação conjunta dos membros da família trará benefícios para que se construa o real perfil daqueles que postulam a guarda do menor.

[23] "Direito de visitas. Suspensão temporária. Criança de tenra idade. Episódios de agressão, envolvendo familiares e terceiros, presenciados pela menor. Encaminhamento para perícia e estudo. Constatados episódios de desacertos entre os pais e de agressões envolvendo outros familiares e terceiros, ocorridos durante as visitas, e até que se realizem perícias e estudos que permitam desarmamentos comportamentais e maior harmonia, visando-se o superior interesse da menor, as visitas devem operar-se em dependência forense, com assistência de pessoal técnico designado pelo magistrado". Agravo de Instrumento nº 70004195954. De lavra do mesmo Desembargador, cita-se a decisão proferida na Apelação Cível nº 70000241406, em que foi determinada a alteração da guarda da menor com base em laudo social e com fundamento em seu melhor interesse. Na apelação nº 597162684, Relatora a Desembargadora Maria Berenice Dias, a guarda dos filhos foi negada aos pais, sob o fundamento de que não teriam exercido a paternidade responsável. Situação em que, prevalecendo o interesse do menor, aconselhável se mostrou a entrega das mesmas à família substituta, mediante adoção por casal habilitado.
Em precedente do Tribunal de Justiça de Minas Gerias, a mesma *ratio* foi utilizada para fundamentar a concessão da guarda da criança ao pai e avós paternos, e não à mãe: "MENOR – SUA ENTREGA VOLUNTÁRIA PELA MÃE AOS CUIDADOS DOS AVÓS PATERNOS – RETIRADA DA MENOR DO LAR PATERNO – REGULARIZAÇÃO DA SITUAÇÃO PRÉ-EXISTENTE ATRAVÉS DE PEDIDO DE CONCESSÃO DE GUARDA AO PAI E AVÓS – VIABILIDADE – Ainda que se reconheça, à mãe, o direito de reaver a filha entregue voluntariamente aos cuidados do pai e avós paternos, é de ser considerado, no caso concreto, o bem-estar da criança. Demonstrado, às plenas, que os interesses da menor, notadamente aqueles atinentes à assistência material, moral, educacional e espiritual, serão melhor atendidos se ela (a menor) ficar em companhia do pai e dos avós paternos, é de se lhes conceder a guarda, resguardado o direito de visitas à mãe. Em questões atinentes a menores, o interesse destes é que deve prevalecer". (Apelação Cível nº 000.229.502-0/00, Rel. Des. Hyparco Immesi).

[24] Recurso Especial nº 37.051/SP, Rel. Min. Nilson Naves, *in* RSTJ 151/247.

Esta mesma Corte de Justiça, no REsp 469.914/RS, solidificou o entendimento de que "o princípio orientador das decisões sobre a guarda de filhos é o da preservação do interesse da criança, que há de ser criada no ambiente que melhor assegure o seu bem estar físico e espiritual, seja com a mãe, com o pai, ou mesmo com terceiro".[25]

Verifica-se, pois, que a guarda poderá ser concedida também aos avós. Ou terceiros, que se mostrem em melhores condições para assumir a criança.[26]

Outra situação interessante é quanto ao direito de visita dos avós. Embora não haja previsão legal, a jurisprudência vem se manifestando no sentido de que as visitas devem ser estendidas aos avós, a menos que reste comprovado que o convívio com estes parentes possa trazer malefícios aos menores.

Realmente, restou consignado na Apelação Cível nº 70003280377,[27] Relatora a Desembargadora Maria Berenice Dias, que, quando comprovada a existência de boa convivência entre os avós e os netos, recomenda-se o deferimento de visitas entre eles, preservando o vínculo afetivo já existente e solidificando a base familiar. Em sentido semelhante, é a decisão proferida no Agravo de Instrumento nº 70004224457,[28] Relator o Desembargador Sérgio Fernando de Vasconcellos Chaves, que entende saudável a manutenção do vínculo afetivo entre os avós maternos e os netos, especialmente quando falecida a genitora. Percebe-se, assim, que, de modo geral, concede-se o direito de visita dos avós, para que as crianças tenham convívio, também, com os outros parentes, justamente porque, consoante verificado no item 2, recomenda-se que a criança interaja com sua família em sentido amplo (pais, avós, tios, primos).[29]

---

[25] Relator o Ministro Ruy Rosado de Aguiar.

[26] Nesse sentido, cita-se o seguinte julgado do Tribunal de Justiça do Estado de São Paulo, em que a guarda do menor foi concedida a pessoas que não os pais biológicos: "GUARDA DE MENORES – CRIANÇA CRIADA POR TERCEIROS DESDE TENRA IDADE – CUIDADOS E AFEIÇÃO DEDICADOS À MENOR – INTERESSE DESTA EM FICAR COM AQUELES QUE NÃO COM OS PAIS – Guarda confiada àqueles aos quais a criança se afeiçoou, rejeitando os pais biológicos – Direito de visitas assegurado, porém, aos últimos – Recurso parcialmente provido para este fim". (Apelação Cível nº 134.897-4, Rel. Des. Jacobina Rabello).

[27] TJRS.

[28] TJRS.

[29] Há decisões Tribunal de Justiça de São Paulo no mesmo sentido, concedendo-se o direito de visita aos avós do menor. Nesse sentido: "MENOR – Regulamentação de visitas. Concessão do direito aos avós. Admissibilidade eis que a eles (avós) cabe também a obrigação de alimentá-los e direito de guarda. Decisão reformada. Recurso provido para que o feito tenha prosseguimento, afastando-se a extinção. Apelação Cível nº 155.414-4, Rel. Des. Carlos Renato.
MENOR – REGULAMENTAÇÃO DE VISITAS – AVÓS EM RELAÇÃO AOS NETOS – Liminar concedendo o direito de retirada do lar materno – Ausência de riscos físicos ou morais para as crianças – Prevalência até o julgamento definitivo – Agravo não provido". Agravo de Instrumento nº 143.864-4, Rel. Des. Testa Marchi.

Mas este não é um entendimento absoluto. Se restar verificado que o convívio com os avós possa trazer mais malefícios do que benefícios à criança, o direito de visita não será concedido.[30] Nesse sentido é a decisão proferida na Apelação Cível nº 70005932769, TJRS, Relator Desembargador José Carlos Teixeira Giorgis.[31]

Neste caso, a interferência maléfica dos avós na organização familiar do casal e de seus filhos chegou ao ponto de abalar as estruturas da própria relação do casal. Este, por sua vez, em manifesto exercício da chamada paternidade responsável, para preservar a relação familiar e a estrutura da família em sentido estrito, houve por bem em mudar-se, evitando o contato com os avós. Comprovada a situação nos autos, seria contrário aos interesses dos menores se fosse privilegiado o direito dos avós. Muitas outras são as decisões neste sentido,[32] sempre exigindo do magistrado sabedoria na adequada aplicação dos referidos princípios.

Igualmente, a questão atinente à prestação alimentar exige do julgador a verificação do atendimento ao princípio da paternidade responsável. Lourival de Jesus Serejo Sousa identifica os seguintes tipos de alimentante: o responsável, o inadimplente de boa-fé, o inadimplente de má-fé, o malandro, o indiferente, o perverso, o falido, o mentiroso, o sagaz, o falacioso e o devedor renitente.[33] Destes tipos, o autor destaca o perverso "para esclarecer que é aquele que deixa o emprego só para não pagar a pensão; prefere se acobertar sob a justificativa de que está desempregado a pagar pensão alimentícia. A identificação de cada tipo influencia na postura do juiz, que passará a ser mais flexível ou mais rígida conforme o caso concreto".

---

[30] Se muitas vezes é recomendável que a criança não tenha contato com seus próprios pais, porque verificada que sua convivência com o menor é danosa para este, o mesmo raciocínio também haverá de ser aplicado aos avós. Conclusão, aliás, lógica.

[31] Em seu voto, para negar o direito dos avós em visitar seus netos, o Desembargador José Carlos Teixeira Giorgis expôs a seguinte "*ratio decidendi*: a desarmonia existente entre apelantes e apelados, efetivamente evidencia não ser recomendável o contato daqueles com a infante. O casal recorrido, inclusive, saiu da cidade onde morava para afastar-se dos apelantes e encontrar paz, eis que até a convivência entre marido e mulher estava sendo influenciada pelos progenitores. Como bem destacado pelo douto Procurador de Justiça, 'não há dúvida do direito de visita dos avós à neta, entretanto este direito não pode prevalecer diante de outro que é a formação sadia da menor, longe de um contexto familiar tumultuado, permeado de fofocas e disputas, entre avós e pai, sobre qual a melhor orientação e quais os valores que devem preponderar na formação do caráter e da personalidade da neta'".

[32] Na Apelação Cível nº 70005663513, Relatora a Desembargadora Marilene Bonzanini Bernardi, a avó pretende o direito de ser visitada pela neta. Todavia, restou comprovado nos autos, instruído com avaliação psicológica das partes envolvidas, que a avó contrariava as orientações dadas pela mãe da menor (sua filha, aliás), dava bebidas alcoólicas à menor e mostrou-se ser uma pessoa controladora, que seu interesse não estava na menor, mas em mostrar à filha que poderia intervir na formação da menor. Naturalmente, prevalecendo os interesses da criança (que sequer manifestou o desejo visitar a avó), a pretensão foi negada.

[33] SOUSA, Lourival de Jesus Serejo. A Fixação do *Quantum* Alimentar. Revista Brasileira de Direito de Família. n. 08, jan./mar. 2001, p. 13.

O chamado alimentante perverso, como bem frisado pelo autor, além de faltar com seus deveres de pai, não raro busca a tutela do Poder Judiciário para legitimar sua conduta. Mais uma vez, o magistrado tem a importante função de identificá-lo e rechaçar sua pretensão.[34]

Como visto, as questões submetidas à apreciação judicial[35] têm origem em desavenças familiares, principalmente em desentendimentos do casal. Quando as partes estabelecem o conflito, deixam de se portarem como pais responsáveis, que deveriam fazer de tudo para proteger o bem-estar de sua prole, e passam a agir mais em seus próprios interesses. Assim, o juiz é chamado a intervir na situação e deverá resolvê-la de forma que prevaleçam os interesses do menor, fazendo com que os pais respondam pela infração e omissão em seus deveres paternais.

Para tanto, para que melhor se possa averiguar de que maneira se alcançará a melhor solução ao caso concreto, mostra-se relevante que as partes, os familiares e os menores sejam submetidos a avaliações realizadas por profissionais especializados (como psicólogos, psiquiatras, assistentes sociais, ou qualquer outro que o magistrado julgue seus conhecimentos técnicos relevantes para o deslinde da controvérsia).

Enfim, o magistrado assume relevante papel quando se está em discussão o melhor interesse do menor, pois, além de aplicar a lei, deverá ser um pouco psicólogo, psiquiatra, sociólogo, assistente social e, sobretudo, pai, para que sua decisão possa suprir, na medida do possível, a negligência, ausência, irresponsabilidade e indiferença de muitos pais perante a sua prole.

---

[34] Calha citar o teor do voto proferido pelo Desembargador Luiz Felipe Brasil Santos, quando do julgamento da Apelação Cível nº 70005348693, TJRS: "não se pode deixar de impor ao pai que assegure a sobrevivência da prole. Trata-se de rapaz jovem, com 26 anos, gozando de perfeita saúde, pois afirma que está trabalhando. A singela afirmativa de desemprego e a alegação de que trabalha no mercado informal, não pode singelamente desonerá-lo do encargo alimentar. Ainda que se esteja diante de uma difícil conjunção econômica, situação, no entanto, que não surgiu depois do nascimento dos filhos. Assim, é fato que não pode afastar a obrigação do genitor pelo sustento deles. Cada mais se decanta a paternidade responsável, não se mostrando razoável que se coloque filhos no mundo e depois deixe de prover o sustento do mesmo sob a singela assertiva de desenvolver atividade laboral de caráter esporádico".
Assim também são os Embargos Infringentes nº 70004281325, Rel. Des. José Ataídes Siqueira Trindade, TJRS, e a Apelação Cível nº 70004648226, Rel .Des. Nereu José Giacomolli, TJRS, donde se colhe a seguinte fundamentação: "a Constituição da República de 1988 consagrou o princípio da paternidade responsável como valor fundamental no seio da sociedade, em seus artigos 226, § 7º; 227, caput; e 229. Princípio que abarcou o art. 400 do Código Civil. Pelo que, irrelevante, para o caso concreto, o que os demais brasileiros ganham. A situação a ser analisada é a das partes e não a dos assalariados. Afinal de contas, o recorrente não integra a grande massa dos excluídos social e economicamente. O dever alimentar tem correspondência direta entre o alimentante e o alimentado. O fato da representante da menor possuir rendas, imóveis, não retira do devedor suas obrigações. O seu dever está firmado no vínculo paterno, suas possibilidades e necessidades da menor. Os alimentos são devidos à filha e não à ex-esposa".
[35] No presente trabalho foram abordados apenas os casos de guarda, direito de visitas e pensão alimentícia devida ao menor.

Conclusão

A família é considerada célula fundamental da sociedade. Constituída, em sentido estrito, pelos pais e sua prole, verifica-se que, com a proliferação dos divórcios e o abandono dos filhos (por um dos pais ou até mesmo por ambos), esta estrutura vem sendo, progressivamente, abalada.

Aos pais, conforme previsto pela atual Constituição Federal, compete exclusivamente a realização do planejamento familiar (estando vedada qualquer intervenção coercitiva), sempre observando os princípios da dignidade da pessoa humana e da paternidade responsável.

Todavia, os pais têm-se mostrado cada vem mais irresponsáveis (as causas são muitas, uma delas a ineficiência do Estado, especialmente nas camadas menos favorecidas, de alcançar as condições e informações necessárias para o adequado planejamento familiar), ao deixaram de prover seus filhos afetiva, espiritual e materialmente.

O crescimento demográfico desordenado colabora para o agravamento desta situação. Todavia, como qualquer ação direcionada para este aspecto está vedada constitucionalmente e infraconstitucionalmente, não há solução imediata para o problema, restando, apenas, a tentativa de minorar as conseqüências da paternidade irresponsável.

As conseqüências do não-exercício da paternidade responsável, potencializada pelos casos de divórcio, especialmente naqueles em que os filhos são colocados no centro do conflito, refletem diretamente neles, que podem apresentar comportamento agressivo, depressão, gravidez na adolescência, uso de drogas, suicídio, entre tantos outros transtornos.

Para tentar amenizar estes efeitos nocivos, e evitar, especialmente, que estas crianças de hoje se tornem o reflexo de seus pais irresponsáveis, os magistrados exercem um papel fundamental na solução dos conflitos, devendo utilizar, da forma mais ampla possível, de todo o apoio técnico que julgarem necessários para a averiguação do real contexto familiar da criança, cuja guarda é disputada, ou cujos alimentos são discutidos. Sobretudo, deve-se procurar alcançar o melhor meio familiar para contextualizá-la.

Cabe ao Estado, ainda nos limites impostos pela Constituição Federal,[36] através de políticas públicas, viabilizar o acesso a informações sobre controle de natalidade, bem como das obrigações inerentes à paternidade responsável. Salienta-se, inclusive, que o Ministério Público, por conta da

---

[36] Proibição de práticas coercitivas para o planejamento familiar.

proteção de interesses difusos, poderá exigir que o Estado crie estas políticas públicas.

De qualquer sorte, é importante frisar que a paternidade responsável deve ser exercida por cada cidadão, que deverá refletir, antes de se decidir por ter filhos, se poderá educá-lo, mantê-lo e, sobretudo, amá-lo. Nesse sentido, ponderou Paulo Azambuja de Oliveira que "é imprescindível que a paternidade seja mesmo responsável. Os pais têm que sustentar, educar e responsabilizar-se por seus filhos. Os que não puderam arcar com esses encargos não podem ter filhos".[37]

Finalmente, lembra-se a frase deixada pelo lendário Brás Cubas, ao encerrar suas memórias póstumas: "não tive filhos, não transmiti a nenhuma criatura o legado de nossa miséria".[38] É uma frase de impacto, e, talvez, a uma primeira vista, sugerisse simplesmente que seria melhor que as pessoas não tivessem filhos. Todavia, a frase fora proferida dentro de um contexto, em que seu interlocutor concluiu não só a ausência de grandeza em todas as pessoas como em si mesmo. Nesse aspecto, exerceu ele, sim, o que podemos chamar de paternidade responsável, pois, admitindo sua fraqueza, não a quis transmitir.

Se todas as pessoas fizerem uma indagação desta natureza, antes de resolverem ter filhos, talvez apenas aqueles que encontrassem dentro de si a grandeza não alcançada por Brás Cubas decidissem por serem pais, e, neste contexto, tanto os que tiveram filhos como aqueles que não os tiveram, exerceram a almejada paternidade responsável.

---

[37] OLIVEIRA, Paulo Azambuja de. Violência e Criminalidade (menor abandonado). *Revista do Conselho Penitenciário do Distrito Federal*. jan./jun. 1979, Ano XVI, n. 38, p. 13.
[38] ASSIS, Machado de. *Memórias Póstumas de Brás Cubas*. São Paulo: Ática, p. 144.

— 4 —
A constitucionalidade da prisão civil do devedor de alimentos

CRISTINA REINDOLFF DA MOTTA
Especialista em Direito Processual Civil pela PUC/RS.
Mestre em Direito pela PUC/RS. Professora de Direito Processual
Civil da Universidade Luterana do Brasil. Advogada.

A prisão civil é ato autorizado pelo ordenamento pátrio, no âmbito do direito privado, que poderá incidir na eventual ocorrência de dois casos: o primeiro é o descumprimento da dívida alimentar; o segundo, o inadimplemento do dever de restituir a coisa depositada.

A prisão nada mais é do que ato que visa a constranger o devedor a cumprir sua obrigação. A prisão não pretende a aplicação de penalidade, ou castigo, mas exibe o escopo de compelir o sujeito inadimplente e faltoso a efetuar determinada obrigação assumida, seja prestar alimentos ou devolver o bem depositado. É meio compulsório e legal de obter-se o cumprimento de determinada obrigação. Deve ser encarada como instrumento de coerção, jamais como pena, de cunho eminentemente econômico. Seu desígnio é de compelir o devedor.

A Constituição Federal vigente prevê em seu artigo 5°, LXVII, que "Não haverá prisão civil por dívida, salvo a do responsável pelo inadimplemento voluntário e inescusável de obrigação alimentícia e a do depositário infiel".[1]

Celso Ribeiro Bastos ressalta que os tipos de prisão que a Constituição permite por inadimplemento obrigacional são de natureza civil. Com isto quer-se significar que ela não visa à aplicação de uma pena, mas tão-somente a sujeição do devedor a um meio extremamente violento de

---
[1] Constituição Federal de 1988, art, 5°, inc. LXVII.

coerção, diante do qual, é de se presumir, cedam resistências do inadimplente. É por isso que, paga a pensão ou restituído o bem depositado, automaticamente cessa a prisão".[2]

Para Álvaro Villaça,[3] a manutenção da previsão da prisão civil para o inadimplente de alimentos ou depositário infiel é uma atrocidade e em sua obra *Prisão Civil por Dívida*, deixa claro, por diversas vezes, tal posicionamento, mormente ao afirmar que "Embora tenha mantido, a Constituição Federal, duas inconcebíveis exceções, que autorizam a prisão civil por dívida, minimizou a violência dessa execução pessoal, exigindo que o inadimplemento do devedor de alimentos ou do depositário infiel seja involuntário e inescusável".

Cretella Jr., por sua vez, enfatiza a necessidade do descumprimento ser voluntário para que incida a pena, ao afirmar deve-se ter "presente que esse dispositivo constitucional foi previdente ao exigir que o inadimplemento deva ser voluntário e inescusável".[4]

Portanto, ao se tratar de descumprimento involuntário, sem culpa ou vontade do devedor, não poderá ser aplicada a prisão civil. Parece bastante justo. Da mesma forma, trata-se de inadimplemento em razão de caso fortuito ou força maior. Ora, se o que impede o cumprimento de determinada obrigação é um evento causado por terceiro (força maior) ou fato que advenha da natureza (caso fortuito) não poderá responder o devedor como culpado da situação que se criou. Por estar ausente o elemento culpa, o mesmo fica imune à prisão civil, não tendo que responder por qualquer pagamento a título de indenização.

Poderá ainda o descumprimento ser voluntário, mas para que o devedor fique "protegido da prisão" o motivo que ensejou a desatenção à ordem, deverá ser justo. Pode-se considerar justo, no caso de alimentos, a doença do novo cônjuge, a internação hospitalar de um ente querido, entre outros exemplos.

A principal distinção que a Constituição Federal faz e que deve ser salientada é o caráter diferencial que possui tal "pena". Não pode, pois, ser tratada como a prisão penal. A prisão civil é meio compulsório de execução, diferente da prisão penal, que é decorrência de uma infração penal, e a prisão civil não tem as características de uma pena.

Observa Amílcar de Castro[5] que, na maioria das vezes, o processo de execução tem escopo primariamente patrimonial e, apesar de nem todos os processos apresentarem finalidade econômica, a prisão civil pode ser

---

[2] BASTOS, Celso Ribeiro. *Comentários à Constituição do Brasil*. p. 305.
[3] AZEVEDO, Álvaro Villaça de. *Prisão Civil por Dívida*. p. 64.
[4] CRETELLA Jr., José. *Comentários à Constituição Brasileira de 1988*. p. 652.
[5] CASTRO, Amílcar de. *Comentários ao Código de Processo Civil*. p. 284.

aplicada para o seu fim maior, isto é, a coação, na maioria dos casos, sendo instrumento hábil para obtenção do bem que se busca na ação. Segundo o doutrinador, "a coação possível por parte do Estado, tende na quase totalidade dos casos, direta ou indiretamente, a resultado econômico. Assim, a prisão civil é meio executivo de finalidade econômica. Prende-se o executado, não para puni-lo, como se criminoso fosse, mas para forçá-lo indiretamente a pagar, supondo-se que tenha meios de cumprir a obrigação e que queira evitar a sua prisão ou readquirir a sua liberdade".[6]

O instituto da prisão civil não mais é tanto um modo de compelir o devedor a cumprir, mas sim instituto de sutileza maior. Encara-se o instituto como meio de experimentar a solvabilidade do devedor.

Uma vez não sendo vista como pena, a prisão civil ostenta caráter diferenciado da prisão administrativa ou da penal. O instituto é marginalizado ante a Constituição Federal, que o prevê somente nas duas situações supracitadas.

Ao contrário do entendimento de Álvaro Villaça de Azevedo, são salutares as exceções autorizadas pela Carta Magna vigente, até mesmo porque o texto constitucional, a partir de 1988, ao revés do que era preceituado anteriormente, dispõe que a prisão do devedor inadimplente só se dará se o descumprimento for voluntário e inescusável.[7]

É necessário, então, que o devedor objetive o inadimplemento deliberadamente, sem que haja justo e fundado motivo para tal. Se não houver culpa do devedor no descumprimento da obrigação, dando-se independentemente da vontade do devedor, ou seja, for involuntário, ele não poderá responder por tal situação.

O mesmo ocorre quando há evento de força de maior ou de caso fortuito. Em ambos os casos, há ausência da culpa do devedor. Como sabemos, dá-se a força maior quando há a ocorrência de um fenômeno natural, no caso impeditivo do inadimplemento obrigacional, enquanto a força maior é o impedimento em razão da intervenção de um terceiro, ou ainda do próprio credor. Para Agostinho Alvim, "a distinção que modernamente a doutrina estabeleceu é a que vê no caso fortuito um impedimento relacionado com a pessoa do devedor ou com a sua empresa, enquanto que a força maior é um acontecimento externo".[8] A única escusa para que o devedor deixe de cumprir voluntariamente sua obrigação é que haja justo motivo.

---

[6] *Ibidem.*
[7] AZEVEDO, Álvaro Villaça. *Prisão civil por dívida.* p. 64.
[8] ALVIM, Agostinho. *Da Inexecução das Obrigações e suas Conseqüências.* p. 330.

No Brasil, a Lei 5478/68 estabeleceu, quanto à prisão civil por débitos de alimentos, modos especiais que devem ser observados, possibilitando o pagamento da pensão alimentícia. Na realidade, há três mecanismos que tutelam a obrigação alimentar: o desconto, que não deixa de ser forma de coerção patrimonial, a expropriação, que é o mesmo tipo do desconto, e a prisão civil, que se trata de coerção pessoal.

A execução de alimentos pode se dar seguindo o preceituado pelos artigos 732, 733 e 735 do Código de Processo Civil. A forma da execução está disponível à escolha do credor, que deverá adaptar o caso concreto ao rito determinado por cada artigo, podendo ainda, conforme o caso, na tentativa frustrada de penhora dos bens pelo rito do artigo 732 do Código de Processo Civil, por exemplo, requerer a conversão para tentar valer-se da ameaça de prisão permitida através do artigo 733 do Código de Processo Civil.[9]

O credor de alimentos poderá requerer no libelo da execução pelo artigo 733 do Código de Processo Civil, que o devedor seja citado para pagar a obrigação alimentar no prazo de três dias, sob pena de prisão. Enfatiza-se a necessidade de o pedido estar contido na inicial, vez que é vedado ao juiz decretá-la de ofício.[10] No mesmo sentido, Sergio Gilberto Porto diz que o credor pedirá na inicial que o devedor seja citado para o pagamento da dívida em três dias sob pena de prisão.[11] O próprio Ministério Público, quando for parte, agindo em defesa dos direitos de algum credor de alimentos poderá requerer a prisão do devedor de alimentos em caso de inadimplemento obrigacional.[12]

A execução pelo rito do artigo 733 do Código de Processo Civil, isto é, com ameaça de prisão, de acordo com o que o Superior Tribunal de Justiça e o Tribunal de Justiça do Rio Grande do Sul promovem, só pode se dar em relação a parcelas vencidas há menos de três meses "e isso porque a demora na cobrança de debito há muito vencido evidencia que a urgência da prestação alimentar não se faz presente, além de ensejar a constituição de um débito cujo valor dificilmente poderá ser atendido pelo devedor no prazo curto que a lei lhe reserva".[13] Deixa assim a dívida de ter caráter alimentar para ser indenizatória.

---

[9] RESP 216560/SP. Relator Ministro César Asfor Rocha, 4ª Turma do STJ, Publ. no DJU 05.03.2001, p. 01690.
[10] SILVA, Ovídio Baptista da. *Curso de Processo Civil.* v. II. p. 321.
[11] PORTO, Sérgio Gilberto. *Doutrina e prática dos alimentos,* 2 ed., Rio de Janeiro: Aide, 1993, p. 80.
[12] RESP 208429/MG. Relator Ministro Carlos Alberto de Menezes Direito, 3ª Turma do STJ, Publ. no DJU em 01.10.01, p. 205.
[13] RESp. 291.367/Sp. Relator Ministro Ruy Rosado de Aguiar Júnior, 4ª Turma do STJ, Publ. no DJU em 02.04.2001, p. 00303.

Por tratar-se de decisão interlocutória, a decretação da prisão poderá ser atacada via agravo de instrumento, que com o advento da Lei 9.139/95, o artigo 558 do Código de Processo Civil se tornou mais abrangente. A modificação do texto legal que rezava em determinado momento "prisão de depositário infiel" passou a referir-se à "prisão civil", o que faz crer tenha incluído a prisão por dívida alimentar. A suspensão da decisão deverá ser requerida como liminar no agravo de instrumento.

O prazo da prisão, segundo o § 1º do artigo 733 do Código de Processo Civil, pode ser de até três meses segundo Jorge Franklin Alves Felipe.[14] Sérgio Gilberto Porto afirma que o prazo deve ser entre um e três meses.[15] Entretanto, há posicionamentos divergentes como o de Humberto Theodoro Júnior,[16] Adroaldo Furtado Fabrício,[17] que entendem que o prazo máximo seria de sessenta dias, em virtude da fixação existente no artigo 19 da Lei 5.478/68, que como lei especial veio a regular o contido no Código de Processo Civil.

O Superior Tribunal de Justiça posiciona-se no sentido de o prazo máximo da prisão ser de 60 (sessenta) dias.[18] Da mesma forma Araken de Assis,[19] Arnaldo Marmitt[20] e Yussef Said Cahali.[21]

O prazo da prisão civil decretada variará, de acordo com as circunstâncias, caso a caso. Em se tratando de devedor contumaz, deve ser imposta pena mais rigorosa, sem descuido do prazo máximo fixado em lei.

A decretação de prisão é aconselhável, vez que coage o devedor a pagar alimentos. O escopo da medida é o cumprimento da obrigação, e não a prisão do devedor. A prisão é um modo intimidativo de compelir o devedor a adimplir.

A prisão civil não deve receber concessões, o que vale dizer que o devedor não deve ter vantagens, devendo, portanto, ser cumprida no presídio ou no quartel. Não deve haver cumprimento de prisão civil em regime aberto ou semi-aberto sob pena de perder, por completo, a eficácia da medida, qual seja a coerção do devedor ao cumprimento da obrigação. O escopo da prisão civil é tão-somente coagir o devedor, se a este forem conferidas regalias dos regimes aberto ou semi-aberto, ele jamais sentir-

---

[14] FELIPE, Jorge Franklin Alves. Op. cit. p. 60.
[15] PORTO, Sérgio Gilberto. *Op. cit.*, p. 81.
[16] THEODORO Jr., Humberto. *Curso de Direito Processual Civil.* p. 265.
[17] FABRÍCIO, Adroaldo Furtado. *A legislação processual extravagante em face do novo Código de Processo Civil.* p. 95.
[18] RTJ 108/171 E 115/1151.
[19] ASSIS, Araken. *Execução de Alimentos e Prisão Civil do Devedor.* p. 166.
[20] MARMITT, Arnaldo. *Prisão Civil por Alimentos e Depositário Infiel.* p. 182.
[21] CAHALI, Yusef Said. *Dos Alimentos.* p. 639.

se-á compelido a ponto de cumprir a obrigação. Para Araken de Assis, o "deferimento de prisão domiciliar ao executado constitui amarga pilhéria. Dela não resulta nenhum estímulo real sobre a vontade renitente do devedor. O controle do confinamento, ademais, se revela difícil e, na maioria das vezes, improvável; assim torna-se pífia a ameaça derivada do meio executório".[22]

João Roberto Parizzato[23] concorda que a prisão civil para ser meio eficaz de coerção não deve ser cumprida em regime domiciliar ou albergue. Entretanto, defende que o devedor poderá cumpri-la, baseado no artigo 295 do Código de Processo Penal, em prisão especial ou em quartéis.

Luiz Vicente Cernicchiaro[24] vai mais além, afirmando que a prisão civil não poderia ser mais gravosa do a prisão penal. Para ele, tendo em vista que o Código Penal prevê o crime de abandono material em seu artigo 224, este contemplaria o caso da falta de pagamento de alimentos. Para tal crime, a pena prevista é de detenção de um a quatro anos, sendo que ao réu primário não é imposta a pena, e para os reincidentes o regime imputado é o aberto. Nesta linha, uma vez que o regime de cumprimento da pena do artigo 224 do Código Penal será em regime aberto, a sanção civil não poderia ser mais opressora do que a do direito Penal. Para ele, o devedor de alimento não poderá ser "trancafiado no estabelecimento penal comum",[25] aceitando portanto o posicionamento do Superior Tribunal de Justiça que decide pela possibilidade de cumprimento de tal medida coercitiva em regime aberto ou semi aberto.

A liberdade é ponto culminante dos valores que o direito busca preservar. Em razão das constantes mudanças sociais que impõem revisão de institutos e conceitos legais, face à imposição, através dos meios de comunicação, de sugestões e possibilidade de consumo. As transformações sofridas pela sociedade liberal, que se põe em favor da preservação da liberdade individual, fazem com que não seja encarada com bons olhos a prisão do devedor. O legislador, entretanto, em razão da conjuntura social, sabiamente possibilitou o instituto da prisão civil por dívidas de alimento como forma de proteção, como última alternativa, para que o alimentado não morra à míngua.

Tem-se por óbvio que o pedido de prisão e a efetivação da medida somente poderão se dar no caso de devedor contumaz, relapso completamente, ou se efetivamente estiver furtando-se do cumprimento obrigacional. Compartilha deste entendimento Sérgio Gilberto Porto, que

---

[22] ASSIS, Araken. Op. cit. p. 167.
[23] PARIZZATO, João Roberto. *Execução de Prestação Alimentícia.* p. 69.
[24] CERNICCHIARO, Luiz Vicente. *Prisão civil.* p. 47.
[25] Ibidem.

complemente dizendo que "certamente esta é a *mens legis*".[26] Isto porque não pode ter sucesso a coerção de devedor que não tenha meios para pagar.

A suspensão da ordem de prisão civil poderá ser obtida através de agravo de instrumento. A Lei 9.135/95 alterou o conteúdo do artigo 558 do Código de Processo Civil, autorizando a concessão de efeito suspensivo aos agravos de instrumento nos casos de prisão civil. Antes do referido ordenamento, a única maneira de se obter tal suspensão com a impetração de mandado de segurança. Sérgio Gilberto Porto faz essa referência dizendo[27] "a parte devedora de alimentos, sempre que se ache premida por ameaça de prisão ilegal ou abusiva, ou ainda quando é ela constrangida por medida que se revela também abusiva ou ilegal, pode se valer da aça constitucional de *hábeas corpus* (...)".[28]

A regra geral do recurso de agravo é que este seja recebido somente no efeito devolutivo (artigo 497 do Código de Processo Civil). Mas o artigo 558 permite ao relator que receba remédio recursal conferindo-lhe ou não o efeito suspensivo. A falta de "suspensividade do agravo de instrumento harmoniza-se com os pressupostos históricos, no direito lusitano que determinam a criação deste recurso".[29] "A própria formação do instrumento para possibilitar que os autos da causa permanecessem no juízo inferior está a indicar que a interposição do recurso não deveria produzir efeito suspensivo impedindo que a decisão agravada fosse cumprida".[30]

Para a concessão do efeito suspensivo ao recurso de agravo, interposto contra decisão interlocutória que determina a prisão, o relator deverá analisar se a efetiva realização da decisão agravada poderá trazer perigo de dano irreparável e se é relevante o fundamento do recurso. Para Cassio Scarpinello Bueno, "estes dois elementos são um misto entre os pressupostos condutores da concessão de medida liminar em sede cautelar e em mandado de segurança, equivalem certa medida ao fumus boni juris e periculum in mora".[31] É exatamente esta inovação que trouxe a nova redação legal. Anteriormente, somente era permitido o efeito suspensivo nos recursos de agravo quando fosse o caso de prisão de depositário infiel, adjudicação, remissão de bens ou de levantamento de dinheiro sem a prestação de caução idônea.

---

[26] PORTO, Sérgio Gilberto. *Op. cit.*, p. 80.
[27] Note-se que a edição da obra é de data anterior à reforma de 1995, que facultou agregar efeito suspensivo ao agravo de instrumento nos casos de prisão civil por dívida alimentar.
[28] PORTO, Sérgio Gilberto. *Op. cit.*, p. 82 e 86.
[29] SILVA, Ovídio Baptista da. *Curso de Processo Civil.* p. 445.
[30] Ibidem.
[31] BUENO, Cassio Scarpinella. *Execução provisória e antecipação de tutela.* p. 312.

Como bem salienta o artigo 558 do Código de Processo Civil, para que seja concedido o efeito suspensivo, é imprescindível que haja o expresso requerimento da parte agravante. O artigo 558 abria, antes da reforma de 1995, um campo fértil de incidência para o mandado de segurança contra ato judicial.

Como não existia possibilidade de se requerer o efeito suspensivo para os casos que diferissem dos colacionados no artigo 558, passaram a utilizar-se do *writ* para conseguir atribuir tal efeito a casos em que notoriamente havia perigo de dano irreparável. Neste sentido, Athos Gusmão Carneiro asseverava que "Na falta de meio processual hábil, na via recursal, para impedir tais (alegados) prejuízos, a jurisprudência passou a admitir, de início com restrições, mais tarde sem maior embaraço, o uso anômalo do mandado de segurança contra ato judicial (porque expedito e dotado de liminar!), à guisa de ação cautelar. Tivemos oportunidade de afirmar, certa feita, que em tais casos encontrávamos, no corpo de um mandado de segurança, a alma de uma ação cautelar, pois a outorga do efeito suspensivo a recurso que por lei não é dotado deste efeito importa na substituição do pressuposto do direito líquido e certo pelos requisitos do *fumus boni iuris* e da aparência do bom direito".[32]

A prática forense revelou, dia-a-dia, cada vez mais casos de uma das partes ser lesada gravemente e de forma irreparável em razão da inexistência de efeito suspensivo. Com propriedade, lembra Barbosa Moreira que, em determinados casos, cumprir a decisão importa, na prática, tornar inútil o eventual provimento do agravo, pois já se terá produzido, para o agravante, dano de difícil ou impossível reparação.[33] Como tudo isto se tornou evidente, impôs-se a modificação do texto do artigo 558. Tal alteração tornou-o similar ao artigo 740, nº 3, do Código de Processo Civil de Portugal "que outorga idêntico poder ao juiz se este, a pedido do agravante e depois de ouvir o agravado, reconhecer que a execução imediata do despacho é suscetível de causar ao primeiro prejuízo irreparavél ou de difícil reparação".[34]

"Hoje, com o parágrafo único do artigo 558 do Código de Processo Civil, na redação da Lei nº 9139/95, a solução encontra-se prevista no sistema, afastando, com isso a necessidade da impetração do mandado de segurança com aquele objetivo: não há lacuna (ou imperfeição) no sistema recursal de justificar sua colmatação (correção) pelo emprego do mandado de segurança contra ato judicial".[35]

---

[32] CARNEIRO, Athos Gusmão. *O Novo Recurso de Agravo e Outros Estudos*. p. 137.
[33] MOREIRA, José Carlos Barbosa. *Comentários ao Código de Processo Civil*. p. 592.
[34] ALVIM. J. E. Carreira. *Novo Agravo*. p. 126.
[35] BUENO, Cassio Scarpinella. *Op. cit.*, p. 313.

Tal efeito não pode ser concedido de ofício pelo relator que recebe o agravo. Deve haver o pedido por parte do recorrente para que seja atribuído ao seu agravo o efeito suspensivo.[36]

Ainda que leitura afoita do enunciado no artigo 527, II, evidencie a possibilidade de o relator atribuir efeito suspensivo ao agravo *ex officio*, a remissão ali existente ao artigo 558 elide qualquer dúvida.

Note-se que a lesão que enseja o requerimento do efeito suspensivo deve ser grave e de difícil reparação, isto é, não basta que apenas seja grave, pois pondera com propriedade o Des. José Carlos Teixeira Giorgis: "pode haver uma lesão que seja grave, mas que seja de fácil reparação".[37]

Há outra modificação que, em princípio, parece singela, pois apenas substituiu uma palavra. Entretanto, ele é de extrema relevância, merecendo atenção. A locução "prisão de depositário infiel" foi substituída por "prisão civil". Tal substituição mudou completamente a abrangência de decisões contra as quais se pode interpor agravo requerendo o efeito suspensivo.

Acertou mais uma vez o legislador que, por outra via, tolheu a impetração de mandado de segurança contra a ordem de prisão de devedor de alimentos.

Alerta-se que a suspensão do cumprimento da decisão agravada será, em princípio, até o pronunciamento definitivo da Turma ou Câmara Recursal. Entretanto, nada obsta que o julgador, ainda antes do julgamento do agravo, quando do recebimento das contra-razões, por exemplo, e em razão dessas, retire o efeito suspensivo anteriormente concedido. Esta situação pode ocorrer em virtude de a suspensão ser concedida com base na verossimilhança, verossimilhança esta que pode ser rechaçada quando das contra-razões do agravo.

Tal ato é, de certa forma, do juiz. Apesar de ter sido em virtude das contra-razões do recorrido, agravado, que o juiz retirou o efeito suspensivo, não foi através de recurso próprio para isso.

A doutrina divide-se acerca do cabimento de agravo regimental, contra decisão que concedeu ou negou efeito suspensivo à decisão agravada.

Athos Gusmão Carneiro[38] acredita, bem como Araken de Assis, que não cabe a interposição de agravo regimental. Divergem, contudo, na explanação para o não-cabimento.

Araken de Assis[39] diz que "a lei, em 'silêncio eloqüente' omitiu-se de repetir no 558 a previsão do parágrafo do artigo 557, dispondo, ao

---

[36] GIORGIS, José Carlos Teixeira. *Notas sobre o Agravo*. p. 84.
[37] Idem. p. 111.
[38] CARNEIRO, Athos Gusmão. *O Novo Recurso de Agravo e Outros Estudos*. p. 79.
[39] ASSIS, Araken de. *Observações sobre o Agravo no Processo de Execução*. p. 159.

invés, que a decisão ficará suspensa até o pronunciamento definitivo do órgão colegiado, e este pronunciamento definitivo somente poderá ser o do julgamento do próprio agravo".

De seu turno, Athos Gusmão Carneiro pondera que não cabe agravo regimental, eis que "o rito célere, agora imprimido ao agravo de instrumento, repele a possibilidade de outro agravo, agora regimental, contra o relator".[40]

Araken de Assis[41] assevera a impossibilidade de interposição de agravo regimental da decisão do relator que indeferiu efeito suspensivo à decisão agravada. Este é também o entendimento de José Carlos Teixeira Giorgis.[42] No sentido contrário, Thereza Arruda Alvim[43] aponta o cabimento do recurso a teor do artigo que regula o agravo de instrumento (artigo 557 do Código de Processo Civil), sendo que José Eduardo Carreira Alvim[44] acompanha a linha de fundamentação. Eduardo Arruda Alvim crê na possibilidade de interposição de agravo de instrumento contra decisão que nega a atribuição de efeito suspensivo à decisão agravada em função de esta também ser decisão interlocutória, passível, portanto de recurso.[45]

Assevera José Rogério Cruz e Tucci que "na hipótese de concessão ou denegação de efeito suspensivo ao agravo de instrumento, nos termos do artigo 558 do Código de Processo Civil, nenhum recurso foi expressamente previsto pela forma introduzida na lei 9139/95. E esta parece ter sido realmente a vontade do legislador".[46]

Em número inexpressivo encontram-se decisões no sentido da possibilidade de interposição do regimental, tais como a que ressaltou que a parte tem garantido pela constituição o duplo grau de jurisdição, sendo da essência das decisões de segundo grau a forma colegiada. Para o Desembargador Henrique Osvaldo Poeta Roenick, retirar da parte a possibilidade de o órgão colegiado reexaminar a matéria que foi, isoladamente, decidida pelo Relator, constituiria em violação ao princípio constitucional.[47]

Mas, de ordinário, admite-se a interposição de agravo regimental contra a decisão que recebeu o agravo de instrumento no efeito suspensivo.

---

[40] CARNEIRO, Athos Gusmão. *Op. cit.*, p. 137.
[41] ASSIS, Araken. *Observações sobre o agravo no processo de execução.* p. 319.
[42] GIORGIS, José Carlos Teixeira. *Op. cit.*, p. 88.
[43] ALVIM, Thereza, Arruda. *Efeito suspensivo do agravo e recorribilidade ou não da decisão que o concede.* p. 647.
[44] ALVIM, J. E. Carreira. *Novo Agravo.* p. 128.
[45] ALVIM, Eduardo Arruda; BUENO, Cássio Scarpinella. *Agravo de Instrumento contra decisões proferidas em mandato de segurança: Execução provisória.* p. 239.
[46] TUCCI, José Rogério Cruz e. *Sobre a atividade decisória do relator do agravo de instrumento.* p. 412.
[47] AGRAVO REGIMENTAL Nº 70001749894, Relator Des. Henrique Osvaldo Poeta Roenick, 1ª Câmara Cível do TJRS, julgado em 08.11.00.

Como o agravo regimental é interposto perante o relator, poderia ele reconsiderar a sua decisão anterior, ou submetê-la ao plenário, ou à Turma, conforme o caso, para ser julgado, uma vez que não há na lei previsão de impossibilidade da interposição.

Esta idéia se distancia da de Barbosa Moreira, que escreveu, quando ainda da vigência anterior do agravo, que "Não há direito do agravante à suspensão (da decisão) mas, poder discricionário do relator, pelo que, se indeferido o requerimento, a decisão é irrecorrível. Facultar-se ao agravante a interposição de outro agravo, seria, obviamente, inútil, até porque o primeiro já estaria julgado, ao que tudo faz crer, quando o tribunal fosse apreciar o segundo".[48]

Pela quantidade de recursos interpostos, impedindo a celeridade dos julgamentos, o agravo regimental, dirigido ao relator do agravo de instrumento, por seu prazo ser de cinco dias (a contar da intimação da decisão que recebeu o agravo), na maioria das vezes não houve o julgamento do agravo, existindo tempo suficiente para que este seja julgado sem ser prejudicado em razão do primeiro.

A controvérsia quanto à possibilidade da aplicação da prisão civil, hipóteses de escusa dos devedores faltantes, prazos de prisão, admissibilidade de recurso de agravo regimental não são únicas acerca do tema em questão.

Polêmica a situação da recepção do pacto de São José da Costa Rica pela Constituição Federal pátria no sentido que esta contém o permissivo da aplicação da prisão civil, enquanto o referido tratado internacional veda tal prática.

O pacto de São José da Costa Rica foi recepcionado pela Constituição pátria vigente, sendo que este, expressamente, ao contrário da Carta Magna, impede a prisão civil. Ainda que argumento bastante utilizado atualmente para a não-concessão da ordem de prisão nas ações alimentares, tal posicionamento não pode vingar ante a imperativa hierarquia das normas.

O tratado, ainda que recepcionado pela Constituição vigente, não se equipara a ela como se norma integrante dela. "(*sic*) os tratados e convenções internacionais ao serem incorporados formalmente ao ordenamento jurídico nacional qualificam-se como atos normativos infraconstitucionais".[49] "A Carta Constitucional é o pilar do sistema jurídico, estando contidos nela a estrutura da unidade política [...] as garantias básicas e os sustentáculos dos anseios sociais afirmados pelo constituinte, enquanto representante do povo, sendo por isso considerada lei fundamental e su-

---

[48] MOREIRA, José Carlos Barbosa. Op. cit. p. 235.
[49] Decreto Executivo que promulgou a convenção 158 da OIT, publicado no informativo STF, Brasília, 7 a 11 out. 1996- nº 48, p. 1.

prema de um Estado, e justamente por assim o ser, resta evidente que, dentro da noção hierárquica, nenhuma outra norma se mostra de maior relevância a ponto de poder a ela se sobrepor validamente".[50]

Ao ingressar no sistema, o tratado que contiver normas ou diretrizes conflitantes com o texto constitucional não pode ser recepcionado quiçá revogar a norma constitucional. Desta forma apesar de ingressarem no ordenamento jurídico constitucional (CF, art. 5°, § 2°), não minimizam o conceito de soberania do Estado-povo na elaboração de sua constituição, devendo pois, sempre ser interpretados com as limitações impostas constitucionalmente".[51] "Nenhuma fonte positiva terá maior força que ela; todas estão em grau de subordinação, sendo ainda que, as que com ela conflitarem serão consideradas inconstitucionais, não podendo, *a priori*, ter seus efeitos como válidos".[52] O próprio STF assim declarou quando do julgamento da Adin n° 1.480-3, asseverando que quando ocorre a incorporação dos atos e tratados internacionais pelo direito interno, essas normas ficam no mesmo plano de validade e eficácia das normas ordinárias, sendo, portanto, infraconstitucional. Relevante ressaltar que como norma infraconstitucional, poderia ser derrogada por norma de mesma hierarquia, prevalecendo o critério cronológico.[53]

Desta feita, conclui-se pela inconstitucionalidade na norma do pacto de São José da Costa Rica, que prevê a impossibilidade do aprisionamento civil na hipótese de dívida alimentar, haja vista que esta vai de encontro aos ditames da Carta Magna.

Vale ressaltar que a prisão civil não macula o direito fundamental do cidadão, pois o interesse da coletividade, aqui na pessoa do alimentando, há de se sobrepor ao interesse do indivíduo devedor, o que faz concluir pela aceitação da hierarquização dos princípios fundamentais previstos na Constituição.

---

[50] CARPENA, Márcio Louzada. Hierarquia das Fontes Positivas in. *Direito e Justiça*, v. 25, ano XXIV – 2002/1, pp. 97- 118.
[51] MORAES, Alexandre de. *Direito Constitucional*. 11 ed., São Paulo: Atlas, 2002, p. 613.
[52] Idem, p. 105.
[53] RTJ 70/333.

— 5 —

A efetividade dos Direitos Fundamentais e a prova no Direito de Família

DANIEL USTÁRROZ
Advogado no RS

Sumário: I. Introdução: a prova no Direito de Família; 1. A convivência dos três grandes sistemas de valoração da prova; 1.1. Segurança pelas provas legais?; 1.2. Quão livre deve ser o convencimento judicial?; 1.3 Liberdade através da convicção íntima?, 2. A prova no direito de família; 2.1. A prova testemunhal consoante o princípio do livre convencimento. Comentários ao art. 405 do Código de Processo Civil; 2.2. A prova documental e a exegese do art. 396 do Código de Processo Civil; 2.3. A prova pericial, o art. 231 do Código Civil e o comportamento processual da parte; 2.4. As provas ilícitas e o Direito de Família II; Algumas conclusões.

I. Introdução: a prova no Direito de Família

Descobrir critérios para classificar uma decisão como justa é uma das grandes preocupações da ciência jurídica atual. Corrigir falhas no procedimento e encaminhar soluções satisfatórias aos litígios são duas das missões do processualista brasileiro nesse início de novo século.

Por ora, pode-se afirmar que a justiça de uma decisão pode ser medida a partir de três balizas: (1) a forma pela qual os fatos controvertidos são apercebidos pelo processo judicial (valoração das provas); (2) o modo pelo qual o magistrado descobre o melhor direito a ser interpretado e aplicado ao caso concreto (hermenêutica) e (3) o caminho percorrido para que a decisão seja tomada, e a possibilidade que as partes tenham tido de influenciar o convencimento judicial (garantias constitucionais ou *procedural justice*).[1]

É do conjunto desses três fatores que a decisão conforme o Direito brota, podendo-se afirmar que essas três coordenadas, longe de almejarem a exclusividade, servem para se complementar. Assim, de nada adiantará que o magistrado extraia a melhor interpretação do direito, caso tenha se equivocado ao dimensionar os fatos colocados sob sua apreciação. Da mesma forma, soa injusto que, a pretexto de alcançar-se a Justiça com celeridade, seja restringido o direito do destinatário do provimento final de participar ativamente no andamento do processo.

Particularmente, este breve ensaio focalizará o primeiro grande problema apontado, isto é, a forma pela qual os fatos discutidos ingressam no processo e colaboram para a formação do convencimento judicial. No direito de família, tendo em vista os valores envolvidos, existe uma constante tensão no processo judicial. A valoração do material probatório mostra-se determinante no sucesso da administração da Justiça e no oferecimento da melhor jurisdição. Por isso, é imperioso que se atente para os limites do sistema probatório brasileiro, no qual existem ao menos duas cláusulas gerais a serem exploradas. Refiro-me às provas atípicas (art. 332, CPC)[2] e ao princípio do livre convencimento (art.131, CPC)[3], esse modelo por vezes tão mal compreendido.

Dentro desse espírito, o objetivo precípuo do presente ensaio é alertar para algumas relações necessárias entre o direito material discutido no processo judicial e o direito probatório, como forma de ofertar maior efetividade aos direitos fundamentais.

1. A convivência dos três grandes sistemas de valoração da prova

A história do direito processual aponta para três grandes sistemas de valoração das provas, que se foram sucedendo em virtude da cultura que iluminou cada período da humanidade. São eles o livre convencimento judicial, a prova legal e a íntima convicção. Não se pode afirmar que houve

---

[1] O Professor MICHELE TARUFFO desenvolve em diversas obras cada qual dessas idéias. Um texto resumido pode ser encontrado no *site* www.dirittosuweb.com, cujo título é justamente *Idee per una teoria della decisione giusta*. Acesso em 24.04.2003.

[2] Art. 332. Todos os meios legais, bem como os moralmente legítimos, ainda que não especificados neste Código, são hábeis para provar a verdade dos fatos, em que se funda a ação ou a defesa.

[3] Art. 131. O juiz apreciará livremente a prova, atendendo aos fatos e circunstâncias constantes dos autos, ainda que não alegados pelas partes; mas deverá indicar, na sentença, os motivos que lhe formaram o convencimento.

um desenvolvimento retilíneo. Bem ao contrário, observa-se que as idéias que predominaram em determinado tempo foram perdidas e reincorporadas logo adiante, como que demonstrando que sob o céu nada de novo ocorre.

O mais importante fruto desse caminhar, tanto no direito brasileiro como no comparado, é que a tal ponto esses métodos de análise se imiscuíram, que hoje restou difícil encontrar um país que tenha adotado um deles de maneira pura. Esse fenômeno indica que cada um desses modos de tratar a recepção da prova no processo – quando usado com critérios seguros – serve a contento para a tutela de determinados grupos de direitos. Daí que nenhum deles tenha a pretensão de exclusividade. Aqui, vigora a regra da autocomplementação: os defeitos de um são ultrapassados pelas qualidades dos outros.

Como não existe sistema processual que haja dado absoluta preferência por um regramento probatório, descartando a valia dos demais, qualquer classificação – desde logo entendida pelo seu caráter didático – leva em conta apenas a idéia principal do ordenamento estudado, porém sem ignorar suas demais influências.[4] No Brasil, como não poderia deixar de ser, a situação é idêntica, isto é, o direito processual hauriu influência dos três grandes sistemas, os quais, cada qual a seu modo, conservam sua importância. Passemos, então, a analisá-los em linhas gerais.

1.1. Segurança pelas provas legais?

O sistema da prova legal (ou prova tarifada) surgiu como reação ao arbítrio do Estado-juiz, o qual, sem indicar as razões pelas quais decidia os conflitos, gerava insegurança jurídica aos jurisdicionados. Historicamente, a prova legal foi uma das tantas reações dos Estados Modernos contra a cultura medieval.[5] Não custa lembrar que, ao menos no processo germânico, durante o Medievo, os principais meios de prova eram o duelo e os ordálios, circunstância que atesta que o poder jurisdicional, ora pela força, ora pela superstição, vinha sendo exercido menos pelos homens e

---

[4] Nessa linha, já asseverava o professor CASIMIRO VARELA que "lo válido es la tendencia del sistema. Si el conjunto general responde a una u otra concepción, la sistematización responderá a criterios de vinculación o de libertad de apreciación, aunque inmersas en él puedan hallarse normas que no respondan a un concepto determinado". In *Valoración de la prueba*, p.154. 2.ed. Buenos Aires: Astrea, 1999.

[5] Novamente, aduz CASIMIRO VARELA "lo sistema de la prueba tasada, al menos en la época moderna, fue impuesto como una reacción contra fallos descalificantes por la arbitrariedad que ostentaban y para poner remedio de civilizar la administración de justicia frente a la existencia de jueces ignorantes o arbitrarios, ya que la teoria moderna se inspiró en el id quad plerumque accidit, esto es, lo que normalmente ocurre en la vida diaria, para asegurar la certeza y economia de la investigación". Op.cit., p. 154.

mais por Deus, em evidente sinal de compasso da ordem processual com a movimentação histórica.[6]

A origem democrática do sistema da prova legal logo contribuiu para a racionalização do processo civil, livrando os jurisdicionados de sofrer provimentos ao bel-prazer do juiz e da parte adversária. Contribuiu, ainda, para a confiança da sociedade na administração da Justiça, cujo exercício poderia ser controlado por terceiros. A prova legal seguiu a linha dos postulados de um período iluminado pela abstração, que viria a legar à biblioteca ocidental os dois Códigos paradigmas: o francês de 1804 e o alemão de 1900.[7] Necessitando avocar o poder, os Estados nacionais do período contemporâneo encontraram na legislação a principal fonte de direito. Casualmente, pouco tempo antes é que o positivismo jurídico amadureceu na Europa.[8] E, com a publicação dos Códigos, ganharia força a escola de exegese.

---

[6] Interessante escorço histórico, acerca do processo civil europeu continental, nos é dado por MAURO CAPPELLETTI, in *Il processo civile italiano nel quadro della contrapposizione "civil law" – "common law"*. Annali dell'Università di Macerata. Milano: Giuffrè, 1963.

[7] Sobre os Códigos oitocentistas, observe-se o escólio da Professora JUDITH MARTINS-COSTA: "Surgiram, assim, como um fenômeno típico da modernidade oitocentista, os Códigos totais, totalizadores e totalitários, aqueles que, pela interligação sistemática de regras casuísticas, tiveram a pretensão de cobrir a plenitude dos atos possíveis e dos comportamentos devidos na esfera privada, prevendo soluções às variadas questões da vida civil em um mesmo e único corpus legislativo, harmônico e perfeito em sua abstrata arquitetura. A posição histórica do Código não tem, porém, caráter absoluto e imutável, não podendo ser reduzida a uma noção, ou empobrecida pela rigidez de uma fórmula: a codificação é um fenômeno histórico, é certo, mas a historicidade das formas jurídicas não é por si só fixa e congelada no tempo. É correto, pois, discernir entre o significado histórico da Codificação oitocentistas – como fenômeno de ruptura que foi, como manifestação de uma determinada operação política, como instrumento de uma nova racionalidade, a do capitalismo, construído sobre a hegemonia de uma única classe social, a burguesia – e o significado que podem adquirir, na aurora do século XXI, os novos Códigos civis concretamente considerados, pois, de modo geral, nestes é diverso o relacionamento com as demais instâncias do todo social e com os diversos loci nos quais se manifesta o fenômeno jurídico, sendo, em conseqüência, também diverso o modelo de sistema que espelham. Os Códigos totais, construídos ao modelo oitocentista, são marcados notadamente por sua linguagem, o mais 'precisa' possível. Diz-se que expressam um sistema fechado justamente porque, empregando a técnica da casuística, centrada em modelos cerrados, com a perfeita definição da fattispecie e de suas conseqüências, sua linguagem dificilmente permite comunicação com a realidade que está em seu entorno, notadamente com os chamados 'elementos meta-jurídicos', tais como valores éticos, dados econômicos, científicos, tecnológicos, elementos de ordem social, etc. Por esta razão, para a regulação dos novos problemas, faz-se necessária a constante intervenção legislativa". (*O Novo Código Civil Brasileiro: em busca da "ética da situação"*, p. 116-7. In *Diretrizes Teóricas do Novo Código Civil*. São Paulo: RT, 2002.)

[8] Estudando as origens do positivismo, NORBERTO BOBBIO afirma: "o impulso para a legislação não é um fato limitado e contingente, mas um movimento histórico universal e irreversível, indissoluvelmente ligado à formação do Estado moderno. Nem todos os países formularam a codificação (resultado último e conclusivo da legislação), mas em todos os países ocorreu a supremacia da lei sobre as demais fontes de direito. Isto aconteceu também na Inglaterra. Se neste país não foi executado o projeto de codificação de Bentham, o pensamento deste, todavia, exerceu uma grande influência nas reformas legislativas e no desenvolvimento do sistema das fontes de direito. Não é por acaso que o século XIX foi chamado de o século benthamiano, já que viu afirmar-se na Inglaterra a prevalência do direito legislativo sobre a common law paralelamente à consolidação do Estado parlamentar". (*O Positivismo Jurídico*, p. 120. Brasília: Ícone Editora, 1995.)

Todavia, o sistema nunca foi isento de críticas. Nunca é demais lembrar que o mito da onipotência do legislador, a quem é confiado um pesado encargo, qual seja o de prever minuciosa e abstratamente regras que devam incidir em processos futuros, de há muito se desfez. Se outrora a sociedade tinha fundadas razões para acreditar mais no depoimento do nobre frente ao do vilão, assim como ao do homem sobre o da mulher, e ao do ancião em face do jovem, hoje em dia tais disposições não se justificam. Idêntica consideração vale para a gradação do poder de convicção das provas e seus adágios: *testis unus testis nulus,* etc. As provas não são contadas pela sua quantidade, mas sim interpretadas pela sua qualidade.

Por essas razões, no último século, os grandes ordenamentos de direito processual foram paulatinamente abandonando o sistema da prova legal, em nome da consagração do princípio do livre convencimento judicial.[9] Uma mudança de paradigma que não implicou, contudo, o completo abandono do sistema anterior, cujos méritos não podem ser ignorados.[10]

---

[9] Assinala GERHARD WALTER que "solo cuando se comprendió lo defectuosas que son las disposiciones legales aprioristicas para comprobar un cuadro de hechos y, cuando se comprendió que había otras posibilidades para defenderse de la arbitrariedad judicial, resurgió el principio de la libre apreciación de la primera. Un primer reconocimiento consiste, pues, en que tanto los puntos más bajos como los más altos de la libre apreciación judicial de la prueba guardan relación directa con la manera en que se valora al juez y a sus fallos razonables e independientes. La desconfianza hacia él hace que se intene y que se tenga que intentar limitar su libertad, aun primordialmente en el campo de la comprabación de los hechos. Si esta comprobación fuese la única, el resultado seria interesante, pero magro. No obstante, de nuestras investigaciones cabe deducir otra conclusión más. Todos los intentos de limitar o de conducir al juez en la investigación mediante cualesquiera reglas de prueba, estaban condenados al fracaso. Solo insertando la libre apreciación de la prueba en un tejido de principios procesales de garantia y de control se puebe obtener tanto una salvaguardia para un posible reconocimiento de la verdad, como también una garantia contra el abuso de esa libertad por parte del juez. El debate y la recepción de la prueba orales e inmediatos, la audiencia de los interesados, la posibilidad irrestricta de poder valerse sin obstáculos de todos los hechos y circunstancias que vengan a cuento para constatar la verdad, o sea la prohibición de implantar un numerus clausus en los medios de prueba y de ponder limitaciones a estas, son principios que garantizan una apreciación verdaderamente libre de la prueba. El principio del deber de fundamentar el fallo y asimismo la publicidad del procedimiento son garantias suficientes para aplacar la desconfianza hacia la omnipotencia de un juez. Esos principios existieron siempre cuando la apreciación de la prueba no estaba reglada y desaparecieron tan pronto como entraba a reinar la teoria de las pruebas legales. Esta enseñanza conviene recordarla y aplicarla en una época en la que otra vez, en parte expresa, en parte veladamente, se aspira retornar a las pruebas legales o se señalan en son de advertencia los limites de la apreciación libre". (*In Libre Apreciación de la Prueba,* p. 94-95. Trad. Tomás Banzhaf. Bogotá: Editorial Temis, 1985).

[10] O saudoso MAURO CAPPELLETTI, ainda na década de 1960, analisando o necessário convívio entre a prova escrita e o princípio da oralidade, teceu interessantes considerações que se aplicam aos problemas atuais do direito probatório brasileiro: "examinando as provas escritas, e, mais genericamente, as provas ditas pré-constituídas, podemos desde logo constatar que a sua importância não foi menosprezada por nenhum ordenamento processual que soube aplicar com sucesso o princípio da oralidade. É certo que este princípio implica uma fundamental, prática e teoricamente, importantíssima revaloração da prova oral, mas esta revaloração não tem necessidade de vir acompanhada de uma irracional desvalorização da prova documental (pré-constituída), a qual, antes mesmo do processo, opera beneficamente fora dele, no mundo das relações substanciais, criando um certo grau de

De fato, a prova legal ainda ilumina o direito brasileiro. Em alguns casos de maneira perniciosa, como na vedação legal para o aproveitamento do testemunho de pessoas que, supostamente, tenham interesse no desfecho do processo (parentes, amigos, etc.). O custo dessa injustificada orientação é por todos conhecido: dificuldades em comprovar a violação de direitos, principalmente na área de família, afinal neste ramo quem mais tem conhecimento dos fatos é, por regra, justamente a pessoa próxima à parte. Em outros, a prova legal ainda exerce positiva influência, como nas regras referentes à transmissão de imóveis, as quais são amplamente conhecidas pela população e oferecem segurança nas relações negociais.

1.2. Quão livre deve ser o convencimento judicial?

O princípio do livre convencimento judicial, também conhecido como persuasão racional, goza de crescente prestígio.[11] É corolário lógico do ativismo judicial, fenômeno que tomou novo fôlego a partir do código austríaco ("Código Kleiniano", de 1895). Para que se entenda corretamente a expressão ativismo judicial, bem como para separá-la da odiosa inquisição judicial, vale lembrar a importância do princípio dispositivo. Este deve ser entendido como a garantia que os cidadãos contam de eleger quais as matérias que colocarão à apreciação do órgão judicial. É consequência direta da autonomia privada, importante princípio geral de direito. Manifesta-se no processo através da permissão de que as partes, e tão-somente

---

certeza e de confiança nos consorciados em suas negociações e, em geral, nas suas relações jurídicas. É por isso que, mesmo em um ordenamento processual que esteja fundado coerentemente sobre o princípio da oralidade não apenas se explica a constante admissibilidade e importância da prova documental, como também se justifica a permanência da eficácia probatória legal das escrituras (art. 2.699 e ss. do Código Civil italiano, similar em tudo ao § 415 e ss. da ZPO alemã e aos §§ 292 e ss. da ZPO austríaca). É verdade que o princípio da oralidade implica a livre valoração da prova a ser constituída: mas não implica, em troca, o abandono integral da prova legal, quando esta se limite às provas pré-constituídas, as quais, repito, exercem sua eficácia (de certeza) mais antes e fora do processo do que dentro dele. Os critérios legais para a valoração da prova pré-constituída se justificam exatamente porque mediante elas os sujeitos das relações de direito material podem prever qual será o resultado em um eventual processo. Podem, assim, precaver-se contra os incertos *sidera litium*. Podem pré-constituir, em suma, dentro de certos limites, uma garantia de segurança de suas relações. Aqui a prova legal (pré-constituída) tem mais o caráter de um fenômeno pré-processual (substancial) do que um fenômeno propriamente processual". (In O Valor atual do princípio da oralidade, p.257. Revista da Faculdade de Direito da UFRGS, v. 21. Porto Alegre: Nova Prova, 2002.)

11 Nos países hispânicos, por força da *Ley de Enjuiciamiento Civil* espanhola de 1855, preferiu-se a denominação de *sistema de sana critica*, a qual, de acordo com CASIMIRO VARELA, "implica que en la valoración de las pruebas el juez adquiere la convicción observando las leyes lógicas del pensamiento, en una secuencia razonada y normal de correspondencia entre éstas y los hechos motivo de análisis. El criterio valorativo debe estar basado, en consecuencia, en un juicio lógico, en la experiencia y en los hechos sometidos a juzgamiento, y no debe derivar sólo de elementos psicológicos desvinculados de la situación fáctica". (*In Valoración de la Prueba*, p.158). Na Itália, a despeito do diploma processual referir-se à expressão *prudente aprezzamento*, a doutrina sempre se valeu da denominação *libero convincimento*.

estas, formatem o objeto litigioso, vinculando o provimento jurisdicional futuro ao pedido formulado.

Contudo, uma vez formulado o pedido, e contestada a ação, nada impede que também o magistrado, ao conduzir o processo, lance mão de poderes instrutórios, isto é, ordene a produção de provas e, inclusive em determinadas hipóteses, dispense as requeridas pelas partes. Justifica-se essa orientação a partir do interesse público que guia o desenvolvimento do processo judicial. O objeto do processo é *Sache der Parteien*, o desenvolvimento não!

Quando se fala em princípio do livre convencimento, indica-se um sistema pelo qual o magistrado goza de relativa liberdade para valorar as provas que são aportadas ao processo. Em princípio, não existem regras rígidas, estabelecidas preteritamente, que o devam guiar na árdua tarefa de descobrir os fatos discutidos. Entretanto, seu convencimento pode – e deve – ser controlado por terceiros, a fim de garantir-se o legítimo exercício da jurisdição.

Enquanto no sistema da prova tarifada normalmente ao legislador compete um papel acentuado, através do qual a ele cabe a edição de normas precisas para regular o futuro fenômeno probatório, no sistema do convencimento livre, em razão da maior liberdade que goza o magistrado perante a apreciação do acervo dos autos, o legislador vale-se de normas mais abstratas, cujo significado competirá aos operadores apurar.[12] Esse fenômeno, ultimamente, manifesta-se não apenas no direito processual, mas também no direito privado e, ainda com mais intensidade, no direito constitucional, como se vê da força normativa alcançada pelos direitos fundamentais.[13]

O princípio do livre convencimento assumiu na história do direito processual duas fases distintas, as quais poderíamos denominar de subjetivista e objetivista. A primeira decorreu do sentimento de reação às provas legais, e de um certo negativismo filosófico (representado pela

---

[12] Nessa linha, dentro do papel exercido pelo livre convencimento dentro do processo, anota ECHANDIA que "son las reglas de la sana crítica que constituyen 'un standard jurídico', esto es, un criterio permanente para la valoración de la prueba judicial; pero no son inflexibles ni estáticas, porque son tomadas del normal comportamiento social e individual que está sujeto a las leyes de la evolución cultural, técnica, científica, moral y económica. Su naturaleza y flexibilidad son similares a las de 'las reglas o maximas de la experiencia'". *In Compendio de la Prueba Judicial*, t.I, p. 145. Buenos Aires: Rubinzal-Culzoni, 2000.

[13] No âmbito constitucional, com vigor aparecem os postulados expressos através dos direitos fundamentais, como a igualdade entre os sexos, que revolucionou o direito de família, e a função social da propriedade, que reordenou o direito das coisas e o conceito de interesse público. Por todos, KONRAD HESSE, na *Força Normativa da Constituição*, Trad. Gilmar Ferreira Mendes. Porto Alegre: Fabris, 1991. No direito privado, as lições da professora gaúcha JUDITH MARTINS-COSTA são impecáveis. Vide *A Boa Fé no Direito Privado*. São Paulo: RT, 2000.

consciência humana na impossibilidade de perquirir-se e alcançar-se a verdade). Foi caracterizada pela ampla liberdade concedida ao magistrado na valoração do acervo probatório. Embora já tenha sido encontrada nas civilizações antigas, foi na Alemanha que, com a promulgação do primeiro Código de Processo Civil (ZPO) encontrou consagração, no parágrafo 259: "o Tribunal tem que decidir segundo sua livre convicção, tendo em conta o conteúdo total dos debates e o resultado de uma eventual recepção da prova, se uma afirmação de um fato corresponde ou não à verdade. Na sentença devem ser indicadas as razões que guiaram o convencimento judicial. O tribunal estará sujeito às provas legais somente nos casos designados em lei".[14]

Instado a manifestar-se acerca do significado e alcance da norma, o Superior Tribunal alemão (BGH-*Bundesgerichtshoff*), em célebre julgamento, asseverou em 1885: "debido a lo limitado de los medios humanos de cognición, nadie puede saber con certeza absoluta que algún hecho haya ocurrido efectivamente (ni siquiera habiéndolo presenciado directamente). Siempre cabe imaginar posibilidades abstractas de que las cosas hayan sucedido de outro modo. Quien tenga conciencia de las limitaciones puestas al conocimiento humano, no supondrá nunca que su convencimiento de que un hecho ha ocurrido está al amparo de toda duda, y que un error es absolutamente imposible. En la vida prática vale, pues, como verdad, el alto grado de verosimilitud, que se obtiene aplicando los medios de cognición disponibles de una manera en lo posible exhaustiva y concienzuda, y si el que conoce tiene conciencia de que existe esa alta verosimilitud así determinada, ello equivale a estar convencido de la verdad".[15] Os julgamentos sucessivos firmaram o entendimento da Corte no sentido de que o convencimento seria a consciência do julgador de um alto grau de verossimilhança.

Desde então busca-se aprimorar tal pensamento, agregando-se à exigência do convencimento subjetivo do magistrado, também o requisito de que a decisão proferida seja referendada pelas leis do raciocínio e pela cultura local. Já não bastaria, assim, que a decisão houvesse decidido a lide com justiça, mas mostrar-se-ia imperioso que, durante o procedimento, houvesse participação efetiva das partes (contraditório), que os atos processuais fossem públicos (publicidade da audiência), que a decisão fosse baseada no material dos autos (excluindo-se, portanto, o conhecimento privado do juiz) e justificada à luz da ciência e das regras de raciocínio lógico, etc. O escopo era precisamente garantir que o magistra-

---
[14] Com as revisões legislativas, atualmente o parágrafo 259 tem outra redação.
[15] G. WALTER, op. cit. p. 100-101.

do não estaria usurpando a faculdade que lhe fora confiada de decidir livremente, mas sem arbítrio.

O livre convencimento não pode, sob qualquer hipótese, tornar-se fonte de arbitrariedade.[16] Para garantir a legitimidade do procedimento,

---

[16] Sobre o gravíssimo risco do livre convencimento redundar em convicção íntima, e as colossais diferenças entre esses sistemas, merece transcrição valiosa lição do Ministro FELIX FISCHER, no Recurso Especial nº 363.548: "O princípio da persuasão racional ou livre convencimento (art. 157 do CPP) exige fundamentação concreta, calcada na prova dos autos, observadas as regras jurídicas pertinentes e as da experiência comum aplicáveis. Não se confunde com o princípio da convicção íntima. Aliás, está na 'EXPOSIÇÃO DE MOTIVOS' do C.P.P. que 'é a motivação da sentença que oferece a garantia contra os excessos, os erros de apreciação, as falhas de raciocínio ou de lógica ou os demais vícios do julgamento' (nº XII, *in fine*). Referindo-se ao princípio enfocado, tem-se a ensinança de J. FREDERICO MARQUES, a saber: 'esse princípio libertou o juiz, ao ter de examinar a prova, de critérios aprioristicos contidos na lei, em que o juízo e lógica do legislador se impunham sobre a opinião que em concreto podia o magistrado colher, não o afastou, porém, do dever de decidir segundo os ditames do bom senso, da lógica e da experiência. O livre convencimento que hoje se adota no Direito Processual não se confunde com o julgamento por convicção íntima, uma vez que o livre convencimento lógico e motivado é o único aceito pelo moderno processo penal' (*in Elementos de Precesso Penal*, vol. II, p. 278, 1997). E, de forma adequada à *quaestio*, preleciona GERMANO MARQUES DA SILVA: 'É hoje entendimento generalizado que um sistema de processo penal inspirado nos valores democráticos não se compadece com decisões que hajam de impor-se apenas em razão da autoridade de quem as profere, mas antes pela razão que lhes subjaz' (*in Curso de Processo Penal*, vol. III, p. 288/289, 1994, Ed. Verbo, Lisboa). Referindo-se – em lição aplicável ao nosso ordenamento jurídico – à sistemática de apreciação da prova e da convicção do julgador, ensina J. FIGUEIREDO DIAS: 'o princípio não pode de modo algum querer apontar para uma apreciação imotivável e incontrolável – e portanto arbitrária – da prova produzida'. Mais adiante, no *punctum saliens*: 'a conseqüência mais relevante da aceitação destes limites à discricionariedade estará também aqui em que, sempre que tais limites se mostrarem violados, será a matéria susceptível de recurso *de direito* para o STJ' (*in Direito Processual Penal*, p. 202/203, 1974, Coimbra Editora) O desdobramento agregado ao silêncio do réu foi decisivo e contra legem. Os demais dados, de per si ou contextualmente, não poderiam, *primo ictu occuli*, ensejar uma condenação fulcrada na certeza, porquanto limitados à mera possibilidade ou à probabilidade (esta como vetor no plano das possibilidades, no dizer de K. POPPER). Penso ser fundamental rememorar, no *punctum saliens*, a ensinança de H. C. FRAGOSO (*in Jurisprudência Criminal*, v. I, p. 506, item 446, Forense, 1982), *in verbis*: 'não é possível fundar sentença criminal condenatória em prova que não conduza à certeza'. É este um dos princípios basilares do processo penal em todos os países democráticos. Como ensina o grande mestre EBERHARDT SCHMIDT (*Deutsches Strafprozessrecht*, 1967, 48): 'constitui princípio fundamental do processo penal o de que o acusado somente deve ser condenado, quando o juízo, na forma legal, tenha estabelecido os fatos que fundamentam a sua autoria e culpabilidade, com completa certeza (*mit voller Gewissheit*). Se subsistir ainda apenas a menor dúvida, deve o acusado ser absolvido (*bleiben auch nur die geringsten Zweifel, so muss der Beschuldgite freiesprochen werden*). A condenação exige a certeza e não basta, sequer, a alta probabilidade, que é apenas um juízo de incerteza de nossa mente em torno à existência de certa realidade. Que a alta probabilidade não basta é o que ensina Walter Stree, em sua notável monografia, *In dubio pro reo*, 1962, 19 (*Eine noch so grosse Wahrschienlichkei genügt nicht*). A certeza é aqui uma *conscientia dubitandi secura*, de que falava Vico, e não admite graus. Tem de fundar-se em dados objetivos indiscutíveis, de caráter geral, que evidenciem o delito e a autoria (*Sauer, Grundlagen des* Prozessrechts, 1929, 75), sob pena de conduzir tão-somente à íntima convicção, insuficiente. Afirma Sabatini (*Teoria delle prove nel diritto giudiziario penale*, 1911, II, 33) que 'a íntima convicção, como sentimento da certeza, sem o concurso de dados objetivos de justificação, não é verdadeira e própria certeza, porque, faltando aqueles dados objetivos de justificação, faltam em nosso espírito as forças que o induzem a ser certo. No lugar da certeza, temos a simples crença.' O princípio do livre convencimento, como ensina Umberto del Pozzo (*Appunti preliminari per una teoria della probabilità nel processo penale*, no volume Studi Antolisei, I,

apela-se aos princípios informadores do processo civil, aos quais é conferida a missão de organizar a atuação do Estado e, principalmente, permitir efetiva participação das pessoas que sofrerão as conseqüências do provimento. Lembro aqui dos princípios do contraditório e da motivação da sentença, ambos indispensáveis para garantir a idoneidade do convencimento livre. O primeiro, funcionando antes mesmo da decisão ser lançada, facultando que seus destinatários apresentem suas razões e influenciem no convencimento judicial. O segundo, como garantia *ex post*, ou seja, como importante meio das partes e de terceiros observarem o acerto do provimento emitido.[17]

De toda sorte, o livre convencimento foi recepcionado expressamente pelo direito processual brasileiro (art. 131, CPC), valendo pela sua acepção objetiva, isto é, desvinculado do subjetivismo extremado, mas preocupado com o controle da liberdade conferida ao órgão judicial.[18]

1.3. Liberdade através da convicção íntima?

Por fim, resta o sistema da convicção íntima, lançado pela Revolução Francesa como reação ao formalismo exacerbado da Idade Moderna. Através do decreto de 1791 foi instituído o sistema do júri, consagrando a *conviction intime*, assim como outros princípios processuais correlatos,

---

445), não pode conduzir à arbitrária substituição da acurada busca da certeza, em termos objetivos e gerais por uma apodítica afirmação de 'convencimento'. Impõe-se sempre uma verificação histórica do thema probandum, de forma a excluir qualquer possibilidade de dúvida. Como ensina Giovani Leone (*Spunti sul problema della prova nel processo*, in Studi in memoria di F. Grispigni, 324), o princípio do livre convencimento do juiz, que é certamente uma conquista é também um perigo. É *perigo perchè il principio del libero convincimento può trasformarsi in arbitrio*, confundindo o juiz a certeza que deve ser alcançada *sub specie universalis*, ou seja, a certeza de que todos devem participar, com a certeza subjetiva do julgador.

[17] Sobre a função democratizadora do princípio do contraditório, remeto ao interessante ensaio de FRANCISCO DUARTE STOCKINGER, O Provimento Jurisdicional e a Garantia do Contraditório. *In as Garantias do Cidadão no Processo Civil*. Org. Sérgio Gilberto Porto. Porto Alegre: Livraria do Advogado, 2003.

[18] Acerta o professor SÉRGIO GILBERTO PORTO ao asseverar que: "não é o sistema legal ou da livre convicção que vige em nosso ordenamento processual, mas sim o da persuasão racional, também conhecido como do livre convencimento. Diz o art. 131, do CPC: 'o juiz apreciará a prova, atendendo aos fatos e circunstâncias constantes nos autos, ainda que não alegados pelas partes; mas deverá indicar, na sentença, os motivos que lhe formaram o convencimento'. Por este sistema se outorga liberdade de convencimento ao juízo, porém uma liberdade restrita à prova integrante dos autos, tenha sido esta produzida pelas partes ou por ele próprio. Contudo, deve o juiz fundamentar sua decisão, a fim de com ela induzir, convencer, persuadir, fazer, enfim, o intérprete adquirir a certeza de que o juízo analisou a lide que lhe foi proposta e que está decidindo a mesma com base em conhecimentos jurídicos e regras de experiência de vida. O magistrado deverá demonstrar um convencimento racional; equiparar a convicção judicial à certeza do homem comum. O magistrado motiva, fundamenta sua decisão. Inexiste, portanto, arbítrio, mas sim critério de análise; em suma, o juiz demonstra que em sua decisão foi guiado pela lógica, pela razão, pelo bom senso e pela experiência de vida." (*Prova: generalidades da teoria e particularidades do direito de família*, p. 122. Ajuris)

como o da oralidade. Segundo o pensamento da época, "la loi ne demande pas compte des moyens par lesquels (les jurés) se sont formés une conviction; elle ne leur prescit point des regles aux-quelles ils doivent attacher particulierement la plénitude et la suffisance d'une preuve; elle leur demande de 'sinterroger eux-memes dans le silence et le recuellement et de chercer, dans la sinceritè de leus conscience, quelle impression on fait sur leur raison les preuves apportés contre l'accusé et les moyens de la défense. La loi ne leur dit point: 'vous tiendrez pour vrai tout fait attesté par tel nombre de témoins, ou vous ne régardez pas comme suffisamment établié toute preuve qui ne sera pas formée de tant de témoins ou de tant d'indices': elle ne leur fait que cette seule question, qui renferme toute la mesure de leur devoir: *avez vous une intime conviction?*"[19]

É interessante notar como a história do direito processual desenvolve-se sob marchas e contramarchas. A pretexto de suavizar o arbítrio judicial, diversos povos substituíram o método do livre convencimento pelas provas legais. Entretanto, não foram poucos os ordenamentos que consagraram a convicção íntima e o livre convencimento como meios de se obter a melhor Justiça, a qual em casos não raros poderia sucumbir em face do rigorismo da prova legal.[20]

Talvez inconscientemente, outros ordenamentos europeus aderiram ao sistema da convicção íntima. É o caso da Espanha, quando, em 1778, o Rei Carlos III ordenou a vedação dos juízes motivarem suas decisões. Tal medida durou até a *Ley de Enjuiciamiento Civil* de 1881 (art. 372). Idêntica a posição austríaca, na *Allgemeine Gerichtsordnung* de 1781, na qual não era prevista a obrigação de motivar as decisões, mas sim a proibição do magistrado expor as razões de seu convencimento. Nesse país, somente com o Código Kleiniano (1895) a motivação veio prescrita (§ 414).[21]

Atualmente, no direito brasileiro, a convicção íntima perdura (oficialmente) no processo penal, e mesmo assim com importantes restrições. Com efeito, no sistema do júri, os jurados não estão obrigados a explicitar os motivos pelos quais se tenham convencido. Todavia, caso sua decisão seja *manifestamente contrária à prova dos autos*, o juízo colegiado, mediante requerimento, pode cassar a decisão, ordenando que novo júri seja

---

[19] *Apud*, GERHARD WALTER, *Libre apreciación de la prueba*, p. 75-76.

[20] Anota WALTER que "quiere decir, pues, que el significado que así tomó la intime conviction tiene que entenderse principalmente en sentido negativo, o sea como rechazo del sistema opuesto de las pruebas legales. En cambio, el contenido positivo del concepto era muy poco claro: la 'impresión' de que hablaba la 'instruction', que luego asomó en Alemania en la doctrina de la impresión total, pone de manifiesto toda la naturaleza intuitiva e irracional de esta concepción". (*Op. cit.*, p. 76-77)

[21] Todas as informações conforme MICHELE TARUFFO. *La Motivazione della Sentenza Civile*, p. 328-340. Padova: CEDAM, 1975.

realizado. Seria uma espécie de controle da matéria de fato, dentro da tradicional dicotomia mundo fático-jurídico.[22]

Entretanto, para a preocupação dos operadores, nota-se uma tendência em âmbito do Judiciário de, além de acentuar o ativismo judicial na instrução probatória (como meio de aproximação do fato pretérito à representação judicializada) também diminuir o controle da decisão proferida, circunstância que pode comprometer o sistema.[23]

Já se vê que, longe de se encontrar fora da realidade jurídica brasileira, a convicção livre está presente em diversas áreas do Direito, seja explicitamente (no júri) ou mesmo veladamente, em todo e qualquer processado no qual não sejam observadas as necessárias garantias do sistema do livre convencimento.

2. A prova no Direito de Família

A valoração da prova no juízo de família assume especial atenção dos operadores na medida em que, neste ramo do direito, se fazem presentes os mais diversos interesses, que podem ir desde a proteção do livre desenvolvimento da pessoa humana até discussões relativas a bens materiais. Não é à toa que, nesse sentido, andou bem Clóvis do Couto e Silva,[24] quando sugeriu a divisão entre direito pessoal e direito patrimonial de família, idéia que foi ratificada pelos demais membros do anteprojeto do Código Civil.

Dessa forma, em razão das peculiaridades do direito que em causa é posto, justifica-se um maior cuidado na apreciação da prova, a qual, como

---

[22] Dicotomia que, na vida prática, oferta enormes problemas. Tome-se o corriqueiro fenômeno de imaginar o que os jurados, através do mero "sim" ou "não" buscaram manifestar, principalmente quando indagados acerca da "participação de qualquer forma".

[23] A questão é atual e já foi enfrentada pelo professor CARLOS ALBERTO ALVARO DE OLIVEIRA: "é assaz difundida, por sinal, a tendência de se reduzir a atividade cognoscitiva do juiz a um fenômeno de pura consciência a se exaurir no plano íntimo e imperscrutável da mera subjetividade. Se o reconhecimento da inafastável liberdade da decisão – na medida em que eticamente empenhado e assim expressão da responsabilidade do indivíduo – foi o fruto mais precioso do novo sistema da intime conviction, esse mesmo elemento oferece também aspectos negativos, exatamente porque pode levar a se considerar o momento da valoração da prova como um fenômeno misterioso e indizível, não sujeito à análise e controle, impenetrável por conseqüência a qualquer tipo de investigação. Razões desse jaez encontram eco também no ambiente brasileiro, guardando perfeita adequação aos tempos atuais, de modo a justificar plenamente a necessidade de um controle também endógeno, incidente sobre o próprio raciocínio desenvolvido pelo órgão judicial no apreciar tanto a prova como os elementos de fato relevantes para a decisão. Não se cuida aqui de encarar a questão com preconceitos de caráter iluminístico, mas de adaptar o discurso aos valores fundamentais da sociedade hodierna, interessada de uma forma ou de outra em domesticar o poder". (Problemas atuais da livre apreciação da prova. *Publicada na Revista da Faculdade de Direito da UFRGS*, v. 17, 1999, p. 47.)

[24] Relator originário da parte dedicada ao direito de família.

regra, é destinada a produzir o paradigma de verossimilhança, ou seja, uma atmosfera criada a partir de dados objetivos, que forme no julgador a fundada convicção de que à determinada parte deve ser conferido o bem da vida discutido.[25] Valorar a prova coligida, através de sua qualidade, mais do que nunca, deve se sobrepor à idéia de quantificá-las, em prejuízo de seu conteúdo substancial.

Dentro desse espírito é que serão analisadas algumas tendências do direito probatório de família.

2.1. A prova testemunhal consoante o princípio do livre convencimento. Comentários ao art. 405 do Código de Processo Civil

É precisamente no terreno da prova testemunhal que podemos notar quanto ainda falta por realizar o princípio do livre convencimento judicial no sistema brasileiro. Não é de se estranhar, afinal tal fenômeno foi observado na grande maioria dos ordenamentos da Europa continental até meados do século XX.

Com razão, no direito brasileiro, há serias restrições ao aproveitamento da prova oral. A redação do art. 405 e seus parágrafos do Código de Processo Civil é de uma clareza singular, ao referir que são incapazes de ser ouvidos em juízo: (a) o interdito por demência, o que, acometido por enfermidade, ou debilidade mental, ao tempo em que ocorreram os fatos, não podia discerni-los; (b) aquele que, ao tempo em que deve depor, não está habilitado a transmitir as percepções; (c) o menor de 16 (dezesseis) anos; (d) o cego e o surdo, quando a ciência do fato depender dos sentidos que lhes faltam. A seguir, o Código, sempre aprioristicamente, refere que são impedidos de depor, pela ordem: (a) o cônjuge, bem como o ascendente e o descendente em qualquer grau, ou colateral, até o terceiro grau, de alguma das partes, por consangüinidade ou afinidade, salvo se o exigir o interesse público, ou, tratando-se de causa relativa ao estado da pessoa, não se puder obter de outro modo a prova que o juiz repute necessária ao julgamento do mérito; (b) o que é parte na causa e (c) o que intervém em nome de uma parte, como o tutor na causa do menor, o representante legal da pessoa jurídica, o juiz, o advogado e outros, que assistam ou tenham assistido as partes. Para finalizar, o diploma considera suspeitos: (a) o condenado por crime de falso testemunho, havendo tran-

---

[25] A busca da verossimilhança ocorre seja em cognição sumária, como na exauriente. Aliás, sobre a prova inequívoca apta a viabilizar antecipação de tutela, correta a posição do Ministro TEORI ZAVASCKI: "o que a lei exige não é, certamente, prova de verdade absoluta – que sempre será relativa, mesmo quando concluída a instrução – mas uma prova robusta, que, embora no âmbito da cognição sumária, aproxime, em segura medida, o juízo de probabilidade do juízo de verdade". *Antecipação de Tutela*, p. 76. São Paulo: Saraiva, 1999.

sitado em julgado a sentença; (b) o que, por seus costumes, não for digno de fé; (c) o inimigo capital da parte, ou o seu amigo íntimo, assim como aquele que tiver interesse no litígio.

Da leitura do dispositivo, conclui-se, a princípio, que os sujeitos mencionados não podem ser ouvidos em juízo. A exceção, entretanto, vem a seguir, quando, no § 4º do mesmo artigo, estabelece-se que sendo estritamente necessário, o juiz ouvirá testemunhas impedidas ou suspeitas; mas os seus depoimentos serão prestados independentemente de compromisso (art. 415) e o juiz lhes atribuirá o valor que possam merecer.

Para que seja dada interpretação coerente com o microssistema do Código de Processo Civil, o qual, ao menos em tese, adotou o princípio do livre convencimento, algumas observações devem ser expostas. Primeiramente, urge precisar em que medida dentro do processo existe interesse público, individualizando-o com o escopo de delimitar o alcance da vedação às 'pessoas impedidas' exporem seu conhecimento em juízo (afinal, consta no próprio dispositivo transcrito que esses poderão ser ouvidos quando o interesse público assim o exigir). Nessa linha, hoje é pacífico que o processo, embora encerrando muitas vezes direitos individuais e privados, é ramo do direito público, na medida em que intimamente ligado ao dever do Estado administrar a função jurisdicional.

Admitir que sob o processo exista forte interesse público não significa dizer que os direitos individuais podem ser a qualquer tempo aniquilados pela atuação do Estado. Ao contrário, é evidente que a autonomia da vontade é um princípio fundamental no direito processual e deve ser respeitado através da valorização do princípio dispositivo (*Verhandlung Maxime*), o qual, como dito, conserva às partes e tão-somente a estas o poder de formatar o objeto litigioso com as alegações e os pedidos que julgarem oportuno deduzir. Já se vê aqui um primeiro óbice à atuação do juiz, qual seja limitar seu provimento à matéria trazida em juízo pela parte, jamais extravasando os limites traçados por essa.[26]

Todavia, ao lado do respeito a esse direito fundamental (poder de disposição da própria esfera jurídica), observa-se que o dever de ofertar Justiça não irá depender da vontade das partes, mas sim do interesse do Estado. Daí o processo que antes era visto como coisa das partes (*Sache der Parteien*) passa a assumir uma dimensão publicística, na senda do próprio direito de ação, outra garantia típica do devido processo de Direito. A conclusão que se impõe vai no sentido de que, uma vez formatado

---

[26] O sistema alemão, de seu turno, permite que, sob circunstâncias excepcionais, o Tribunal sugira ao demandante complementar suas alegações ou mesmo alterar seu pedido (§ 139). Mas tal orientação encontra-se longe de ser chancelada pelo Direito brasileiro. Didaticamente, sobre o tema, ver OTHMAR JAUERNIG *in Zivilprozessrecht*. 26. Auflage. München: Beck, 2000. Há tradução para o português, da 25ª edição, de F. Silveira Ramos. Direito Processual Civil. Coimbra: Almedina, 1998.

o objeto litigioso do processo, na sua condução deve o magistrado atuar com firmeza com o fito de aclarar os fatos e relações controvertidas, oferecendo ao fim a melhor jurisdição. Caso as partes tenham findado seus esforços probatórios, pode ser produzida prova de ofício, desde que o custo não onere sobremaneira um dos litigantes. Preservados, assim, interesses privado e público, os quais sempre se fazem presentes no direito processual.[27]

Retornando ao tema da prova testemunhal, não é plausível que as pessoas que, devido às suas posições, tenham amplo conhecimento da matéria controvertida sejam impedidas de depor em juízo, como se as mesmas sempre tivessem interesse no desenlace do litígio, a ponto de abusar da figura penal do falso testemunho. No que toca ao direito de família e sua relação com a prova testemunhal, a influência perniciosa do princípio da prova legal é manifesta e não se coaduna com o espírito do Direito moderno, e com o próprio interesse público retro apontado. Daí a conveniência de realizar – seriamente – o princípio constitucional do devido processo de Direito, o que, no caso em tela, impõe permitir a oitiva de todas as pessoas que tenham conhecimento dos fatos discutidos, facultando ao magistrado que extraia a verossimilhança possível.

---

[27] Sobre a constante presença dos interesses público e privado, bem como sua convivência, no direito processual, lapidar a lição do saudoso Professor MAURO CAPPELLETTI: L'idea dell'autonomia dell'azione rispetto al diritto sostanziale, e del carattere pubblico del processo nonostante il suo contenuto o oggetto privato, ha permesso di concepire il processo, anche civile, come cosa d'interesse pubblico e-non mera 'cosa privata delle parti' (Sache der Parteien), ed ha permesso di attenuare così certi eccessi, tipici dell'ordinamento processuale comune e ancora del processo codificato del 1800, del cosidetto principio dispositivo (principle of party-presentation, Verhandlungmaxime). Ha permesso, cioè, di ritenere che la direzione formale e tecnica del processo possa essere sottratta alla libera anzi all'arbitraria 'disposizione' delle parti, senza che ne derivi per questo automaticamente una lesione del carattere privato e quindi 'disponibile' del diritto soggettivo sostanziale dedotto in giudizio. Questo diritto soggettivo è 'cosa delle parti', ma non è cosa delle parti il buon funzionamento del processo, perché publice interest (interessa, cioè, alla società organizzata e quindi allo Stato) il fatto che si abbia un'amministrazione della giustizia il più possibile ordinata, rapida, giusta. Libere le parte di chiedere o di non chiedere la tutela dei loro diritti privati, e quindi di instaurare o meno il processo, nonché di dedurre nel processo soltanto quei rapporti e quei fatti giuridici che esse ritengano opportuno; libere infine di rinunziare all'azione esercitata, o di non opporre un'eccezione, o di non sollevare una impugnazione. Tutte queste libertà sono infatti l'espressione, anzi il necessario riflesso processuale, del carattere privato e quindi disponibile del diritto sostanziale dedotto in un giudizio civile: soltanto un ordinamento che negasse il carattere privato dei diritti di proprietà e di credito, e conseguentemente, degli altri diritti soggettivi civile, potrebbe coerentemente abolire questa libertà. Ma, pur nel pieno rispetto di quelle libertà, si può ben pensare tuttavia d'istituire un ordinamento processuale nel quale il giudice, nei limiti del potere dispositivo delle parti, ossia nei limiti delle suddette libertà private, possa e debba esser munito dell'autorità necessaria per evitare abusi e per esercitare adeguatamente la sua 'pubblica' funzione di render giustizia. I conquistatori normanni dell'Inghilterra hanno posto le basi, nove secoli fa, ad un ordinamento siffatto, e lo stesso è avvenuto, due millenni fa, nella Repubblica romana. (*In Il Processo civile italiano nel quadro della contrapposizione "civil law" – "common law"*, p. 104-5. Annali dell'Università di Macerata, v.XXVI. Milano: Giuffre, 1963).

2.2. A prova documental e a exegese do art. 396 do Código de Processo Civil

Ainda hoje se discute sobre o momento ideal para a juntada de documentos que visam a influenciar a convicção do juízo. Isto porque, tendo em vista o comando insculpido no art. 396, CPC, a parte deveria trazer, já na inicial e contestação, toda prova documental que precisasse contar no iter, ressalvados os documentos novos, entendidos como não existentes ou desconhecidos naquele momento.

Todavia, atenta à realidade, inicialmente a jurisprudência, e ora a doutrina, vem interpretando a norma com relatividade, a fim de não privar o juízo de elaborar sua convicção com base nesses elementos. Permite-se, dessa forma, que os documentos considerados não essenciais à propositura da demanda possam ser juntados a qualquer tempo, inclusive após a prolação da sentença, desde que garantido o contraditório mediante a oitiva da parte contrária e ausente o ânimo de surpreender o adversário.[28]

A grande questão que se apresenta, neste momento, é determinar como essa orientação jurisprudencial poderia conviver, harmonicamente, com outros princípios do processo civil, em especial o do contraditório. A toda evidência, caberia à parte interessada juntar seus documentos o quanto antes no processo, a fim de que sua oponente pudesse pautar sua argumentação também levando em conta o conteúdo dos mesmos. Daí a conveniência de obedecer à regra do Código, juntando-se de plano a prova documental. Mas a questão que se põe é outra, isto é, em face da não-observância da parte do mandamento processual, com a juntada tardia de documentos. Nesses casos, como deveria proceder o juiz? Uma conclusão impõe-se: não cabe ao magistrado determinar de ofício e sem contraditório o desentranhamento de documentos juntados tardiamente. Deve, primeiro, ouvir a outra parte. Se esta concordar, não há motivo para o desentranhamento, o qual somente deve ocorrer quando for alegado (e demonstrado) o prejuízo que a juntada serôdia acarreta à argumentação de uma parte, a qual resta privada de confrontar o teor do mesmo com o restante do acervo probatório.[29]

---

[28] Recurso Especial nº 7470 / SP, 3ª Turma, STJ, Rel. Min. Eduardo Ribeiro, DJ: 06/09/1993, p. 18030.

[29] Orientação que vai ao encontro de decisões do Egrégio Superior Tribunal de Justiça. Um primeiro escólio, de lavra do Min. SÁLVIO FIGUEIREDO TEIXEIRA, traz ementa muito elucidativa, que reza: "somente os documentos tidos como pressupostos da causa é que devem acompanhar a inicial e a defesa. Os demais podem ser oferecidos em outras fases e até mesmo na via recursal, desde que ouvida a parte contrária e inexistente o espírito de ocultação premeditada e o propósito de surpreender o juízo". (Recurso Especial nº 2.373) Da leitura do acórdão, duas preocupações aparecem. De um lado, a exigência de prestigiar-se o princípio do contraditório (aqui intimamente relacionado com o da ampla defesa). De outro, a necessidade de coibir-se o dolo processual. No mesmo sentido: "Documentos. Juntada. Não se tratando de documentos indispensáveis à propositura da ação, admi-

Quanto ao contraditório, tem-se que cabe àquele que se julga prejudicado alegar sua violação, explicitando, precisamente, de que forma a apresentação tardia dos documentos comprometeria o mandamento da bilateralidade da audiência (*v.g.* impedindo-se que seus conteúdos pudessem ser apresentados para testemunhas, influenciado em perícia realizada, etc.). Dentro desse contexto, então, caberá ao magistrado realizar uma ponderação entre os dois direitos envolvidos, buscando, em qualquer hipótese, ao eleger um, salvaguardar ou restringir o outro na menor escala possível (determinando nova audiência, ou permitindo apresentação de quesitos complementares, etc.).

Enfim, a rigor, nenhum óbice existe quanto à juntada de documentos no curso da demanda, desde que estes não inibam o pleno exercício do contraditório ou denotem a quebra do dever de probidade processual, mediante o emprego de ardil incompatível com a natureza ética do processo. De qualquer sorte, antes de qualquer decisão, cabe ao magistrado escutar a outra parte, para que esta tenha a oportunidade de apresentar sua versão.

2.3. A prova pericial, o art. 231 do Código Civil e o comportamento processual da parte

No que toca à prova pericial, é oportuno assinalar inovação do Código Civil. Reza o art. 231 que aquele que se nega a se submeter a exame médico necessário não poderá aproveitar-se de sua recusa. A conseqüência lógica aparece no dispositivo seguinte no qual vem afirmado que a recusa à perícia médica ordenada pelo juiz poderá suprir a prova que se pretendia obter com o exame

Embora tal conseqüência pudesse ser retirada do ordenamento processual, a norma vem a suprir incômodo vazio legislativo. Isto porque somente nos últimos anos é que a jurisprudência atentou para a injustiça de imputar-se ao autor o ônus de uma prova que dependia para sua realização do comportamento do réu.[30] Com a nova regra, reparte-se a respon-

---

te-se possam ser juntados fora da oportunidade prevista no artigo 276 do Código de Processo Civil, desde que disso não resulte prejuízo para a defesa da outra parte". (STJ, Recurso Especial nº 16957/SP, 3ª Turma, Rel. Min. EDUARDO RIBEIRO, DJ: 13/04/1992, p. 4998).

[30] O Professor BARBOSA MOREIRA assinala: "a pergunta capital é esta: admitida a impossibilidade de compelir *manu militari* o investigado recalcitrante à extração do material indispensável, que corolário será lícito tirar daí para a formação do convencimento do juiz. O novo Código Civil tomou posição a respeito do assunto. Se bem compreendemos o art. 231, caso o juiz ordene a extração de material orgânico para pesquisa do DNA, e a parte não aquiesça, impossível será compeli-la pela força a sujeitar-se à diligência; em compensação, não lhe adiantará argumentar com a falta do elemento probatório cuja obtenção sua resistência impediu. O art. 231 vai além: permite que se equipare a própria recusa à prova que se pretendia conseguir mediante o exame. A lei não autoriza o juiz a fundar a sentença no resultado de uma prova que não se fez, mas é como se se houvesse feito,

sabilidade pela produção da prova, instando a parte que tem maiores facilidades para produzi-la a auxiliar ativamente o juízo na elucidação dos fatos.

E como não poderia deixar de ser, é na ação de investigação de paternidade que o comando encontra terreno fértil para florescer.[31] Nela, uma vez presentes indícios que sugiram a existência do parentesco, e na ausência de justo motivo para a não-realização do exame, o comportamento do réu somente pode ser valorado contra suas pretensões, inclusive com o reconhecimento da litigância temerária, caso o mesmo venha a recorrer, buscando a improcedência da ação em razão da ausência da prova que frustrou.[32]

2.4. As provas ilícitas e o Direito de Família

Questão ainda tormentosa para o operador diz respeito à possibilidade de utilização de prova obtida por meio ilícito em processo judicial. De um lado, encontram-se aqueles que defendem a interpretação literal do comando constitucional (art. 5°, LVI), proibindo em qualquer hipótese sua validade dentro do processo. Corrente diversa sugere a aplicação do princípio da proporcionalidade, como forma de suavizar o rigorismo que a leitura literal pode ensejar. Em comum, ambas as teorias têm a preocupa-

---

com sucesso desfavorável à parte recalcitrante. Particularizando o discurso: poderá o juiz considerar o panorama probatório idêntico ao que seria caso a pesquisa do DNA se realizasse e concluísse pela afirmação da paternidade. Não fica excluída, convém advertir, a possibilidade de que o investigado traga prova em sentido contrário, por exemplo, a de sua infertilidade. Deixa-se ao julgador certa margem de flexibilidade: para ela aponta o emprego da locução "poderá suprir", que conduz à interpretação diferente daquela que caberia se a lei dissesse "suprirá". De qualquer maneira, torna-se muito precária a posição do investigando que recusa submeter-se ao exame. Pode-se, é óbvio, simpatizar ou não com a posição do legislador; o que não é justo é tachá-lo de omisso, ainda que se entenda que a sede própria para a disciplina da matéria seria o Código de Processo Civil, e não o Código Civil". (O Novo Código Civil e o Direito Processual, p. 15. In Revista Jurídica n° 304, p. 7-15).

[31] No ponto, assim se manifestou o Egrégio Tribunal de Justiça do Rio Grande do Sul: "Ora, em se tratando de demanda investigatória, o ônus de provar os fatos alegados não é só do autor. A negativa do investigado em comparecer ao laboratório para coleta de material constitui forte indício da paternidade buscada". Trecho do voto condutor do Des. JOSÉ CARLOS TEIXEIRA GIORGIS na AC 70003952371, 7ª C.C., julgado em 08.05.2002.

[32] Nesse sentido, outra ementa de relatoria do professor GIORGIS: "Investigação de paternidade. Exame de DNA não realizado. Alimentos. Litigância de má-fé. 1. Havendo prova testemunhal e documental suficiente, a confirmar a existência de relacionamento amoroso entre a mãe da autora e o investigado no período da concepção, não sendo arranhada a conduta daquela, a paternidade é de ser confirmada, mormente quando o réu impossibilita ou dificulta, injustificadamente, a realização do exame hematológico. 2. Não há que se alterar o valor dos alimentos se o alimentante não faz prova da sua impossibilidade de alcançá-los. Sentença confirmada. 3. Reputa-se litigante de má-fé o réu que dificulta sua intimação e realização do exame pericial, e posteriormente interpõe apelo para ver desconstituída a sentença por falta de provas. Apelo desprovido. Aplicação de multa pela má-litigância." (TJRS, 8ª C.C., Apelação Cível n° 70003149234, julgada em 31/10/01).

ção com os resultados nocivos que o aproveitamento irrestrito da prova ilícita traz à vida das pessoas, na medida em que afeta sua própria dignidade (atacando a privacidade, prejudicando o relacionamento interpessoal, etc).[33]

Antes de adentrar propriamente na questão acerca da validade da prova obtida através de meio ilícito, é fundamental que se examine os limites do objeto da prova. Este deve estar restringido à matéria controvertida nos autos. E, mais do que isto, deve encerrar interesse jurídico digno de tutela: vale dizer, é necessário que o fato a ser provado deva interferir no desfecho da demanda. Do contrário, não há relevância da prova.[34]

O Tribunal de Justiça do Rio Grande do Sul recentemente teve a oportunidade de analisar caso interessante, no qual o varão valera-se de grampo telefônico com o fito de demonstrar a vida adulterina de seu cônjuge.[35] Nas razões de voto, a relatora, Maria Berenice Dias asseverou que, no caso concreto, a prova não poderia ser considerada, pois, *in casu*, a prova obtida de forma irregular busca tão-só a responsabilização da mulher pelo fim do casamento, com a intenção de atribuir-lhe a culpa pela separação. Ao analisar o entendimento jurisprudencial gaúcho, no sentido de que descabe a perquirição de culpa no processo de separação judicial, a professora não fez outro que balancear os valores envolvidos no litígio, e concluiu pelo desprezo da prova ilícita, que violava a privacidade da demandada e em nada contribuiria ao desenlace do feito.

No mesmo julgamento, o revisor, José Carlos Teixeira Giorgis, admitiu em tese a valoração de prova obtida por meio ilícito, ao assim se pronunciar: "tenho, portanto, como possível em alguns casos, a utilização desse tipo de prova, mas como julgamos o caso concreto, neste episódio se vê que o casal já se encontrava rompido, a separação já estabelecida, de modo que em nada contribuiria a utilização deste meio, principalmente por haver referência de que foi produzida mais para proteger um filho que assistia às conversas telefônicas feitas pela mãe". Entretanto, naquele plano concreto, concordou com sua inadmissão.

---

[33] Muito interessante, sobre o tema, o estudo do Professor BARBOSA MOREIRA: A Constituição e as provas ilicitamente adquiridas. *In Revista da Ajuris,* 68/13.

[34] Afirma-se que somente a prova relevante é que deve ser produzida, a fim de demonstrar que nas ações de separação ou divórcio, sendo irrelevante a perquirição da culpa por força da incidência do princípio da dignidade da pessoa humana, diversas pessoas seriam aliviadas do demorado tramitar do processo e da produção de provas ilícitas. Entretanto, é sabido que a jurisprudência, quiçá quixotescamente, resiste à idéia de que quando o amor acaba não resta ao Direito que chancelar a desunião, legalizando de pronto a situação fática.

[35] TJRS, AI 70004415451, Rela. Desa. MARIA BERENICE DIAS, j. 21.08.2002.

Como quer que seja, no juízo de família, a aplicação da máxima da proporcionalidade deve ocorrer com amplo tempero, de modo a não permitir que o processo seja tumultuado pela introdução de provas que em nada, ou muito pouco, possam ajudar na justa composição da lide. O fato de que os direitos, para conviver, necessitem com certa freqüência ser relativizados para que os demais também encontrem proteção, não pode desencadear uma corrida cega em busca do sucesso da ação.[36] Também neste ponto, arquétipos de argumentação podem ser empregados com proveito. Pode-se afirmar com relativa segurança que jamais a prova obtida através de meio ilícito deve ser aceita quando de outra maneira o mesmo fato puder ser demonstrado. Em idêntico sentido, comenta-se que o consentimento do ofendido na obtenção da prova isentaria esta de ilicitude, permitindo sua estadia dentro dos autos.

Portanto, admitir que as provas obtidas por meio ilícito, sob peculiares circunstâncias, possam ser valorizadas pelo órgão jurisdicional não é, por si só, interpretação que fuja ao espírito do sistema processual brasileiro. Cabe, isto sim, ao magistrado, em cada caso concreto e louvando suas singularidades, apontar em que medida justifica-se a aceitação da prova elaborada com violação a direitos alheios. O norte, por certo, outro não pode ser outro que a preservação dos direitos fundamentais envolvidos, na maior escala possível.[37]

II. Algumas conclusões

Muitas vezes, as partes encontram dificuldades para comprovar suas alegações. Por melhor que seja organizado o processo judicial, jamais haverá a garantia de que, em todas as demandas, as mais importantes provas serão produzidas. Assim, cabe ao jurista ter essa realidade presente,

---

[36] Veja-se, a propósito, a ponderação de BARBOSA MOREIRA: "no processo é sempre imprudente e não raro danoso levar ao extremo, sem medir conseqüências, a aplicação rigorosamente lógica de qualquer princípio. Desnecessário dizer que os princípios processuais estão longe de configurar dogmas religiosos. Sua significação é essencialmente instrumental: o legislador adota-os porque crê que a respectiva observância facilitará a boa administração da Justiça. Eles merecem reverência na medida em que sirvam à consecução dos fins do processo, e só em tal medida". In A Constituição..., p. 14.
[37] Interessantes as ponderações do Professor GUSTAVO BOHRER PAIM: "entendemos que a aplicação do princípio da proporcionalidade é uma tendência dos ordenamentos jurídicos modernos, sendo necessária sua adoção no direito pátrio, a fim de preservar o Estado de Direito, admitindo-se, em caráter excepcional, as provas ilicitamente obtidas quando for a única forma de preservar um direito fundamental de maior valia no caso concreto, ou seja, quando houver a necessidade, adequação e proporcionalidade *stricto sensu*". A Garantia da licitude das provas e o princípio da proporcionalidade no direito brasileiro, p. 183. In *As Garantias do Cidadão no Processo Civil*. Coord. Sérgio Gilberto Porto. Porto Alegre: Livraria do Advogado, 2003.

a fim de elaborar meios alternativos aptos a formarem uma atmosfera verossímil das alegações expendidas.[38] Nessa linha, o professor da Universidade de Berna, Gerhard Walter, bem ensina que "el norte tiene que ser siempre la mayor aproximación posible a la verdad, solo que en determinados grupos de casos se tiene que aceptar algún distanciamento de ese objetivo, por las razones ya enunciadas, por la influencia de otros principios o, en su caso, por la finalidad misma de la ley".[39]

Em certos ramos do direito, entendeu-se que o juiz poderia melhor que o legislador determinar as regras concernentes ao ônus da prova. Especificamente no Código de Defesa do Consumidor encontramos exemplo disso. Nele, ao contrário do Código de Processo Civil, consta disposição expressa autorizando o juiz a inverter o ônus da prova, uma vez presentes determinados requisitos. Presume-se que, assim, o direito material subjacente ao processo encontrará maior efetividade. Seja como for, não existe semelhante disposição no direito de família, o qual guia-se, ainda, pelo art. 333, I, do CPC. Permite-se que o réu apenas negue os fatos constitutivos do direito do autor, suportando este o ônus de provar suas alegações.

Em algumas circunstâncias, a regra não parece muito feliz.[40] Isso porque, muitas vezes, a parte tentará, dentro dos autos, fazer todo o possível para espancar as dúvidas, mas estas permanecerão, a despeito do trabalho desenvolvido pelo interessado em solvê-las. Por conseguinte, merece meditação até mesmo uma idéia da doutrina portuguesa no sentido de repartir o ônus da prova entre ambas as partes, em razão da facilidade em produzi-la.[41]

---

[38] Nesse sentido, interessante julgado de lavra do então Desembargador ELISEU GOMES TORRES: "Investigação de paternidade. 1. Recusa à submissão ao exame de determinadores genéticos. Valoração. A recusa à submissão ao exame de determinadores genéticos deve ser valorada em desfavor do investigado, representando mais um indício positivo quanto à paternidade. Precedentes jurisprudenciais. 2. Prova. A prova testemunhal e a documental, em conjunto com a conduta processual do réu-investigado, formando um complexo de indícios favoráveis, conduzem ao juízo de certeza da paternidade. 3. Alimentos. Sendo o investigado empresário em situação privilegiadíssima, considerado o 'rei do hamburguer', os alimentos fixados, em quinze salários mínimos mensais não podem ser considerados excessivos. Apelação desprovida". (Apelação Cível nº 597145713, 7ª C.C., TJRS, j. 03/12/97)

[39] Op. cit., p.175.

[40] Arrojado, adverte o Professor MARINONI que "a dificuldade de o autor provar o que alega e a verossimilhança da alegação não são critérios que devem presidir a distribuição do ônus da prova apenas diante das relações de consumo. Quando é difícil ao autor provar o que alega, e o réu está em condição mais favorável para provar a não ocorrência do fato constitutivo do direito do autor, a inversão do ônus da prova deve ser possível ainda que a hipótese não seja de relação de consumo". (*In Novas Linhas do Processo Civil*, p. 256. 4. ed. São Paulo: Malheiros, 2000).

[41] Nessa linha, por exemplo, FREITAS RANGEL, Rui Manuel de. O Ônus da Prova no Processo Civil. Coimbra: Almedina, 1999.

De toda sorte, enquanto não alterados os parâmetros do Código de Processo Civil, conta o operador com um manancial teórico importante, a fim de permitir a melhor apreensão da matéria fática pelo órgão judicial, qual seja o modelo de julgamento conforme a verossimilhança predominante. O objetivo do operador, nas coordenadas de Michele Taruffo, "non si tratta di scoprire Verità o Falsità assolute, ma di stabilire – in modo contestuale, approssimato, variabile, provvisorio, e cosi via relativizzando – se tali enunciati sono o non sono razionalmente attendibile in base agli elementi di conoscenza e di verifica di cui il giudice dispone".[42] Ou seja, o norte não deve ser encontrar verdades ou falsidades absolutas, mas sim verificar se a *ratio decidendi* pode ser justificada a luz da racionalidade. Livre convencimento, dentro desse contexto, não é sinônimo de íntima convicção, mas de decisão fundada em regras reconhecidas pela experiência comum dos homens e que, dessa forma, possam ser partilhadas (e discutidas).

Todavia, como dito, a justiça de uma decisão não deve ser medida apenas em razão da destreza do magistrado em bem se aperceber dos fatos discutidos, mas, também, em razão da melhor interpretação do direito positivo e da obediência aos valores inerentes a um processo justo (contraditório efetivo, motivação dos provimentos, etc.). Aclarar fatos, descobrir e interpretar o melhor direito e oferecer um processo justo, essas as missões do operador do início de século.

---

[42] Il Controllo di razionalità della decisione fra logica, retórica e dialettica. Disponível em www.studiocelentano.it/lenuovevocideldiritto/testi/taruffoI.htm Acesso em 20.04.2003.

— 6 —

Coisa julgada inconstitucional nas ações de investigação de paternidade[1]

ÉDERSON GARIN PORTO
Bacharel em Direito

Sumário: Notas iniciais; 1. Constituição como pedra angular do ordenamento jurídico; 2. Princípio da dignidade da pessoa humana; 3. Uma perspectiva constitucional sobre o instituto da coisa julgada; 4. Garantias constitucionais-processuais; 5. Colisão de princípios e Conflito de regras. O princípio constitucional da Proporcionalidade; 6. Colaboração para uma relativização segura da coisa julgada; Conclusões.

Notas iniciais

O tema objeto deste estudo encerra uma discussão envolvente e instigante. O questionamento que é colocado na pauta reside em saber se, nas ações de estado, em especial nas demandas investigatórias de paternidade, ocorre a imunização da sentença, mesmo que o *decisum* seja inconstitucional. Eis que, da resposta à problemática suscitada, podem surgir diferentes respostas. Sem embargo, é o que se pode perceber estar sendo revelado pela jurisprudência iterativa dos tribunais nacionais, na medida em que a problemática é colocada à apreciação do Poder Judiciário.

A proposta deste estudo é trazer algumas considerações sobre como solucionar o impasse gerado pela imutabilidade das decisões judiciais após o trânsito em julgado e a busca pela verdade real, possibilitada pelo

---

[1] Este estudo é uma singela homenagem ao Prof. José Carlos Teixeira Giorgis, mestre que me orientou nos primeiros passos, pessoa a quem rendo a minha gratidão.

surgimento de novas tecnologias – no tocante ao tema deste artigo, o exame de DNA.[2]

Fica, dessa forma, delineado o contorno da discussão, conquanto que se pretende estabelecer uma saída equânime para a colisão de princípios constitucionais[3] que permeia o tema. Com efeito, coloca-se de um lado a certeza e segurança jurídica, representados pelo instituto da coisa julgada, e, de outro lado, o princípio da dignidade da pessoa humana, que, em última análise, representa a justiça para o caso concreto, com a contemplação do direito personalíssimo de filiação ao autor.[4]

Hodiernamente, prevalece a idéia de que é preferível consolidar a injustiça sob o pálio de não se tornar eterna a incerteza e a insegurança. Contudo, como já fora alertado por Cândido Rangel Dinamarco, a preocupação dos operadores do direito volta-se para o raciocínio inverso, "na consciência de que não é legítimo eternizar injustiças a pretexto de evitar a eternização de incertezas".[5]

Dessa forma, pretender-se-á demonstrar neste ensaio a prevalência do princípio da dignidade da pessoa humana sobre o instituto da coisa julgada, muito especialmente nas demandas investigatórias de paternidade. Cumpre ressaltar que não é propósito desprestigiar o instituto da coisa julgada, importantíssimo no ordenamento jurídico e responsável pela segurança social, muito menos criar mais um recurso *lato sensu* dentro da plêiade de recursos existentes no processo civil. Outrossim, o que se pretende é apontar para decisões inconstitucionais e trazer à meditação uma solução para conciliar a colisão de princípios instaurada.

1. Constituição como pedra angular do ordenamento jurídico

É assente a idéia de que os ordenamentos jurídicos modernos, em especial o Direito pátrio, têm suas estruturas baseadas na supremacia da

---

[2] O professor mineiro, Humberto Theodoro Júnior, ao estudar o tema, foi mais incisivo na colocação do objetivo do seu estudo: "(...) saber se as decisões judiciais são ainda um feudo não sujeito a qualquer juízo ou espécie de controle de sua conformidade com a CF". *In:* A coisa julgada inconstitucional e os instrumentos processuais para seu controle. *In*: Revista Síntese de Direito Civil e Processual Civil, n. 19, set/out. 2002, p. 34. Recentemente, foi lançado excelente estudo sobre o tema, v. MEDINA, José Miguel Garcia; ALVIM, Teresa Arruda. *O Dogma da Coisa Julgada. Hipóteses de Relativização*. São Paulo: RT, 2003.

[3] Consoante lição de Robert Alexy, não há que se falar em conflito de princípios, pois, diferentemente do que ocorre com as regras, um não exclui o outro – não se confrontam – apenas colidem e devem ser assentados de forma a conviverem harmonicamente. ALEXY, Robert. *Idée et structure d'un système du droit rationnel*. Traduzido para o francês por Ingrid Dwars. *In*: Archives de Philosophie du Droit. T. 33, Paris: Sirey ed, 1988, p. 23-38.

[4] Os princípios da segurança e da justiça encontram-se insculpidos no preâmbulo da Constituição Federal de 1988, sendo considerados valores supremos da sociedade brasileira.

[5] DINAMARCO, Cândido Rangel. *Relativizar a coisa julgada material*. *In*: Revista Síntese de Direito Civil e Processual Civil, n. 19, set/out. 2002, p. 9.

Constituição, vale dizer, a estrutura dos Estados está baseada na lei fundamental que é a Constituição, considerada pela doutrina como pedra angular do ordenamento jurídico.[6]

Com efeito, esta idéia teve como célebre defensor Hans Kelsen, que, na obra clássica *Teoria Pura do Direito*, defende a idéia de fundamento de validade das normas jurídicas, criando a hierarquia normativa, onde a norma superior confere validade à norma inferior, de modo que no topo desta hierarquização está a Constituição.[7]

A Carta Federal, neste passo, atua como limite do poder estatal aos efeitos de coibir arbitrariedades, considerando que representa os anseios, valores, e, como diria Rousseau, a vontade geral da sociedade. Dessa forma, os atos estatais, para possuírem validade, devem estar de acordo com a disciplina constitucional, sob pena de estarem eivados de inconstitucionalidade e, como conseqüência, serem considerados inválidos.

Nesta senda, parece lógico afirmar que, assim como ocorre com o Poder Executivo e o Poder Legislativo – vez que seus atos devem passar pelo filtro da constitucionalidade imposto pela lei fundamental –, não resta dúvida de que os atos do Poder Judiciário também estão sujeitos a tal controle. Isto equivale a dizer que as decisões judiciais devem estar em consonância com a ordem constitucional, e isto inclui as decisões transitadas em julgado, ou seja, cobertas pelo manto da coisa julgada.[8]

Portanto, não se pode aquiescer que no Estado Democrático de Direito, onde vige a supremacia da Constituição como forma de manter coesa e organizada a sociedade civil, possam coexistir decisões judiciais, leis, decretos e medidas provisórias inconstitucionais, em evidente afronta à Carta Maior. Ao passo que uma lei infraconstitucional, que interfere na esfera privada da sociedade como um todo, pode ser declarada inconstitucional independentemente de prazo para tanto, não há como sustentar que a decisão inconstitucional, após receber o selo da coisa julgada, seja considerada imutável.

A discussão remete, por óbvio, para a eterna dicotomia entre a certeza/segurança jurídicas e a justiça. No entanto, perguntar-se-ia: que cer-

---

[6] SILVA, José Afonso da. *Curso de Direito constitucional positivo*. 16 ed. São Paulo: Malheiros, 1999, p. 47.

[7] KELSEN, Hans. *Teoria pura do direito*. 4 ed. São Paulo: Martins Fontes, 1994.

[8] Diferentemente do que fora afirmado pelo constitucionalista português Vieira de Andrade (*Os direitos fundamentais na Constituição portuguesa de 1976*. Coimbra: Coimbra ed., 1983, p. 332), quando inferiu que *embora os tribunais formem um dos poderes do Estado, não há em princípio preocupação de instituir garantias contra as suas decisões*, aqui se adota posição divergente. Considerando que não é admissível a coexistência de leis inconstitucionais, assim como atos do Poder executivo inconstitucionais, não se pode admitir que persista decisão inconstitucional frente à Carta Magna. Assim, a própria devolução da lide para o Poder Judiciário apreciar a inconstitucionalidade da decisão transitada em julgado é considerada por si própria um controle de constitucionalidade.

teza ou segurança pode trazer ao ordenamento jurídico uma decisão manifestamente inconstitucional e, por decorrência, em desacordo com a ambição pregada pela Constituição de atingir a justiça? A posição defendida neste ensaio infere que tal decisão não trará certeza ou segurança jurídica alguma. A necessidade de se atribuir garantia à Lei Fundamental, já defendida pelo mestre lusitano Jorge Miranda, é, sem sombra de dúvida, a única forma de conferir segurança e, principalmente, justiça para a sociedade. Como afirma Jorge Miranda, "não basta que a Constituição outorgue garantias; tem, por seu turno, de ser garantida".[9]

Sobre a questão, é do alvitre de Paulo Otero a lição em que afirma que "todos os actos de poder público, incluindo os actos jurisdicionais, são inválido se desconformes com a Constituição".[10] Segundo o festejado mestre Jorge Miranda, a constitucionalidade é uma relação estabelecida entre a norma ou o ato para com a Constituição, derivando desta comparação os juízos de conformidade ou desconformidade, compatibilidade ou incompatibilidade.[11]

Levando em conta que a Constituição representa a jurisdicização dos valores extraídos do mundo da cultura por representarem a vontade geral da sociedade, a observância destes valores positivados na ordem jurídica é medida imprescindível no Estado Democrático de Direito.[12] Aqui reside o fundamento da observância das normas constitucionais em detrimento das demais, sendo consideradas, portanto, hierarquicamente superiores a todos os demais fenômenos normativos.

Salvo alguns dissensos doutrinários,[13] de um modo geral, a doutrina que já se debruçara sobre este instigante assunto concorda que o instituto

---

[9] *Contributo para uma Teoria da Inconstitucionalidade.* Reimpressão. Coimbra: Coimbra editora, 1996, p. 77. O autor, nesta obra, disserta sobre o princípio da constitucionalidade, que "inculca que as normas e os actos inconstitucionais sejam destruídos mediante a via jurisidicional".

[10] OTERO, Paulo. *Ensaio sobre o caso julgado inconstitucional.* Lisboa: Lex, 1993, p. 76.

[11] MIRANDA, Jorge. *Contributo para uma teoria da inconstitucionalidade.* Reimp., Coimbra: Coimbra ed., 1996, p. 11.

[12] Infere Humberto Theodoro Júnior que "a garantia jurídica de que é merecedora a CF decorre de um princípio que é caro ao Estado de Direito: o da constitucionalidade. Aludido princípio é conseqüência direta da força normativa e vinculativa da enquanto Lei Fundamental da ordem jurídica e pode ser enunciado a partir do contraposto da inconstitucionalidade (...)". *Op. cit.*, p. 36.

[13] Causa muita estranheza, salvo melhor juízo, a defesa, de parte da doutrina processualista, do instituto da coisa julgada por si só, apenas apegada ao argumento de que o contrário causaria caos dentro do Poder Judiciário. Porém, esta mesma parcela da doutrina, *data maxima venia*, admite a possibilidade de ressuscitar a vetusta *querella nulitatis* do direito romano para as algumas hipóteses restritas de violação à lei processual. Afigura-se incoerente, pois, a posição destes doutrinadores que não admitem a invalidação de uma sentença manifestamente inconstitucional, pois afogaria sobremaneira o Poder Judiciário. Mas, sustentam que a rediscussão do processo por infração de lei adjetiva seria considerada suscetível de sublimar o prazo decadencial de dois anos da ação rescisória.

da coisa julgada não é absoluto e que, de uma forma ou de outra, é possível rever injustiças que receberam o selo da imutabilidade.[14]

2. Princípio da dignidade da pessoa humana

O princípio da dignidade da pessoa humana está na valorização do ser humano como fim em si mesmo e não como objeto ou meio para atingir determinado fim.[15] Ao contrário do que se pode imaginar, não é criação do direito, mas sim, valor intrínseco ao ser humano, que no período pós-guerras foi jurisdicionalizado pelo Direito e passou a constituir norma fundamental dos Estados Democráticos.[16]

Pode-se afirmar que todo ser, enquanto dotado de consciência e racionalidade, é dotado de dignidade,[17] consoante afirma o artigo 1ª da

---

[14] Invariavelmente, admite-se a revisão da coisa julgada mesmo entre a doutrina processualística. Para alguns, o instrumento hábil seria somente a ação rescisória, para outros, poder-se-ia utilizar a ação anulatória de sentença. No entanto, mais modernamente, pretende-se relativizar as decisões proferidas em qualquer grau de jurisdição através de simples ação ordinária, o que, *data venia* entendimento diverso, não se afigura plausível.

[15] Como infere Ingo Wolfgang Sarlet, parafraseando Immanuel Kant: "o homem e, duma maneira geral, todo o ser racional, existe como um fim em si mesmo, não como meio para o uso arbitrário desta ou daquela vontade". SARLET, Ingo Wolfgang. *Dignidade da Pessoa Humana e Direitos Fundamentais*. Porto Alegre: Livraria do Advogado, 2001, p. 33. Antônio Junqueira de Azevedo, criticando algumas concepções kantianas, menciona que o trecho do autor alemão "nos Fundamentos da metafísica dos costumes é muito citado porque, a todos os personalistas, agrada a idéia do homem como fim, e nunca, como meio. Isto está bem, mas Kant, além dos erros filosóficos de negar valor em si à natureza e a à vida em geral e de incluir os animais entre as 'coisas' – esse erro é, hoje, erro também jurídico em seu próprio país –, expressa a idéia de pessoa como fim, sem ligação lógica com a moral formal que ele sustenta com base no imperativo categórico". AZEVEDO, Antônio Junqueira de. *Caracterização jurídica da dignidade da pessoa humana. In*: Revista Trimestral de Direito Processual, v. 9, jan/mar – 2002, p. 12.

[16] Numa analogia ao pensamento filosófico clássico que entendia a *eudaimonia* – felicidade – como fim último do ser humano, a dignidade da pessoa humana é a forma jurídica da *eudaimonia*, trazida do mundo dos fatos para o mundo do direito após a 2ª guerra mundial.

[17] Há uma cisão entre a dignidade moral, fruto das regras sociais observadas no convívio em sociedade que estarão presentes no ser humano, quando e enquanto estiverem agindo de acordo com os padrões éticos e morais comuns. De outra sorte, a dignidade ontológica se faz sempre presente no ser humano, independentemente da sua conduta perante a sociedade. É com relação a esta dignidade que se refere o prof. Ingo, quando afirma que: "(...) não se deverá olvidar que a dignidade – ao menos de acordo com o que parece ser a opinião largamente majoritária – independe das circunstâncias concretas, já que inerente a toda e qualquer pessoa humana, visto que, em princípio, todas – mesmo o maior dos criminosos – são iguais em dignidade, no sentido de serem reconhecidos como pessoas – ainda que não se portem de forma igualmente digna nas suas relações com seus semelhantes inclusive consigo mesmas. Assim, mesmo que se possa compreender – a dignidade da pessoa humana – na esteira do que lembra José Afonso da Silva – como forma de comportamento (admitindo-se, pois, atos dignos e indignos), ainda assim, exatamente por constituir – no sentido aqui acolhido – atributo intrínseco da pessoa humana e expressar o seu valor absoluto, é que a dignidade de todas as pessoas, mesmo daquelas que cometem as ações mais indignas e infames, não poderá ser objeto de desconsideração". *Op. cit.*, p. 43.

Declaração Universal da ONU quando preceitua que: "todos os seres humanos nascem livres e iguais em dignidade e direitos. Dotados de razão e consciência, devem agir uns para com os outros em espírito e fraternidade".

Neste ponto, nas ações de estado onde estão em jogo direitos personalíssimos e inalienáveis, como é o caso das demandas de investigação de paternidade, a proteção e guarda do Estado à dignidade humana deve ser perseguida com afinco. Dessarte, é dever do Estado tutelar a garantia da dignidade da pessoa humana, assegurando ao cidadão que sente sua dignidade ser atingida pronta resposta do Poder Judiciário. É neste contexto que se insere o acesso à justiça, vez que vige no direito processual civil brasileiro o princípio da inafastabilidade do controle judicial.[18] Como salientou o douto magistrado gaúcho Ingo Wolfgang Sarlet, "como tarefa imposta ao Estado, a dignidade da pessoa reclama que este guie as suas ações tanto no sentido de preservar a dignidade existente, quanto objetivando a promoção da dignidade, especialmente criando condições que possibilitem o pleno exercício e fruição da dignidade",[19] de modo que seja possível ao demandante da ação investigatória de paternidade descobrir o rosto de seu pai, ou, mais do que isso, seja possibilitado ao autor da demanda conhecer as suas origens, assegurando a dignidade desta pessoa através da tutela judicial.

3. Uma perspectiva constitucional sobre o instituto da coisa julgada

Entende-se por coisa julgada a eficácia que envolve a sentença, tornando-a imutável e indiscutível, ou, na lição do prof. Sérgio Gilberto Porto, "a indiscutibilidade da nova situação jurídica declarada pela sentença e decorrente da inviabilidade recursal".[20] Cumpre registrar que se está referindo à coisa julgada material, vez que a coisa julgada formal é

---

[18] Na medida em que há o monopólio estatal da justiça, figura como tarefa e dever do Estado assegurar o acesso dos cidadãos à justiça como forma de perfectibilizar a dignidade da pessoa humana. A respeito do tema, o professor Márcio Louzada Carpena ressalta o conceito *lato* do princípio processual constitucional da inafastabilidade, *in:* CARPENA, Márcio Louzada: *Da garantia da inafastabilidade do Controle Jurisdicional e o Processo contemporâneo. In:* As garantias do cidadão no Processo Civil. org. Sérgio Gilberto Porto. Porto Alegre: Livraria do Advogado, 2003, p. 14.

[19] SARLET, Ingo Wolfgang. *Dignidade da Pessoa Humanda e Direitos Fundamentais.* Porto Alegre: Livraria do Advogado, 2001, p. 47.

[20] PORTO, Sérgio Gilberto. *Coisa julgada civil.* Rio de Janeiro: Aide, 1996. p. 44.

passível, ser rediscutida pelo Poder Judiciário sem encontrar óbice do artigo 267, inciso V, do Código de Processo Civil.[21]

Tendo em vista que as partes procuram o Poder Judiciário para dirimir a controvérsia instaurada e, nessa medida, esperam receber uma solução definitiva para o conflito posto à apreciação da Justiça, é imperioso para a estabilidade das relações sociais que estas decisões sejam efetivamente definitivas. Convencionou-se que a partir de um dado momento a discussão sobre o caso concreto estaria encerrada, não podendo ser rediscutida.[22]

Com efeito, a coisa julgada afigura-se como o mais elevado grau de estabilidade dos atos estatais, ao passo que nas demais esferas estatais há também estabilidade, porém não com a mesma rigidez.[23] Tutela-se, portanto, a estabilidade dos julgados para conferir ao litigante a certeza de que efetivamente adquiriu a titularidade do direito posto em causa.[24]

A coisa julgada material é disciplinada na Lei de Introdução ao Código Civil,[25] no Código de Processo Civil,[26] assim como encontra assento constitucional no artigo 5º, inciso XXXVI, da Carta Magna.[27]

Em que pesem os argumentos de parte da doutrina que entende a garantia da coisa julgada como uma norma dirigida ao legislador, não encontrando, dessa forma, arrimo na Constituição Federal, a imutabilidade

---

[21] "Art. 267. Extingue-se o processo, sem julgamento de mérito: (...) V – quando o juiz acolher a alegação de perempção, litispendência ou coisa julgada". A coisa julgada material deve ser alegada em contestação, consoante regra insculpida no artigo 302, inciso VI, da Bíblia processual.

[22] "O caso julgado é uma exigência da boa administração da justiça, da funcionalidade dos tribunais e da salvaguarda da paz social, pois que evita que uma mesma acção seja instaurada várias vezes, obsta a que sobre a mesma situação recaiam soluções contraditórias e garante a resolução definitiva dos litígios que os tribunais são chamados a dirimir. Ela é, por isso, expressão dos valores de segurança e certeza que são imanentes a qualquer ordem jurídica". Miguel Teixeira de Souza. *Estudos sobre processo civil. apud* THEODORO JR., Humberto e FARIA, Juliana Cordeiro de. *A coisa julgada inconstitucional ...*, p. 39.

[23] Em artigo vanguardista, Cândido Rangel Dinamarco afirma que a coisa julgada representa a segurança jurídica, "que constitui poderoso fator de paz na sociedade e felicidade pessoal de cada um. A tomada de uma decisão, com vitória de um dos litigantes e derrota do outro, é para ambos o fim e a negação das expectativas e incertezas que os envolvia e os mantinham em desconfortável estado de angústia. As decisões judiciárias, uma vez tomadas, isolam-se dos motivos e do grau de participação dos interessados e imunizam-se contra novas razões ou resistências que se pensasse em opor-lhes (NIKLAS LUHMANN, TÉRCIO SAMPAIO FERRAZ JR.), chegando a um ponto de firmeza que se qualifica com estabilidade e que varia de grau conforme o caso". DINAMARCO, Cândido Rangel. Relativizar a coisa julgada material. In: *Revista Síntese de Direito Civil e Processual Civil*, n. 19, set/out. 2002, p. 7.

[24] SILVA, José Afonso da. *Curso de Direito Constitucional Positivo*. São Paulo: Malheiros, 1999, p. 437.

[25] Lei de Introdução ao Código ao Código Civil (Decreto-lei nº 4.657/42), "art. 6, § 3º: Chama-se coisa julgada ou caso julgado a decisão judicial de que já não caiba recurso".

[26] "Art. 467. Denomina-se coisa julgada material a eficácia, que torna imutável e indiscutível a sentença, não mais sujeita a recurso ordinário ou extraordinário", do Código de Processo Civil.

[27] "Art. 5º, inciso XXXVI – a lei não prejudicará o direito adquirido, o ato jurídico perfeito e a coisa julgada", da Constituição Federal.

da sentença por uma nova decisão parece, *data maxima venia*, não se coadunar com a melhor interpretação do texto constitucional.

Esta, sem dúvida, é uma interpretação gramatical ou literal da norma constitucional, mas que não se coaduna com a sistemática da Constituição de 1988. Neste sentido, para uma boa exegese da letra da lei, faz-se necessário uma interpretação teleológica do dispositivo.[28] Dessa forma, denota-se que é fim último da Constituição tutelar a estabilidade dos direitos subjetivos dos cidadãos, conferindo-lhes certeza e segurança jurídica, princípios albergados na Carta Federal.

Portanto, se a previsão legal aponta para um fim – *telos* – , qual seja, tornar possível o conhecimento antecipado das conseqüências diretas que emanam da sentença transitada em julgado, não há como restringir esta certeza apenas para a lei, ou seja, não é razoável que a garantia constitucional da coisa julgada se dirija exclusivamente ao legislador, deixando de fora o julgador, pois a estabilidade jurídica só será plena se observada por todos os poderes estatais.[29]

Com isto se quer localizar a problemática das demandas investigatórias de paternidade na colisão de princípios constitucionais, uma vez que o instituto da coisa julgada encontra amparo constitucional, consoante anteriormente demonstrado, assim como a pretensão do autor da ação de investigação de paternidade funda-se em princípio insculpido no artigo 1º, inciso III, da Carta Maior. Conduz-se, dessa forma, a controvérsia para o campo do direito constitucional, mais precisamente para o debate entre hierarquia de princípios. Assim colocada esta premissa, fica claro que a solução desta colisão de princípios passa por uma apreciação, mesmo que breve, do princípio da proporcionalidade com o objetivo de coibir excessos, conforme adiante será demonstrado.

4. Garantias constitucionais-processuais

Muito tem se falado nas garantias processuais constitucionais, ou seja, naquelas garantias que são outorgadas às partes quando em juízo. É,

---

[28] No tocante à interpretação teleológica das normas constitucionais, é irretocável o estudo do professor da UERJ Luís Roberto Barroso ao afirmar que: "As normas devem ser interpretadas atendendo, fundamentalmente, ao seu espírito e à sua finalidade. Chama-se teleológico o método interpretativo que procura revelar o fim da norma, o valor ou bem jurídico visado pelo ordenamento com a edição de dado preceito. A formulação teórica da interpretação teleológica é tributária dos estudos de Heck, Geny e, sobretudo, Ihering". *In: Interpretação e aplicação da Constituição.* 4ª ed. São Paulo: Saraiva, 2001, p. 137.

[29] Dentre os autores que encontram no texto constitucional garantia à coisa julgada, estão: PORTO, Sérgio Gilberto. *Cidadania processual...*, p. 5; DONADEL, Adriane. *A Garantia Constitucional da Coisa julgada: Compreensão e alcance. In:* Garantias do cidadão no Processo Civil. p. 227-260.

sem embargo, o que vem sido tratado pela mais autorizada doutrina como cidadania processual, uma vez que tais garantias são asseguradas às partes durante o trâmite do processo como uma das mais eloqüentes manifestações da cidadania.[30] Trata-se de um processo de constitucionalização da disciplina processual como forma de assegurar um processo equânime e, assim, buscar atingir a justiça do caso concreto.

Nas demandas de investigação de paternidade não poderia ser diferente, principalmente porque estão em cheque direitos valiosos, que dizem respeito à personalidade. Na verdade, as demandas surgidas no seio do direito de família, via de regra, lidam com direitos de estado, cuja importância pode ser constatada com a verificação de que tais direitos foram incorporados pela Constituição Federal, ganhando especial proteção no artigo 226 da lei fundamental.

Assim, nessas demandas as garantias processuais constitucionais merecem uma maior atenção do operador do direito, devendo, pois, suplantar eventuais obstáculos de ordem infraconstitucional, como forma de, ao fim e ao cabo, atingir a justiça, meta precípua do direito.

Para fundamentar esta assertiva, tratar-se-á de alguns princípios do processo civil, com assento constitucional, a fim de demonstrar a necessidade de suavizar a disciplina da coisa julgada nas demandas investigatórias de paternidade. Importante, para tanto, mencionar os princípios do acesso à justiça, inafastabilidade de lesão ou ameaça do Poder Judiciário e, principalmente, as garantias do contraditório e da ampla defesa, que neste ensaio convergem para o princípio da amplitude de produção probatória.

Parece claro que, na medida em que o Estado detém o monopólio da jurisdição, vedando a autotutela ou justiça privada, deve, na mesma medida, assegurar ao cidadão a garantia de acesso à justiça.[31] Reza o artigo 5º, inciso XXXV, da Carta Magna que "a lei não excluirá da apreciação do Poder Judiciário, lesão ou ameaça a direito". Com isso, se quis dizer que ao Judiciário não será vedada a apreciação de lesão ou ameaça a direito, assim como será garantida a todo cidadão a possibilidade de movimentar o Poder Judiciário para atender aos seus anseios.[32]

---

[30] PORTO, Sérgio Gilberto. Cidadania processual e relativização da coisa julgada. In: Revista Síntese de Direito Civil e Processual Civil, n. 22, mar/abr. 2003, p. 5-13.

[31] Com a propriedade que lhe é habitual, o Des. Araken de Assis leciona que "ao proibir os cidadãos de resolverem por si suas contendas, o Estado avocou o poder de resolver os conflitos de interesses, inerentes à vida social, e, correlatamente, adquiriu o dever de prestar certo serviço público, que é a jurisdição. Aos interessados nessa atividade, o Estado reconhece o direito de provocá-la, preventiva ou repressivamente (art. 5º. XXXV, da CF/88)". ASSIS, Araken de. *Garantia de acesso à justiça: benefício da gratuidade*. In: Garantias Constitucionais do Processo Civil. São Paulo: RT, 1999, p. 9.

[32] Infere Márcio Louzada Carpena "à evidencia que a abrangência da disposição legal é muito maior do que a redação que lhe foi imposta, pois essa, realidade, somente preconiza um espírito de consagrar que ao Judiciário poderá ser levado os conflitos sociais, sendo plenamente contrária à disposição do sistema qualquer ordem, independentemente de origem, que venha a impedir que o cidadão possa

Com a garantia do acesso ao Poder Judiciário assegurada, uma vez iniciado o processo judicial, resta resguardar aos litigantes o devido processo legal (art. 5º, inciso LIV, CF)[33] e, mais que isso, deverão ser salvaguardados o contraditório e a ampla defesa (art. 5º, inciso LV, CF)[34]. Em outras palavras, pretende-se garantir às partes a mais ampla participação na formação do convencimento do juiz. Portanto, o direito à prova compõe inevitavelmente os princípios do contraditório e da ampla defesa.[35]

Nessa medida, tais garantias antes arrostadas são, em última análise, instrumentos para que seja alcançada a justiça dentro de um processo legal. Todavia, estes princípios não raras vezes são desrespeitados, e a consecução da justiça fica postecipada. É, por exemplo, o que ocorre nas demandas de investigação de paternidade julgadas improcedentes por falta de provas. Em admitindo que ao cidadão são assegurados o acesso à justiça, a inafastabilidade do controle judicial e amplitude de produção probatória, não se torna plausível impedir que o Judiciário reexamine a ação que outrora fora julgada improcedente, justamente, por insuficiência de provas, como medida de atender os indigitados preceitos constitucionais.

5. Colisão de princípios e conflito de regras. O princípio constitucional da proporcionalidade

Na lição de Robert Alexy, o direito estaria balizado num tríplice sistema, onde num primeiro nível ter-se-iam as regras num plano superior

---

pleitear socorro ao Estado para defender seus direitos. A simplória idéia de que a inafastabilidade do controle jurisidicional se resume apenas às palavras constantes no dispositivo legal em que está positivado falece de qualquer razoabilidade, pois, se legal em que está positivado falece de qualquer razoabilidade, pois, se assim fosse, por certo que 1 além de certa forma inoperante, não estaria de acordo com os anseios sociais e com a estrutura política eleita para solução dos litígios e para a manutenção do estado de direito". CARPENA, Márcio Louzada: *Da garantia da inafastabilidade do Controle Jurisdicional e o Processo contemporâneo. In:* As garantias do cidadão no Processo Civil. org. Sérgio Gilberto Porto. Porto Alegre: Livraria do Advogado, 2003, p. 14.

[33] Art. 5º, LIV, CF: *ninguém será privado da liberdade ou de seus bens sem o devido processo legal.* Este mandamento constitucional é a reprodução da velha fórmula do direito da *common law* do *due process of law,* precursoramente, lançado por Eduardo III, rei da Inglaterra, quando determinou "no one shall be condemned without trial. Also that no man, of what estate or condition that he be, shall be put out of land or tenement, nor taken or imprisioned, nor disinhited, nor put to death, without being brought to answear by Due Process of Law".

[34] Art. 5º, inciso LV, CF: "aos litigantes, em processo judicial ou administrativo, e aos acusados em geral são assegurados o contraditório e ampla defesa, com os meios e recursos a ela inerentes".

[35] José Roberto dos Santos Bedaque afirma que "isso implica, evidentemente, a produção de provas destinadas à demonstração dos fatos controvertidos. Contraditório efetivo e defesa ampla compreendem o poder conferido à parte, de se valer de todos os meio de provas possíveis e adequados à reconstrução dos fatos constitutivos impeditivos, modificativos ou extintivos do direito afirmado". BEDAQUE, José Roberto dos Santos. *Garantia da amplitude de produção probatória.* In: Garantias Constitucionais do Processo Civil. São Paulo: Saraiva, 1999, p. 168.

estariam os princípios e haveria, ainda, um terceiro plano que estabeleceria a ligação entre as regras e os princípios, sendo a única forma de atender às exigências da razão prática.[36]

Enquanto os princípios são obrigações de otimização, as regras são obrigações definitivas. As regras implicam obrigação na exata medida do que está contido na sua sentença, enquanto os princípios têm um alto grau de generalidade e abstração. As regras são, como refere Ronald Dworkin, uma questão de tudo ou nada,[37] isto é, as regras são válidas ou não; podem ser aplicadas ao caso concreto ou não.

A distinção é mais facilmente apreendida quando colocada no conflito de regras e na colisão de princípios. O conflito de regras aponta para uma contradição, tratar-se-á de descobrir qual a regra a ser aplicada, excluindo por completo a outra. De outra banda, a colisão de princípios importa no acatamento de um princípio, sem que isso implique um desrespeito completo do outro, que na verdade continua a existir dentro do ordenamento.[38]

Partindo do pressuposto de que não há, dentro da ordem jurídica nacional, princípio absoluto, vale dizer, não existe um princípio supremo que não seja sopesado frente a outros, cumpre determinar como é feita a escolha ou eleição daqueles princípios aplicáveis ao caso concreto. Num Estado Democrático de Direito, não se pode dizer que uma lei qualquer é

---

[36] ALEXY, Robert. *Op. cit.*, p. 34.

[37] DWORKIN, Ronald. *The model of rules. In:* Taking rights seriously.

[38] Robert Alexy traz dois exemplos para ilustrar a distinção entre conflito de regras e colisão de princípios, ilustrando que: "la différence entre règles et principes se montre plus clairement dans les conflits de règles et les collision de principes. Un exemple de conflit de règles est offert par un cas décidé dans le Verfassungsgericht de la R.F.A., dans lequel une norme de 'droit provincial' (landesrecht, le droit d'un État membre de la R.F.A.) interdit l'ouverture d'un magasin le mercredi à partir de treize heures, tandis qu'une norme de droit fédéral (Bundesrcht) l'autorise jusqu'à dix-neuf heures. La cour résoud ce cas selon la norme de conflit: 'Bundesrecht bricht landesrecht' (art. 31GG) (Le droit fédéral déroge au droit 'provincial') en pronoçant la nullité de la norme de droit 'provincial'. C'est um cas classique de conflit de règles. La contradiction entre les deux normes est écartée par la déclaration de l'invalidité de l'une de deux normes et son élimination du système du droit. Toute différente est la façon de procéder de la cour dans le cas de collision de principes. Un exemple nous est donné dans le cas concernant le déroulement d'un procès contre un accusé qui court le risque d'une attaque d'apoplexie et d'un infarctus du myocarde. La cour constate qu'il existe dans ce cas des rapports tendus entre le devoir de l'Etat de garantir le bon fonctionnement de l'administration de la justice criminèlle et le droit constitutionnel de l'accusé à la vie et à l'intégrité physique (art. 2 abs 2 satz 1 GG). Ce rapport tendu – dans les termes employés ici: cette collision de principes – ne se résoud pas en déclarant l'invalidité de l'un des deux principes et son élimination de l'ordre juridique. C'est plutôt une pondération qui aura lieu. Le résultat de la pondération consiste dans la détermination d'une relation de priorité concrète. Dans le cas è décider, il s'agissait 'du péril proche et réel pour l'accusé de laisser sa vie ou de subir une atteinte importante à as santé en cas de réalisation du procès principal. Dans ces conditions, la cour accepte une priorité du droit constitutionnel à la vie et à l'intégrité physique. Le principe refoulé continue à faire partie de l'ordre juridique. Dans une autre situation, la relation de priorité aurait peut-être été déterminée dans le sens inverse". *Op. cit.*, p. 35.

absoluta, sem qualquer relação com o sistema legislativo. Raciocínio idêntico conduz para a constatação de que as decisões judiciais não são absolutas também.

Para poder dar unidade a este universo de princípios, regras e demais manifestações normativas, deve ser procedida uma interpretação sistemática[39] do ordenamento jurídico para que seja atingida uma aplicação correta do direito, sem extremismos.

É por considerar equivocada a posição dogmática de superposição das regras processuais sobre todo o resto do ordenamento que surgem críticas veementes à solução clássica de supremacia da coisa julgada sobre todas as demais garantias constitucionais.[40] Considerando as normas processuais como meio para atingir um fim, e não um fim em si mesmas, é preciso que se internalize a idéia de que o direito tem como fim a consecução da justiça e, dessa forma, vale-se de mecanismos – o processo – para atingir tal desiderato.[41] No entanto, não se pode supervalorizar as regras formais, criando obstáculos intransponíveis para atingir a justiça, meta programática da Constituição Federal, insculpida no preâmbulo da Carta Magna.

Para tanto, é imprescindível que o operador se aparelhe de mecanismos objetivos e eficientes de controle destas tensões, como forma de evitar

---

[39] Sobre o tema, é elucidativa a lição de Norberto Bobbio, quando afirma que interpretação sistemática é "aquela forma de interpretação que tira os seus argumentos do pressuposto de que as normas de um ordenamento, ou, mais exatamente, de uma parte do ordenamento (como o Direito Privado, o Direito Penal) constituam uma totalidade ordenada (mesmo que depois se deixe um pouco no vazio o que se deva entender com essa expressão), e, portanto, seja lícito esclarecer uma norma obscura ou diretamente integrar uma norma deficiente recorrendo ao chamado 'espírito do sistema', mesmo indo contra aquilo que resultaria de uma interpretação meramente literal". E arremata, dizendo que "o ordenamento jurídico, ou pelo menos parte dele, constitua um sistema é um pressuposto de atividade interpretativa, um dos ossos do ofício, digamos assim, do jurista". BOBBIO, Norberto. *Teoria do Ordenamento Jurídico*. Trad. Maria Celeste Cordeiro Leite dos Santos. 5 ed. Brasília: UnB editora, 1984, p. 76. Não menos brilhante é o trabalho do professor da Pontifícia Universidade Católica do RGS, Juarez Freitas sobre a interpretação sistemática do direito. Neste diapasão, afirma que "assumindo uma ótica ampliativa e mais bem equipada, a interpretação sistemática deve ser definida como uma operação que consiste em atribuir a melhor significação, dentre várias possíveis, aos princípios, às normas e aos valores jurídicos, hierarquizando-os num todo aberto, fixando-lhes o alcance e superando antinomias, a partir da conformação teleológica, tendo em vista solucionar os casos concretos". FREITAS, Juarez. *A interpretação sistemática do Direito*. 2 ed. São Paulo: Malheiros, 1998, p. 60.

[40] Pontes de Miranda lançou uma das mais ferozes críticas sobre a rigidez do instituto da coisa julgada, dizendo que "levou-se muito longe a noção de *res judicata,* chegando-se ao absurdo de querê-la capaz de criar uma outra realidade, fazer de *albo nigrum* e mudar *falsum in verum*".

[41] No mesmo sentido, Cândido Dinamarco afirma que "nenhum princípio constitui um objetivo em si mesmo e todos eles, em seu conjunto, devem valer como meios de melhor propiciar um sistema processual justo, capaz de efetivar a promessa constitucional de acesso à justiça (entendida esta como obtenção de soluções justas – acesso à ordem jurídica justa)". Prossegue, mais adiante, dizendo que "os princípios existem para servir à justiça e ao homem, não para serem servidos como fetiche de ordem processual". DINAMARCO, Cândido Rangel. *Relativizar...*, p. 6.

arbitrariedades e subjetivismos. Nesse contexto é que vem à tona a construção tedesca, de meados do século XX, do princípio da proporcionalidade. Foi imbuído da idéia de que existiam leis injustas e que a sua aplicação poderia conduzir para tamanha injustiça que Gustav Radbruch,[42] em agosto de 1946, publicou o célebre ensaio sobre leis injustas e direito supralegal.

Na tentativa de aferir a constitucionalidade de restrições aos direitos fundamentais, o Tribunal Federal Constitucional alemão desenvolveu uma técnica para auxiliar o trabalho do exegeta na concreção das normas, criando a Teoria dos Degraus (*Stufentheorie*) ou também conhecida como Teoria das Esferas (*Sphärentheorie*). Nesta construção jurisprudencial, ficou constatada a existência de diversos níveis de proteção aos direitos fundamentais, sendo que no círculo mais interno ou degrau mais alto ficariam as garantias imunes, que para serem atingidas deveriam apresentar expressiva relevância para tanto.[43]

Pierre Muller entende que, em sentido *lato,* a proporcionalidade pode ser entendida como "regra fundamental a que devem obedecer tanto os que exercem quanto os que padecem o poder". De outra sorte, para o jurista suíço, num sentido estrito, o princípio se caracteriza pela presunção de existência de "uma relação adequada entre um ou vários fins determinados e os meios com que são levados a cabo".[44]

Assim, há violação ao princípio da proporcionalidade sempre que os meios destinados a realizar um fim não são apropriados ou, ainda, quando entre os meios e os fins há uma clarividente desproporção. Portanto, no escólio de Paulo Bonavides, "o princípio da proporcionalidade (*Verhältnismässigkeit*) pretende, por conseguinte, instituir, como acentua Gentz, a relação entre fim e meio, confrontando o fim e o fundamento de uma intervenção com os efeitos desta para que se torne possível um controle do excesso (*eine Übermasskontrolle*)".[45]

Em matéria de direito constitucional, não é possível olvidar a lição do mestre lusitano Joaquim José Gomes Canotilho, que assevera a idéia de proibição de excesso do princípio, considerando o direito do cidadão da menor desvantagem possível, vale dizer, na ambivalência entre os fins e os meios, antes mencionada, "meios e fins são colocados em equação

---

[42] RADBRUCH, Gustav. *Gesetzliches Umrecht und übergesetzliches recht.* Traduzido para o espanhol por María Isabel Azareto de Vásquez. Buenos Aires: Abeledo-Perrot, 1962.

[43] SCHOLLER, Heinrich. *O Princípio da Proporcionalidade no Direito Constitucional e Administrativo da Alemanha.* Trad. Ingo Wolfgang Sarlet. *In:* Interesse Público n. 2, 1999, p. 102.

[44] Pierre Muller. *Zeitschrift für Schweizerisches Recht,* Band 97, 1978, Basel, p. 531 *apud* BONAVIDES, Paulo. *Curso de Direito Constitucional.* 10ª ed. São Paulo: Malheiros, 2000, p. 357.

[45] BONAVIDES, Paulo. *Curso...*, p. 357.

mediante um juízo de ponderação, a fim de se avaliar se o meio utilizado é ou não desproporcionado em relação ao fim".[46]

Dessarte, ao sopesar a garantia da coisa julgada frente ao direito da personalidade de filiação, garantido pelo artigo 27 do Estatuto da Criança e do Adolescente,[47] ou ao menos, ao desejo de determinado cidadão conhecer o seu pai, verifica-se que o primeiro deve prevalecer frente ao segundo, em razão do direito mais valioso que está a tutelar. Parece, portanto, que a solução mais adequada e razoável seria atender ao princípio da dignidade da pessoa humana, como medida de justiça.[48]

6. Colaboração para uma relativização segura da coisa julgada

Apesar das críticas lançadas ao rigorismo que paira sobre o instituto da coisa julgada, não é, em hipótese alguma, intenção de desprestigiar o instituto, tendo em vista a extrema importância e relevância do mesmo no convívio social, refletindo na certeza e segurança das relações jurídicas.

O que não se pode admitir é que o direito dê as costas para a realidade ou, ainda, contente-se com a verdade formal, ficta, criada pela coisa julgada, quando em tempos de tecnologias avançadas e informações velozes e precisas é possível alcançar a verdade real, esta considerada como meta do processo.[49]

---

[46] CANOTILHO, J. J. Gomes. *Direito constitucional*. 5 ed. Coimbra: Almedina, 1991, p. 382. Para ilustrar a desproporção do meio para a obtenção de um fim, Jellinek ressalta que seria desproporcional pretender caçar pardal com canhões.

[47] Lei nº 8.069/90, "Art. 27. O reconhecimento do estado de filiação é direito personalíssimo, indisponível e imprescritível, podendo ser exercitado contra os pais ou seus herdeiros, sem qualquer restrição, observado o segredo de Justiça".

[48] A Colenda 7ª Câmara do Tribunal de Justiça do RS, firmou entendimento no mesmo sentido: "Investigação de paternidade. Coisa julgada. Sentença anterior que julgou improcedente por deficiência probatória uma primeira ação investigatória. Inexistência de coisa julgada material, na hipótese. Quando não esgotadas todas as provas disponíveis, não se pode reconhecer a coisa julgada, especificamente em sede investigatória, porque aqui se trata de uma matéria especialíssima, em que deve ser relativizada a coisa julgada. Isso porque o valor que a coisa julgada visa resguardar e justamente o da segurança jurídica, e esse valor deve ser posto em cotejo com um dos próprios fundamentos da República Federativa do Brasil, disposto no art. 1º, inc. III, da sua Constituição, ou seja, o da dignidade da pessoa humana. O direito a identificação esta ligada a preservação dessa dignidade e deve-se sobrepor a qualquer outro valor, a qualquer outro principio, inclusive o da segurança jurídica, que a coisa julgada busca preservar. Deram provimento, por maioria./fls.18/" (AC nº 70002610012, 7ª CC., TJRS, rel. Des. José Carlos Teixeira Giorgis, j. em 12/09/01). Na mesma orientação: AC nº 70004469623, 7ª CC., TJRS, Rel. Des. Luiz Felipe Brasil Santos, j. em 14/08/02 e AI nº 70002482198, 7ª CC., TJRS, Rel. Des. Luiz Felipe Brasil Santos, j. em 20/06/01.

[49] Segundo os professores Humberto Theodoro Jr. e Juliana Cordeiro de Faria "o direito processual civil mudou e a busca da verdade real, como meio de se alcançar a justiça e concretizar o anseio de

Parece que tanto dentre os doutrinadores que defendem a coisa julgada quanto dentre aqueles que defendem a sua relativização, há um consenso entre duas premissas: (1) o instituto da coisa julgada deve ser valorizado e preservado como forma de manter a estabilidade das relações sociais; (2) a justiça deve ser buscada incessantemente pelo direito, mesmo que seja necessário suplantar eventuais obstáculos procedimentais, não obstante o suporte constitucional.

A árdua tarefa parece residir em assentar estas duas premissas de uma forma segura que não proporcione, como referido pela doutrina processualista, uma espagíria processual.[50]

No entanto, para a situação específica das demandas investigatórias de paternidade, parece mais razoável a solução adotada em algumas decisões jurisprudenciais, onde restou firmado o entendimento de que a sentença que julgou improcedente a demanda de investigação de paternidade por insuficiência probatória não faria coisa julgada material, consolidando somente coisa julgada formal.[51]

Neste sentido, já havia intuído Belmiro Welter[52] e, mais recentemen-

---

justo processo legal, é uma exigência de tempos modernos. Exatamente por isso as decisões judiciais devem espelhar ao máximo essa verdade, dizendo ser branco o branco, como bem lembrado pelo Min. José Delgado. O direito moderno não pode se contentar apenas com a verdade formal, em nome de uma tutela à segurança e certeza jurídicas. No Estado de Direito, especialmente no Estado brasileiro, a justiça é também um valor perseguido (Preâmbulo da CF). o que se busca, hodiernamente, é que se aproximo ao máximo o do Direito justo. *Op. cit.* p. 44.
Como já fora referido pelo ministro do Superior Tribunal de Justiça José Augusto Delgado, "o Estado, em sua dimensão ética, não protege a sentença judicial, mesmo transitada em julgado, que bate de rente com os princípios da moralidade e da legalidade, que espelhe única e exclusivamente vontade pessoal do julgador e que vá de encontro à realidade dos fatos". DELGADO, José Augusto. *Pontos Polêmicos das ações de indenização de áreas naturais protegidas. Efeitos da coisa julgada e os princípios constitucionais. In:* Revista de Processo n. 103, p. 11.

[50] A solução tradicional e ortodoxa é a utilização da via da ação rescisória, atendendo as suas limitações ou procurando trabalhar na fonte legislativa para tornar mais efetivo este remédio processual contra decisões viciadas. Outra solução apontada pela doutrina seria a utilização da ação anulatória com o fito de desconstituir a sentença e, com isso, anular a lei que vigia entre as partes, abrindo caminho para a propositura de uma nova ação, sem o óbice da coisa julgada material.

[51] É a jurisprudência iterativa do TJRS: "Investigação de paternidade. A busca da verdade biológica através do exame de DNA e direito do investigante. Por esta razão, não se podem atribuir efeitos de coisa julgada a sentença da ação investigatória se não foi oportunizada a produção da prova capaz de obter certeza quanto a paternidade investigada. Proveram. Unânime". (Apelação Cível nº 70005467923, Sétima Câmara Cível, Tribunal de Justiça do RS, relator: Des. Luiz Felipe Brasil Santos, julgado em 02/04/03). No mesmo sentido: Apelação Cível nº 70005134747, Sétima Câmara Cível, Tribunal de Justiça do RS, relator: Des. Sérgio Fernando de Vasconcellos Chaves, julgado em 18/12/02; Apelação Cível nº 70004361457, Oitava Câmara Cível, Tribunal de Justiça do RS, relator: Des. Agathe Elsa Schmidt da Silva, julgado em 03/10/02; Agravo de Instrumento nº 70004042958, Sétima Câmara Cível, Tribunal de Justiça do RS, relator: Des. Maria Berenice Dias, julgado em 15/05/02; e Apelação Cível nº 70002430106, Sétima Câmara Cível, Tribunal de Justiça do RS, relator: Des. Maria Berenice Dias, julgado em 26/09/01.

[52] WELTER, Belmiro Pedro. *Coisa julgada na investigação de paternidade. In:* Revista Jurídica n. 256, fev/1999, p. 24. Diz o ilustre representante do Ministério Público do Estado do RGS: "Então,

te, Fredie Didier Jr. apontara para decisão semelhante,[53] debruçado nas constatações feitas pelo mestre Luiz Guilherme Marinoni acerca da coisa julgada nas ações que versam sobre direitos transindividuais.[54]

Na mesma medida, *mutatis mutandi*, é o que se propõe nas demandas investigatórias de paternidade. A coisa julgada somente será imutável quando esgotadas as provas que possibilitem apurar com grande margem de certeza a paternidade investigada. Isto significa dizer que a coisa julgada nestas demandas deve ser considerada *secundum eventum probationis*.[55] Equivale a dizer que caso a demanda seja julgada improcedente em razão da insuficiência de provas, não há óbice para a propositura de nova demanda que tenha a sua cognição ampliada em razão do surgimento de exames mais modernos que possam atestar com alta probabilidade a paternidade.

---

somente haverá coisa julgada material quando na ação de investigação de paternidade forem produzidas todas as provas em direito admitidas, tendo em vista que, conforme leciona Helena Cunha Vieira, 'se se trata de direito indisponíveis, deverá o juiz orientar-se no sentido de encontrar a verdade real, determinando a produção das provas que entender necessárias. A atuação do ordenamento jurídico interessa a toda a coletividade. Por esse motivo, admite-se a ampliação dos poderes do Juiz no processo, para investigação da verdade real, visto que a formal não mais satisfaz ao processualista atento aos fins sociais de sua ciência'".

[53] DIDIER Jr., Fredie. Cognição, construção de procedimentos e coisa julgada: os regimes de formação da coisa julgada no direito processual civil brasileiro. *In: Genesis – Revista de Direito Processual Civil* n. 22, out/dez – 2001, p. 709-734.

[54] De fato, há muito já se havia constatado que, nas demandas onde estão em jogo direitos difusos, a coisa julgada que ali se cristaliza é *secundum eventum litis*, ou seja, julgada procedente tem efeito *erga omnes*, caso improcedente, não obsta o ajuizamento de novas demandas pelos particulares. Ao se manifestar sobre a formação da coisa julgada nas ações sobre direitos transindividuais, Marinoni já identificara o fenômeno da coisa julgada *secundum eventum probationis*: "portanto, que pode haver sentença de improcedência de cognição não exauriente, ou melhor, sentença de improcedência com carga declaratória insuficiente para a produção de coisa julgada material. Nas ações coletivas que tutelam direitos transindividuais, assim, a sentença de improcedência de cognição exauriente e sua consequência, que é a formação de coisa julgada material, ocorrem *secundum eventum probationis*".

[55] Em defesa à tese, Fredie Didier Jr., refere que: "tudo, não se duvida, em razão da revolução científica ocasionada com o surgimento do exame de DNA. A concepção sobre a busca da verdade, relativizada com a constatação de que os fatos são apresentados no processo de acordo com as impressões de cada um dos susjeitos – e, portanto, deformados por seus preconceitos, sua ideologia, seu traumas, sua condição social etc. –, teve de ser repensada, à medida que, pelo avanço tecnológico, pode-se atingir níveis de certeza praticamente absoluta com o exame genético. Existente uma prova capaz de atingir a verdade real, ou o mais próximo possível dela (em se tratando da inteligência humana), poderia o juiz ficar aquém disso na investigação dos fatos trazidos ao processo? e se esta demanda versar sobre um direito constitucionalmente tutelado, tido por imprescritviel e indisponível, e que compõe a célula *mater* da sociedade (família)? Em uma demanda de investigação de paternidade, na qual há uma prova – o exame de DNA – cujo índice de verosimilhança é 99,99%, alcançando-se, assim, quase a verdade, pode o magistrado julgar com base em outras provas, as quais não têm a mesma capacidade e idoneidade para o conhecimento dos fatos submetidos à sua perquirição, como, por exemplo, testemunhas e fotos? Autorizada está a rescisão?" *op. cit.*, p. 718.

Conclusões

Em conclusão ao estudo sobre a eficácia da coisa julgada inconstitucional nas ações de investigação de paternidade, cumpre salientar alguns pontos para ressaltar a posição ora adotada.

O instituto da coisa julgada é de extrema relevância no ordenamento jurídico e tem função vital para a estabilidade dos direitos subjetivos dos cidadãos. Ao contrário do que se tem afirmado por parte da doutrina, a coisa julgada encontra assento constitucional, bastando para isso que se realize uma interpretação teleológica do dispositivo legal constante no artigo 5ª, inciso XXXVI, da CF.

No entanto, tal garantia não é absoluta, devendo ser analisada pelo julgador em conjunto com os demais princípios constantes na Lei Fundamental, em cotejo com o princípio da dignidade da pessoa humana, na medida em que o direito de filiação é considerado personalíssimo, atributo da personalidade. Como já afirmara Gustav Radbruch: "La seguridad jurídica no es el valor único ni el decisivo, que el derecho há de realizar. Junto a la seguridad encontramos otros dos valores: conveniencia (Zweckmässigkeit) y justicia".[56]

Nesta senda, a discussão pode ser encerrada na expressão célebre do ilustre Ministro do Superior Tribunal de Justiça, Sálvio Teixeira de Figueiredo: "Não se pode olvidar, todavia, que numa sociedade de homens livres, a justiça tem de estar acima da segurança, porque sem Justiça não há liberdade".

---

[56] RADBRUCH, Gustav. *Gesetzliches Umrecht und übergesetzliches recht.* Traduzido para o espanhol por María Isabel Azareto de Vásquez. Buenos Aires: Abeledo-Perrot, 1962, p. 36.

— 7 —

Aspectos constitucionais da união de pessoas do mesmo sexo

FERNANDA LOURO FIGUERAS
Advogada em Porto Alegre, pós-graduanda em Direito da
Economia e da Empresa pela Fundação Getúlio Vargas

Sumário: I. Introdução; II. A evolução do conceito de família no Direito; III. O princípio da igualdade e a proibição de discriminação por orientação sexual; IV. A dignidade da pessoa humana e homossexualidade; V. O dissídio relativo à definição da competência; VI. Considerações finais.

"Não se permite mais o farisaísmo de desconhecer a existência de uniões entre pessoas do mesmo sexo e a produção de efeitos jurídicos derivados dessas relações homoafetivas. Embora permeadas de preconceitos, são realidades que o Judiciário não pode ignorar, mesmo em sua natural atividade retardatária. Nelas remanescem conseqüências semelhantes às que vigoram nas relações de afeto, buscando-se sempre a aplicação da analogia e dos princípios gerais do direito, relevando sempre os princípios constitucionais da dignidade humana e da igualdade."[1]

I. Introdução

Os Estados Democráticos de Direito consagram, como seus fundamentos, a dignidade da pessoa humana, a liberdade, suas manifestações e a igualdade de todos perante a lei.

---

[1] TJERGS, Apelação Cível nº 70001388982, 7ª Câmara Cível, 14.03.2001, Relator Desembargador José Carlos Teixeira Giorgis.

A realidade, porém, é outra, sendo comum pessoas sofrerem situações de discriminação e preconceito, em decorrência de algum aspecto característico da sua individualidade, que venha a fugir de uma idéia preestabelecida do que seja *normalidade*.

Na seara da sexualidade, é manifesta a discriminação dos indivíduos com opção sexual diversa da heterossexual, que se encontram, inclusive, legalmente marginalizados, porque inexiste regramento jurídico específico para tutelar os direitos e deveres advindos das relações entre pessoas do mesmo sexo.

José Carlos Teixeira Giorgis, inspirador da série de estudos publicados neste livro, afirma que "as uniões homoafetivas são uma realidade que se impõe e não podem ser negadas, estando a reclamar tutela jurídica, cabendo ao Judiciário solver os conflitos trazidos, sendo incabível que as convicções subjetivas impeçam seu enfrentamento e vedem a atribuição de efeitos, relegando à margem determinadas relações sociais, pois a mais cruel conseqüência do agir omissivo é a perpetração de grandes injustiças".[2]

Silente a lei, coube ao Judiciário o papel de preencher tais lacunas, reconhecendo juridicamente as conseqüências advindas destas uniões, que, sem sombra de dúvida, constituem verdadeiras entidades familiares, permeadas pelo respeito mútuo, fidelidade, convivência pública, contínua e duradoura, com a conjunção de esforços ou recursos para lograr fins comuns.

II. A evolução do conceito de família no Direito

A formação e o desenvolvimento da humanidade se consolidaram por meio da família. Esta é, portanto, a célula *mater* da sociedade.

Virgílio de Sá Pereira afirmava que "a família é um fato natural. Não a cria o homem, mas a natureza. Fenômeno natural, ela antecede necessariamente ao casamento, que é um fenômeno legal, e também por ser um fenômeno natural é que ela excede à moldura em que o legislador a enquadra. (...) O acidente convencional não tem força para apagar o fato natural. De tudo que acabo de dizer-vos, uma verdade resulta; soberano não é o legislador, soberana é a vida. Onde a fórmula legislativa não traduz outra cousa que a convenção dos homens, a vontade do legislador impera sem contraste. Onde porém ela procura regulamentar um fenômeno natural, ou ele se submete às injunções da natureza, ou a natureza lhe põe em

---

[2] Idem nota 1.

xeque a vontade. A família é um fato natural, o casamento é uma convenção social. A convenção é estreita para o fato, e este então se produz fora da convenção. O homem quer obedecer ao legislador, mas não pode desobedecer à natureza, e por toda a parte ele constitui a família, dentro da lei, se é possível, fora da lei, se é necessário".[3]

Em que pese a idéia de família natural, nascida da informalidade de uma relação afetiva, durante muito tempo o legislador acolheu apenas o casamento como instituição apta à constituição familiar, negando efeitos jurídicos a outras espécies de união. A evolução dos costumes e a realidade das novas relações, porém, forçou a adaptação do direito aos fatos, de modo que receberam positivação, entre outras situações, a permissão da dissolução do casamento pelo divórcio, a legitimidade dos filhos havidos fora do casamento, o concubinato e a união estável.

Tais fatores acabaram por modificar o significado de unidade familiar, cujo conceito acabou sendo ampliado, de modo que a Carta de 1988, em seu artigo 226, prescreve que a família, base da sociedade, receberá especial proteção do Estado, considerando, além daquela constituída pelo matrimônio, a comunidade formada por qualquer dos pais e seus descendentes, bem como a advinda da união estável.

Apesar do avanço trazido pelo § 3º do artigo em comento, reconhecendo a União Estável como entidade familiar, a expressão "entre o homem e a mulher", contida na definição do instituto, acabou por marginalizar outra situação de fato, que é a das famílias constituídas por pessoas do mesmo sexo.

Sim, porque o que define, hoje, família, não se atém aos moldes propostos pelo Legislador. Na lição de Márcio Antonio Boscaro,[4] "a entidade familiar não mais se constitui para a proteção do próprio grupo que representa, ou do instituto do casamento e, sim, para procurar defender os interesses individuais de cada um dos seus membros, unidos por opção pessoal e não mais por imposição social e na busca de um ideal comum de felicidade e de realização própria, ao lado de pessoas que lhes são caras".

Se os indivíduos têm direito à busca da felicidade, não há sentido em não reconhecer, ou continuar negando, que muitas pessoas apenas se sentem realizadas se ligadas à outra de sexo idêntico.

A exigência de diversidade de sexo para que se configure uma união como estável acaba por ferir os princípios constitucionais da igualdade e da dignidade da pessoa humana, reconhecidos na Constituição da República de 1988 como fundamentos do Estado Democrático de Direito (artigo 1º, inciso III).

---

[3] Pereira, Virgílio de Sá, *Direito de Família*, 2ª Edição, Rio de Janeiro, Livraria Freitas Bastos, 1959, p. 89/95.
[4] *Direito de Filiação*, Revista dos Tribunais, São Paulo, 2002, p. 78.

III. O princípio da igualdade e a proibição de discriminação por orientação sexual

A Declaração dos Direitos do Homem e do Cidadão, adotada pela Assembléia Constituinte Francesa em 27 de agosto de 1789, prevê, em seu artigo 1º, que todos os homens nascem livres e iguais em direitos.

Em verdade, a igualdade tem sido um dos temas que maior atração vem exercendo sobre os pensadores e juristas, em virtude das conseqüências práticas que decorrem das posições adotadas sobre a mesma.

Especificamente com relação à questão conceitual, três correntes merecem destaque: a nominalista, a idealista e a realista.[5]

A igualdade, como mero conceito, sem nenhum sentido prático, em virtude de existir na realidade apenas a desigualdade, é o pensamento sustentado pelos nominalistas.

Em oposição, manifesta-se a doutrina idealista, pregando a igualdade em um sentido absoluto. Esta se subdivide em duas correntes, a primeira se limitando a pregar a igualdade sob o aspecto formal, caracterizada principalmente pelo individualismo, e a segunda, preconizando o igualitarismo também pelo prisma material, caracterizada pelas doutrinas socialistas.

Por fim, o conceito trazido pela doutrina realista, que é o que melhor encontra aplicabilidade no plano prático, uma vez que se sustenta na verificação da realidade da natureza humana e das peculiaridades específicas de cada ser, das quais resultam diversas desigualdades.

A igualdade deve ser proporcional, variando de acordo com as exigências do homem, sendo absoluta no que diz respeito aos direitos fundamentais. No entanto, impossível olvidar que, necessariamente, deverá ser observada a diversidade de situações existentes entre os homens. Neste sentido, o sempre atual magistério de Rui Barbosa:[6] "a regra da igualdade não consiste senão em quinhoar desigualmente aos desiguais, na medida em que se desigualam. Tratar com desigualdade a iguais ou a desiguais com igualdade, seria flagrante desigualdade e, não igualdade real."

Além de proporcional, deve ser positiva, sem se limitar ao aspecto jurídico do problema, frisando-se que, além da igualdade perante a lei, é importantíssima a igualdade perante a vida, possibilitando o acesso de

---

[5] Classificação feita por Anacleto de Oliveira Faria, in *Do Princípio da Igualdade Jurídica*, Editora Revista dos Tribunais, São Paulo, 1973.

[6] Faria, Anacleto de Oliveira. *Do Princípio da Igualdade Jurídica*, São Paulo, Editora Revista dos Tribunais, 1973, p. 265.

todos a um mínimo de bens materiais necessários ao integral desenvolvimento da personalidade.

No Brasil, a Carta da República inicia o capítulo dos direitos individuais albergando o referido princípio, no sentido de que "todos são iguais perante a lei, sem distinção de qualquer natureza" (artigo 5º, *caput*).

As possíveis causas de distinção são listadas, em hipóteses meramente exemplificativas, no artigo 3º, inciso IV, onde se dispõe que, entre os objetivos fundamentais da República Federativa do Brasil, está "promover o bem de todos, sem preconceitos de origem, raça, sexo, cor, idade e quaisquer outras formas de discriminação."

Também os incisos XXX e XXXI do artigo 7º proíbem diferença de salários, de exercício de funções e de critério de admissão por motivo de sexo, idade, cor, estado civil ou posse de deficiência.

No âmbito da sexualidade, o princípio da igualdade mereceu especial proteção mediante qualquer discriminação sexual infundada, especificamente no inciso I do artigo 5º, ao assegurar a igualdade de direitos e deveres entre homens e mulheres.

Historicamente, o sexo serviu como fator de desequiparação, restando a mulher inferiorizada na ordem jurídica, conquistando, apenas recentemente, posição paritária à do homem, tanto na vida social quanto na jurídica. O Legislador Constituinte, ao equiparar os direitos e obrigações de homens e mulheres, fazendo expressas proibições de discriminação com base no sexo (artigos 3º, IV, e 7º, XXX), deu passo fundamental na superação da referida desigualdade.

Uma das espécies do gênero *discriminação sexual* é a discriminação por orientação sexual. A ausência de explicitação na norma constitucional não importa em afastar da proibição de discriminação, a orientação sexual, mesmo porque a parte final do artigo 3º, inciso IV, demonstra que a enumeração constitucional convive com a abertura para qualquer forma diversa de discriminação. É o que ensina José Afonso da Silva:[7]

"A questão mais debatida feriu-se em relação às discriminações dos homossexuais. Tentou-se introduzir uma norma que a vedasse claramente, mas não foi possível encontrar uma expressão nítida e definida que não gerasse extrapolações inconvenientes. Uma delas fora conceder igualdade, sem discriminação de orientação sexual, reconhecendo, assim, na verdade, não apenas a igualdade, mas igualmente a liberdade de as pessoas de ambos os sexos adotarem a orientação sexual que quisessem. Teve-se o receio de que essa expressão albergasse deformações prejudiciais a terceiros. Daí optar-se por vedar distinções de

---

[7] Silva, José Afonso. *Curso de Direito Constitucional Positivo*, 10ª ed. São Paulo, Malheiros, p. 218.

qualquer natureza e qualquer forma de discriminação, que são suficientemente abrangentes para recolher também aqueles fatores, que têm servido de base para desequiparações e preconceitos."

Na esfera estadual, existe menção expressa à proibição de discriminação por orientação sexual nas Constituições dos Estados do Mato Grosso[8] e de Sergipe.[9] Nas demais, faz-se necessário seguir a mesma linha de raciocínio empregada na qualificação da discriminação por orientação sexual, como espécie do gênero discriminação, por motivo de sexo.

A citada discriminação é hipótese de diferenciação com fulcro no sexo da pessoa objeto do direcionamento do desejo sexual de outra, na medida em que a caracterização da orientação é resultante da combinação dos sexos dos sujeitos envolvidos na relação.

O Juiz Federal Roger Raupp Rios,[10] prolator de decisão pioneira sobre a matéria,[11] conferindo direito à inclusão de companheiro homossexual em plano de saúde, na condição de dependente, ilustra, com clareza, a situação acima descrita: "Pedro sofrerá ou não discriminação por orientação sexual[12] precisamente em virtude do sexo da pessoa para quem dirigir seu desejo ou sua conduta sexual. Se orientar para Paulo, experimentará a discriminação; todavia, se se dirigir para Maria, não suportará tal diferenciação. Os diferentes tratamentos, neste contexto, têm sua razão de ser no sexo de Paulo (igual ao de Pedro) ou de Maria (oposto ao de Pedro)."

---

[8] Artigo 10º. "O Estado do Mato Grosso e seus Municípios assegurarão, pela lei e pelos atos dos agentes de seus Poderes, a imediata e plena efetividade de todos os direitos e garantias individuais e coletivas, além dos correspondentes deveres, mencionados, na Constituição Federal, assim como qualquer outro decorrente do regime e dos princípios que ela adota, bem como daqueles constantes dos tratados internacionais em que a República Federativa do Brasil seja parte, nos seguintes termos: (...)
III. a implantação de meios assecuratórios de que ninguém será prejudicado ou privilegiado em razão de nascimento, raça, cor, sexo, estado civil, natureza de seu trabalho, idade, religião, orientação sexual, convicções políticas ou filosóficas, deficiência física ou mental, e qualquer particularidade ou condição."

[9] Artigo 3º. "O Estado assegura por suas leis e pelos atos de seus agentes, além dos direitos e garantias individuais previstos na Constituição Federal e decorrentes do regime e dos princípios que ela adota, ainda os seguintes:
(...)
II. proteção contra discriminação por motivo de raça, cor, sexo, idade, classe social, orientação sexual, deficiência física, mental ou sensorial, convicção político-ideológica, crença em manifestação religiosa, sendo os infratores passíveis de punição por lei;"

[10] *A homossexualidade no Direito*, Livraria do Advogado, Porto Alegre, 2001, p. 72.

[11] Ação Cautelar nº 96.002364-6 e Ação Ordinária nº 96.00002030-2, 10ª Vara Federal, RS.

[12] O ilustre Magistrado salienta que orientação sexual, em sua obra, é entendida como a identidade atribuída a alguém em função da direção de seu desejo e/ou condutas sexuais, seja para outra pessoa do mesmo sexo (homossexualidade), do sexo oposto (heterossexualidade) ou de ambos os sexos (bissexualidade).

Resta evidente que não há possibilidade de definir-se a orientação sexual sem considerar o sexo dos envolvidos, pois, como visto no exemplo retro, o sexo da pessoa envolvida em relação ao sexo de Pedro é que poderá dar azo para que a orientação sexual sirva como causa de tratamento desigual.

A propósito, manifestação da Desembargadora Maria Berenice Dias,[13] expoente no assunto, fazendo iluminada síntese ao referir que "a Constituição Federal, ao outorgar a proteção do Estado à Família, reconhecendo como união estável somente o laço entre um homem e uma mulher, ignorando as entidades familiares homoafetivas, infringe a norma que veda qualquer tipo de discriminação, bem como afronta o fundamental princípio da igualdade, consagrado em regra pétrea."

Destarte, não é concebível a exclusão das uniões homoafetivas do âmbito da união estável,[14] sob o argumento da necessidade de diversidade de sexo, pois tal entendimento esbarra nos princípios constitucionais que proíbem qualquer tipo de discriminação.

IV. A dignidade da pessoa humana e a homossexualidade

O princípio em análise tem como núcleo a idéia de que a pessoa é um fim em si mesma, sendo que, em virtude de sua dignidade, não pode ser vista como meio para a realização de outros fins. Em outras palavras, não se admite que o titular dos direitos fundamentais possa ser considerado como objeto da ação estatal.

Esta proteção foi historicamente recepcionada na noite de 10 de dezembro de 1948, na terceira sessão ordinária da Assembléia Geral da Organização das Nações Unidas, quando da aprovação da *Declaração Universal dos Direitos do Homem*. Em seu preâmbulo, há o reconhecimento expresso e solene da dignidade da pessoa humana como base da liberdade, da justiça e da paz.

No Brasil, o texto constitucional afirma que a dignidade da pessoa humana é fundamento da República Federativa (artigo 1º, inciso III), de onde decorre a conclusão de que o Estado existe em função de todas as pessoas e não estas em função do Estado. Corroborando este entendimento, atente-se para o fato do capítulo dos direitos fundamentais haver sido

---

[13] *União Homossexual, O Preconceito & A Justiça*, 2ª ed Porto Alegre, Livraria do Advogado, p. 172.
[14] Neologismo cunhado pela Desembargadora Maria Berenice Dias, justificando que a expressão identifica com maior precisão o elo que vincula quem não optou por ser diferente.

colocado pelo Legislador Constituinte antes do relativo à organização do Estado.

Toda e qualquer ação do ente estatal deve ser avaliada levando-se em conta se cada homem é tomado como fim em si mesmo, ou como instrumento para outros objetivos, sob pena de inconstitucional e de violar a dignidade da pessoa humana. Ela funciona, por conseguinte, como paradigma avaliativo das ações do Poder Público e um dos elementos imprescindíveis de atuação do Estado brasileiro.

Com efeito, a dignidade pressupõe a autonomia vital da pessoa, sua autodeterminação relativamente ao Estado e aos outros. Impõe-se, assim, a afirmação da integridade física e espiritual do homem como dimensão irrenunciável da sua individualidade, através do livre desenvolvimento da personalidade.

Alerta Roger Raupp Rios[15] que "(...) na construção da individualidade de uma pessoa, a sexualidade consubstancia uma dimensão fundamental da constituição da subjetividade, alicerce indispensável para a possibilidade do livre desenvolvimento da personalidade. Fica claro, portanto, que as questões relativas à orientação sexual relacionam-se de modo íntimo com a proteção da dignidade da pessoa humana."

O homossexualismo atualmente é considerado um distúrbio de identidade, não sendo hereditário nem se tratando de uma opção consciente. Na verdade, decorre de um predeterminismo psíquico primitivo, originado nas relações parentais das crianças desde a concepção até aproximadamente os quatro anos de idade. É nesta idade que se constitui o núcleo da identidade sexual na personalidade da pessoa, podendo sofrer influências do ambiente onde ela se desenvolva. A partir desta análise, conclui-se que a homossexualidade é determinismo psicológico inconsciente, não se tratando de opção livre do sujeito.[16]

Como a orientação sexual é traço constitutivo fundamental da individualidade humana, integrando, inclusive, sua estrutura biológica, inquestionável que qualquer discriminação concernente a tal característica viola a privacidade do indivíduo, o que é rechaçado pelo princípio constitucional da dignidade da pessoa humana.

O Desembargador José Carlos Teixeira Giorgis, relator de decisão inovadora,[17] reconhecendo, pela primeira vez, o *status* de união estável a

---

[15] *A homossexualidade no Direito*. Porto Alegre, Livraria do Advogado, 2001, p. 91.

[16] Dados extraídos do voto do Desembargador José Carlos Teixeira Giorgis, no acórdão proferido no julgamento da Apelação Cível nº 70001388982, 7ª Câmara Cível do Tribunal de Justiça do Estado do RS, 14.03.2001.

[17] Idem nota 1.

um relacionamento homoafetivo, assim se manifestou sobre o tema em debate:

"De fato, ventilar-se a possibilidade de desrespeito ou prejuízo a alguém em função de sua orientação sexual é dispensar tratamento indigno ao ser humano, não se podendo ignorar a condição pessoal do indivíduo, legitimamente constitutiva de sua identidade pessoal, como se tal aspecto não se relacionasse com a dignidade humana.

Diante destes elementos, conclui-se que o respeito à orientação sexual é aspecto fundamental para a afirmação da dignidade humana, não sendo aceitável, juridicamente, que preconceitos legitimem restrições de direitos, fortalecendo estigmas sociais e espezinhando um dos fundamentos constitucionais do Estado Democrático de Direito."

V. O dissídio relativo à definição da competência

Tendo em vista a ausência de legislação específica,[18] a jurisprudência, há até pouco tempo, vinha solucionando os litígios relativos às uniões homossexuais, como se estivesse frente a *sociedade de fato*, onde o patrimônio adquirido em nome de um dos parceiros fosse resultado da cooperação comprovada de ambos. Entretanto, ao tratar a questão no campo do direito obrigacional, acabava por excluir os direitos decorrentes das relações familiares, tais como meação, benefícios previdenciários, alimentos, direitos sucessórios, entre outros.

O Superior Tribunal de Justiça, ao julgar Recurso Especial[19] tratando da união de dois homens, decidiu que o parceiro teria o direito de receber

---

[18] Cumpre salientar a existência do Projeto de Lei nº 1151/95, apresentado à Câmara pela então Deputada Federal Marta Suplicy, que objetiva disciplinar a "união civil entre pessoas do mesmo sexo". Há um Substitutivo a este projeto elaborado pela Comissão Especial incumbida de apreciar e discutir seus aspectos jurídico-legais, datado de 10 de dezembro de 1996, que modificou a expressão "união civil" por "parceria civil registrada". Na justificação do projeto, a sua autora assevera que "a ninguém é dado ignorar que a heterossexualidade não é a única forma de expressão da sexualidade da pessoa humana. (...) Este Projeto pretende fazer valer o direito à orientação sexual, hetero, bi, ou homossexual, enquanto expressão de direitos inerentes à pessoa humana. Se os indivíduos têm direito à busca da felicidade, por uma norma imposta pelo direito natural a todas as civilizações, não há por que continuar negando ou querendo desconhecer que muitas pessoas só são felizes se ligadas a outra do mesmo sexo. Essas pessoas só buscam o respeito às suas uniões enquanto parceiros, respeito e consideração que lhes são devidos pela sociedade e pelo Estado. (...) O Projeto de Lei que disciplina a união civil entre pessoas do mesmo sexo vem regulamentar, através do Direito, uma situação que, há muito, já existe de fato. E, o que de fato existe, de direito não pode ser negado". O Projeto tem o condão de regulamentar, de reconhecer, e de conferir direitos e obrigações decorrentes da união homóloga.

[19] Recurso Especial nº 148897-MG (REG 97661245), Relator Ministro Ruy Rosado de Aguiar, Quarta Turma do Superior Tribunal de Justiça, 10.02.1998, publicado no D.J. em 06.04.98, retirado do *site* http://www.stj.gov.br.
No voto do Relator, Ministro Ruy Rosado de Aguiar, "do fato de duas pessoas do mesmo sexo

metade do patrimônio adquirido pelo esforço comum, reconhecendo a existência da sociedade de fato com os requisitos do artigo 1363 do Código Civil de 1916,[20] sem considerar a convivência *more uxorio*, decorrente de um vínculo duradouro de afeto.

Além do artigo supracitado, também servia como embasamento para a tese da *sociedade de fato*, a Súmula 380 do Supremo Tribunal Federal. No entanto, tais diplomas legais relegavam o assunto ao âmbito do direito obrigacional, impedindo, conseqüentemente, a concessão dos direitos decorrentes das relações familiares.

Novamente a Justiça gaúcha se mostrou pioneira no tratamento da questão das uniões homossexuais, determinando, em sede de Agravo,[21] a competência das Varas de Família para julgar demandas originadas em tais relacionamentos. O Relator, Desembargador Breno Moreira Mussi, invocou a vedação constitucional de discriminação em virtude de sexo, ressaltando, ainda, que a diversidade sexual imposta pelo § 3º do artigo 226 não impedia o reconhecimento de ligação homoafetiva como se união estável fosse.

Esta determinação de competência acabou por se revelar como o passo decisivo no sentido de abrigar, como família, os casais do mesmo sexo. Se duas pessoas decidem compartilhar suas vidas, cumprindo os deveres de mútua assistência, construindo laços afetivos duradouros e estáveis, tal vínculo necessariamente merece a qualificação de entidade familiar.

---

dividirem o mesmo teto, não importa por quanto tempo, não resulta direito algum e não cria laço senão o de amizade. Porém, se em razão dessa amizade os parceiros praticam atos da vida civil e adotam reiterado comportamento a demonstrar o propósito de constituírem uma sociedade com os pressupostos de fato enumerados no artigo 1363 do Código Civil, um de natureza objetiva (combinação de esforços) e outro subjetivo (fim comum), impende avaliar essa realidade jurídica e lhe atribuir os efeitos que a lei consagra. É certo que o legislador do início do século não mirou para um caso como o dos autos, mas não pode o juiz de hoje desconhecer a realidade e negar que duas pessoas do mesmo sexo podem reunir esforços, nas circunstâncias descritas nos autos, na tentativa de realizarem um projeto de vida em comum. Com tal propósito, é possível amealharem um patrimônio resultante dessa conjugação, e por isso mesmo comum. O comportamento sexual deles pode não estar de acordo com a moral vigente, mas a sociedade civil entre eles resultou de um ato lícito, a reunião de recursos não está vedada na lei e a formação do patrimônio comum é conseqüência daquela sociedade. Na sua dissolução, cumpre partilhar os bens".

[20] Redação do artigo 1363: Celebram contrato de sociedade as pessoas, que mutuamente se obrigam a combinar seus esforços ou recursos, para lograr fins comuns.

[21] Agravo de Instrumento 599075496, 8ª Câmara Cível, Relator Desembargador Breno Moreira Mussi, julgado em 17.06.1999, retirado do *site* http://www.tjrs.gov.br, cuja ementa segue transcrita: RELAÇÕES HOMOSSEXUAIS. COMPETÊNCIA PARA JULGAMENTO DE SEPARAÇÃO DE SOCIEDADE DE FATO DOS CASAIS FORMADOS POR PESSOAS DO MESMO SEXO. Em se tratando de situações que envolvem relações de afeto, mostra-se competente para o julgamento da causa uma das varas de família, à semelhança das separações ocorridas entre casais heterossexuais. Agravo provido.

Não é pertinente se buscar analogia na esfera do direito obrigacional, pois "mais que uma sociedade de fato, se trata de uma sociedade de afeto, o mesmo liame que enlaça os parceiros heterossexuais".[22]

Também o legislador deve admitir tais relações como entidades aptas a realizar a família, haja vista a existência de aspectos da união característicos de entidade familiar, como o respeito mútuo, a fidelidade, a convivência pública, contínua e duradoura, e a conjunção de esforços ou recursos para lograr fins comuns.

Aqui, mais uma vez, o posicionamento adotado por José Carlos Teixeira Giorgis, dada a pertinência de sua opinião:

"Embora ainda tímido em qualificar a relação como entidade familiar, não me divorcio da possibilidade do uso analógico dos institutos jurídicos existentes e dos princípios do direito, para admitir efeitos patrimoniais na união homossexual, tal como se faz no casamento ou na união estável, como uma comunidade familiar.
A família não suporta mais a estreita concepção de núcleo formado por pais e filhos, já que os laços biológicos, a heterossexualidade, a existência de, pelo menos, duas gerações, cederam lugar aos compromissos dos vínculos afetivos, sendo um espaço privilegiado para que os opostos possam vir a se tornar complementares."[23]

Como é dado a ver, o Direito de Família vem marchando em direção ao reconhecimento da natureza familiar das relações humanas, duradouras e estáveis, embasadas tanto no afeto quanto na sexualidade, tendo como meta uma plena comunhão de vida. O próprio texto constitucional, abrigando em seu bojo espécies de família diversas da originada pelo casamento, no capítulo pertinente às entidades familiares, supera o dogma da família matrimonializada, constituída com finalidades reprodutivas. Ademais, o rol apresentado pelo artigo 226 da Magna Carta – família legítima, monoparental e decorrente de união estável – não pode ser visto como taxativo, quando levados em consideração os princípios norteadores da Carta Republicana.

A união homossexual, como comunhão de vida caracterizada por vínculos afetivos e sexuais, satisfaz os requisitos caracterizadores da entidade familiar. Na ausência de previsão positiva ou proibição expressa, é necessário que se interprete o texto constitucional como um todo, até para se evitar conclusões contraditórias. Sendo assim, fazendo-se uso da analogia e interpretando-se extensivamente os direitos fundamentais, nada

---

[22] Maria Berenice Dias. *União Homossexual, O Preconceito & A Justiça*. 2ª ed. Porto Alegre, Livraria do Advogado, 2001, p. 173.
[23] *Idem* nota 1.

mais correto do que reconhecer como união estável a relação entre pessoas do mesmo sexo, ante os princípios fundamentais constitucionais que vedam qualquer discriminação, bem como os que protegem a igualdade.

Roger Raupp Rios[24] vai mais além, entendendo que "(...) o reconhecimento destas uniões ao direito de família prescinde da união estável como paradigma, pois se uma emenda constitucional retirasse da carta a previsão da união estável, sem mais nada, o procedimento não impediria que a legislação e a jurisprudência continuassem a desenvolver e atualizá-lo, reconhecendo a pertinência tanto da união estável quanto das uniões homossexuais; e, portanto, a qualificação jurídica familiar às uniões homossexuais não depende da existência da união estável, cuidando-se, pois, mais que uma analogia, de comunhão de características típicas do conceito de família às duas situações."

VI. Considerações finais

A união de casais do mesmo sexo vem sendo motivo de debate ao redor do mundo, sendo aceita e regulamentada por diversos países.

A França aprovou o *Pacto Civil de Solidariedade*, que estende a uniões informais – homo ou heterossexuais – os mesmos direitos válidos para casamentos formais. Islândia, Dinamarca e Noruega reconhecem a união civil homossexual e a custódia conjunta sobre os filhos de um dos parceiros, sem, contudo, permitir a adoção.[25]

Na Suécia, desde 1º de janeiro de 1995, quando entrou em vigor Lei de 23 de junho de 1994, existe a figura da *Partenariat*, que oficializa os laços entre pessoas do mesmo sexo.

O Parlamento Inglês deve discutir, ainda em 2003, projeto relativo à união civil entre casais homossexuais, conferindo aos mesmos direito a propriedades e herança. Segundo o projeto, aqueles que oficializarem sua união também serão considerados parentes próximos perante a lei.[26]

Com relação à América Latina, não havia legislação específica até 13 de dezembro de 2002, quando foi legalizada, em Buenos Aires, a união civil de homossexuais. Os legisladores argentinos aprovaram projeto que confere respaldo legal a casais do mesmo sexo, outorgando-lhes alguns direitos conjugais, sem contudo permitir o casamento ou a adoção. A lei

---

[24] *A homossexualidade no Direito*, Livraria do Advogado, Porto Alegre, 2001, p. 31/ 32.

[25] Thomaz, Thiago Hauptmann Borelli, União homossexual: reflexões jurídicas. http://www1.jus.com.br/doutrina/texto.asp?id=3930

[26] http://www.bbc.co.uk/portuguese/noticias/021206_casamentoml.shtml

aprovada estabelece a possibilidade de união civil de duas pessoas, independentemente de sexo ou orientação sexual, e permite aos homossexuais gozar direitos de uma união heterossexual, como pensão em caso de morte e plano conjunto de assistência médica.[27]

Estes países elaboraram suas leis partindo do pressuposto de que, se duas pessoas compartilham suas vidas, obedecendo aos deveres de mútua assistência, em convívio implementado por amor e por respeito, com a finalidade de constituir um lar, os direitos e obrigações advindos de tal união merecem ser tutelados juridicamente, independente do sexo do casal.

Além da legislação, o avanço também é crescente na jurisprudência. Em 28 de outubro de 1999, o Parlamento Britânico decidiu que o companheiro homossexual receberia proteção da lei do inquilinato idêntica à conferida às relações heterossexuais.[28] A Câmara dos Lordes determinou que Martin Fitzpatrick permaneceria no apartamento locado pelo seu parceiro falecido, John Thompson, pois, diante da lei, era considerado um membro da família, tendo direito a dar continuidade ao contrato de locação.

Nos Estados Unidos, a Suprema Corte de Vermont[29] determinou que a legislação estadual estendesse aos casais de gays e lésbicas os mesmos direitos, benefícios e obrigações decorrentes do matrimônio. A Suprema Corte do Havaí foi além, reconhecendo a possibilidade de casamento entre pessoas do mesmo sexo, no pioneiro caso Baehr v. Lewin,[30] sob o fundamento de que a negativa de obtenção da licença para casar violaria a emenda da Constituição Americana, que garante isonomia e direitos iguais a todos.

No caso específico do Brasil, as uniões estáveis estabelecidas entre homossexuais merecem tratamento isonômico ao dispensado às heterossexuais, em respeito aos princípios constitucionais da igualdade, da dignidade da pessoa humana e o da promoção do bem de todos sem preconceito ou discriminação, uma vez que "pode ser localizada, a partir do texto constitucional que assegura a liberdade, a igualdade sem distinção de qualquer natureza (art. 5º da constituição Federal de 1988), a inviolabilidade da intimidade e a vida privada (art. 5º, X), a base jurídica para a construção do direito à orientação sexual como direito personalíssimo, atributo inerente e inegável da pessoa humana."[31]

---

[27] http://globonews.globo.com/GloboNews/article/0,6993,A453726-2401,00.html

[28] Fitzpatrick (A. P.) v. Sterling Housing Association Ltd, decisão disponível no site http://www.parliament.the-stationery-office.co.uk/pa/id199899/lpjudgmt/jd

[29] Baker v. Vermont, nº 1009-97, disponível no site http://www.qrd.tcp.com/qrd/usa/legal/vermont/baker-v-state

[30] Disponível no *site* http://www.qrd.tcp.com/qrd/usa/legal/hawaii/baehr-v-lewin

[31] Fachin, Luiz Edson, Aspectos Jurídicos da União de Pessoas do Mesmo Sexo. *Revista dos Tribunais*, ano 85, outubro de 1996, volume 732, p. 48.

Finalmente, deve-se atentar que o direito não é algo rígido, imutável, ao contrário, está em permanente evolução. Por esta razão, não é mais possível que os relacionamentos homoafetivos permaneçam indefinidamente sem regulamentação. Urge, pois, aos aplicadores do Direito, diante dessas situações, tendo em vista as regras trazidas pelos princípios constitucionais da dignidade humana e da igualdade, preencherem a lacuna legislativa.

— 8 —

Família constitucional, separação litigiosa e culpa

FRANCISCO TIAGO DUARTE STOCKINGER
Advogado no Rio Grande do Sul.

Sumário: Introdução; 1. A família e o casamento; 2. A família e as normas da Constituição de 1988; 3. A desnecessidade de punir o cônjuge responsável pela separação; Conclusão.

Introdução

A culpa exerceu um papel relevante no que se refere ao casamento, desde o início do antigo Código Civil de 1916. Para os casos de desquite ou separação litigiosa, além de somente ser possível o rompimento do vínculo conjugal quando houvesse a conduta indevida por parte de um dos cônjuges, aquele que fosse considerado responsável pelo fim do casamento sofreria severas penas por suas atitudes.

Era como se a pessoa que tivesse agido culposamente pelo fim do casamento devesse ser punida pelo Estado, seja perdendo a guarda dos filhos, o direito à verba alimentar ou a possibilidade de usar o sobrenome de casado, assim como sofrendo prejuízo na partilha dos bens. Atualmente, o novo Código Civil também mantém a necessidade de violação de um dos deveres do casamento para a dissolução do vínculo através da separação litigiosa, asseverando ainda que o cônjuge declarado culpado terá direito a alimentos em menor monta do que na hipótese de ter saído na condição de inocente.

A necessidade de haver culpa para a dissolução litigiosa do matrimônio impedia que este fosse desfeito por ato unilateral de um dos cônjuges quando, simplesmente, a sua justificativa fosse o desaparecimento do amor. Servia para prestigiar a manutenção do vínculo, mesmo quando a vida do casal já não mais trouxesse a satisfação para um dos cônjuges, na medida em que havia um interesse maior a se proteger através da permanência matrimônio, independente da vontade particular daquele que se sentisse desgostoso.

Tem-se por necessário indagar até que ponto é indispensável descobrir o culpado pela derrota que aparentemente representa (aos que um dia confiaram na perpetuidade do vínculo) o fim do casamento. Certamente, como se buscará demonstrar, não há interesse algum por parte do Estado, hoje, em imputar para um dos cônjuges a responsabilidade pelo fim do matrimônio, de modo que se percebe ser insensata a procura dos desvios de conduta de um dos cônjuges para pôr-se fim ao casamento.

1. A família e o casamento

O artigo 144 da Constituição Federal de 1934 dispunha que "a família, constituída pelo casamento indissolúvel, está sob a especial proteção do Estado". Idêntica disposição esteve presente nas Cartas de 1937 (art. 124), de 1946 (art. 163) e de 1967 (art. 167 e § 1º).

Nesta concepção, encarada a união matrimonial como centro da família, o casamento era visto como um dos lastros da organização da sociedade. A sua importância transcendia a vontade dos seus integrantes, uma vez que a manutenção do mesmo atendia aos valores morais reinantes à época.

Por decorrência, a manutenção do casamento não interessava unicamente aos cônjuges, na medida que o casamento possuía enorme importância à ordem social, razão esta que justificava a sua indissolubilidade. É de se ressaltar que os preceitos legislativos e constitucionais que pregavam a união indissolúvel entre os cônjuges encontravam a ressonância na tradição religiosa de nossos povos. Com efeito, para o cristianismo, a família estava fundada no matrimônio, possuindo a união estabelecida caráter sacramental,[1] sendo que, a toda a evidência, a sua dissolução representaria a ruína da entidade familiar e a degradação da ordem moral da sociedade.

Nesta ótica, percebe-se claramente o significado vigente no Código Civil de 1916, que não permitia a dissolução do vínculo matrimonial, mas

---

[1] GOMES, Orlando. Direito de Família. 4ª edição. Rio de Janeiro: Forense, 1981, p. 40. No mesmo sentido NORONHA, Carlos Silveira. *Direito e Justiça*, v. 20, "Fundamentos e evolução histórica da família na ordem jurídica". Porto Alegre: Edipucrs, 1999, p. 59.

tão-somente o desquite, a ocorrer em situações específicas e sujeitas à imputação de culpa a um dos cônjuges pela prática de uma conduta vedada (adultério, tentativa de morte, sevícia, injúria ou abandono do lar por dois anos).[2] De outro lado, mesmo com a superveniência da Lei do Divórcio em 26 de dezembro de 1977, os valores religiosos e os pensamentos considerados moralistas, que viam na dissolução do vínculo um perigo a importantes valores da sociedade, exerceram considerável influência sob este capítulo do Direito de Família. Foi assim que, embora permitida a abstração de culpa na separação e no divórcio realizados de modo consensual e nas hipóteses de ruptura da vida conjugal por um determinado lapso de tempo, a responsabilização pelo fim do casamento a um dos cônjuges exerceu um papel preponderante nas separações litigiosas, no intuito de preservar o matrimônio de qualquer intento de separação.[3]

A necessidade da culpa e da imputação de responsabilidade pelo término do casamento tinha por escopo impedir o desfazimento do matrimônio pela livre vontade de um dos cônjuges, assim como, do mesmo modo, visava a punir o responsável pela ruína do vínculo conjugal. Era como se possível imaginar que, em virtude da ameaça a restrições de direitos, os cônjuges se sentissem temerosos em descumprir os deveres do matrimônio.

2. A família e as normas da Constituição de 1988

Novas perspectivas advieram com a Constituição Federal de 1988, ao reconhecer que a família, considerada a base da sociedade, não se encontra mais fundamentada de modo exclusivo no casamento, sendo ainda que a mesma somente possui importância na medida da realização da personalidade de seus indivíduos.[4]

---

[2] Todavia, o desquite não punha fim ao casamento, mas apenas autorizava a separação dos cônjuges, podendo cada qual dirigir a sua vida como bem entender, assim como colocava fim ao regime matrimonial de bens. Permaneciam vigentes, contudo, os demais deveres, restando intocável o vínculo matrimonial e a impossibilidade de contrair novo casamento, pois este era tido como um liame só interrompido pela morte. E era assim que, obrigatoriamente, deveria apesar de tudo permanecer intacto o dever de fidelidade entres os desquitados.

[3] Com esta intenção, o artigo 10 da Lei do Divórcio previra que, em caso de separação litigiosa, a guarda dos filhos menores ficasse com o cônjuge que não houvesse dado causa à separação. Na mesma senda, pelo artigo 17, se a mulher que fosse vencida na separação judicial, deveria voltar a usar seu nome de solteira. Por fim, segundo o artigo 19, o cônjuge considerado culpado prestaria ao outro, se este necessitasse, a pensão fixada pelo juiz.

[4] TEPEDINO, Gustavo. "O papel da Culpa na Separação e no Divórcio". *Temas de Direito Civil*. Rio de Janeiro: Renovar, 1998.

O enfoque trazido em virtude desses novos preceitos constitucionais tiveram por conseqüência transformar a interpretação sobre as normas do Direito de Família. Assim, a manutenção do casamento não detinha maior relevo do que a vontade particular de seus integrantes, na medida em que, como visto, a família deve servir como instrumento à realização pessoal dos indivíduos, e não como meio para a realização de interesses do Estado e da sociedade.

O constituinte de 1988 não realçou que a entidade familiar seja necessariamente composta pelo casamento. Pelo contrário, foram expressamente admitidas como entidades familiares a união estável (art. 226, § 3º) e a comunhão formada por qualquer dos pais e seus descendentes (art. 226, § 4º).

Sob este aspecto, se a família não se identifica mais com a unidade do casamento, não se justificam mais as normas que, de um modo ou de outro, buscavam proteger a solidez do matrimônio contra as insatisfações de um dos cônjuges, assim como as que buscavam punir aquele que fora considerado culpado pelo rompimento do vínculo.[5]

Contudo, em que pese o Código Civil, cuja vigência iniciou em 2003, haver sido promulgado posteriormente a Carta de 1988, seu projeto foi elaborado em momento precedente. Este motivo explica as razões de o atual Código Civil estar ainda preso à idéia da responsabilização de um dos cônjuges para a dissolução litigiosa do casamento. Assim, o artigo 1.572 deste novo Código, em semelhante disposição à Lei do Divórcio, dispõe que "qualquer dos cônjuges poderá propor a ação de separação judicial, imputando ao outro qualquer ato que importe em grave violação dos deveres do casamento e torne insuportável a vida em comum." O artigo 1.578, por sua vez, dispõe que o cônjuge declarado culpado perde o direito de usar o nome do outro, desde que expressamente requerido pelo cônjuge inocente e que não acarrete esta alteração evidente prejuízo para a sua identificação, manifesta distinção entre o seu nome de família e dos filhos havidos da união dissolvida ou, também, dano grave reconhecido em sentença judicial. Por fim, o artigo 1.704 determina que, embora o cônjuge culpado tenha direito à verba alimentar, esta somente será devida para a sua sobrevivência, e não para a manutenção da condição social que detinha ao tempo do casamento. Ainda assim, na hipótese deste dispositivo, a verba somente seria devida pelo ex-cônjuge, considerado inocente, se este fosse o único, na ausência de parentes, a quem o cônjuge considerado

---

[5] TEPEDINO, ob. cit. Ainda, salienta este autor que "assim estando as coisas, compreende-se facilmente que todas as normas que privilegiam o vínculo matrimonial em detrimento dos integrantes da estrutura familiar perderam toda a sua base de validade – ou não foram recepcionadas – com o advento da Constituição de 1988.

culpado possa pedir alimentos e, da mesma forma, desde que não possua aptidão para o trabalho.

Entretanto, de modo algum há como se supor, com a vigência deste novo Código Civil, que se encontram revigorados o pressuposto da culpa como a causa ensejadora da separação litigiosa e os efeitos negativos decorrentes. As regras e os princípios constantes na Carta Maior permanecem plenamente eficazes e preponderam, logicamente, sobre todas as normas ordinárias.

E mesmo se assim não fosse, o Direito deve ser interpretado conforme seu tempo, de modo que a exegese das normas deve abrir espaço para a não-responsabilização e punição de um dos cônjuges pelo término do matrimônio, pois todos os motivos que impunham a subsistência da culpa na dissolução do casamento não encontram hoje a sua justificativa, mormente em face do entendimento, que atualmente predomina, de que o fim do casamento tem a sua causa essencial no desaparecimento do amor, e não em atos subseqüentes ao término deste sentimento.

Enfim, as paixões mais ardentes encontram seu revés, por vezes, em um posterior cotidiano que revela defeitos antes imperceptíveis ou que foram colocados como de menor importância. A interferência do Estado, na busca da preservação do instituto, ao indeferir a separação em face da ausência de violação aos deveres do casamento, em nada adianta a recuperar o ânimo dos cônjuges de permanecerem unidos, servindo apenas para prestigiar, de forma descabida, valores já ultrapassados, que viam na dissolução do matrimônio grave perigo à ordem moral da sociedade.

Cabe examinar, neste momento, o que poderia garantir a manutenção do casamento, como meio para realizar os cônjuges através desta união. Por certo, não seriam as normas jurídicas as quais dificultam a sua dissolubilidade, ou mesmo os deveres matrimoniais estabelecidos em lei.[6] Conforme mostra Eduardo de Oliveira Leite, ao analisar os fundamentos da psicanálise, o verdadeiro sustento do laço conjugal está calcado no desejo.[7] Quando este desaparece, pelos motivos naturais que decorrem de uma rotina monótona ou uma convivência desgastante, é natural que o matrimônio, uma vez deteriorado, dê ensejo para que os cônjuges busquem na imputação de culpa ao outro a explicação para o fracasso de todos aqueles sonhos colocados sob o casamento.

---

[6] DIAS, Maria Berenice. "Casamento: nem direitos nem deveres, só afeto". *Revista da Ajuris* n.º 80, 2000, p. 205/210.
[7] OLIVEIRA LEITE, Eduardo. *Repertório de Doutrina sobre Direito de Família: Aspectos Constitucionais, Civis e Processuais*. A Culpa no Desenlace Conjugal. Revista dos Tribunais, 1999, V. 4, p. 326.

Aliás, é muito mais cômodo enxergar no outro a culpa pelos problemas do que encarar as próprias dificuldades. Com efeito, imputar culpa a um, pode, de forma aparente, levar a crer que o outro cônjuge nada contribuiu para a ruptura do relacionamento.

Nesta senda, a busca de um culpado através de um processo judicial não trará a verdadeira justiça ao caso concreto; servirá sim para expor e remoer a vida íntima de um casal,[8] como se, para compensar, a verificação de culpa pudesse ressarcir todas as mazelas advindas pela prévia ruptura do amor. A responsabilização de um dos cônjuges, em outros termos, prestará tão-somente para desgastar as partes, em especial quando se sabe que o que vem aos autos do processo são apenas vestígios de um amor já terminado, com alegações, distorcidas da realidade, que visam unicamente a atribuir à conduta do outro a razão do insucesso conjugal.

Além do mais, torna-se extremamente difícil o exame da culpa no momento em que relação já se encontra deteriorada, pois, nesta situação, o que comumente ocorre é que a culpa de um encontra a ressonância na de outro. Sob este aspecto, a culpa, verificada isoladamente, significa apenas a obtenção da causa imediata da ruptura, desconsiderando todas as causas anteriores. Sem dúvida, representa muitas vezes uma discussão egoísta,[9] quando traduz apenas a satisfação pessoal do cônjuge declarado inocente na demanda, em detrimento daquele que foi declarado culpado.[10]

Deve-se ter em mente que, se alguém vem a juízo postular a separação é porque o casamento não lhe oferece mais a oportunidade de plena realização como pessoa, sendo totalmente descabido ao Estado decidir pela inconveniência do pedido, como se fosse possível, por meio do processo, perceber claramente o íntimo das pessoas e escolher o melhor

---

[8] COELHO DE SOUZA, Ivone M. C. e DIAS, Maria Berenice "Separação litigiosa, na 'esquina' do Direito com a Psicanálise". *Revista da Ajuris* n.º 76, v. II, 1999, p. 233/237.

[9] A este respeito, a jurisprudência do Tribunal de Justiça do Rio Grande do Sul, conforme os julgamentos da A.C. nº 70005834916, de 02/04/2003, Relator Desembargador José Carlos Teixeira Giorgis e A.C. nº 70002183259, de 14/03/2001, Relator o Desembargador Sérgio Fernando de Vasconcellos Chaves.

[10] Não há dúvida de que o uso do processo pela parte, em inúmeras ocasiões, constitui-se em uma busca descabida de vingança, tentando impingir a um dos cônjuges a pecha de responsável pelo término do casamento e, ao mesmo tempo, obtendo a satisfação de vê-lo penalizado patrimonialmente, seja na distribuição desigual na partilha de bens, como ocorria na vigência do Código Civil anterior, como também na questão do deferimento e da fixação dos alimentos. Com efeito, seguindo os argumentos de Rolf Madaleno (*Direito de Família, Aspectos Polêmicos*. Porto Alegre: Livraria do Advogado, 1998. p. 172-178), seria evidentemente mais útil à máquina judiciária, tal como sustentam os juristas alemães, despender esforços e recursos no auxílio às pessoas que se separam, ensinando-lhes por meio de profissionais especializados como deverão encarar as suas novas experiências afetivas e também corrigindo os equívocos comctidos. Afinal, não há efeito prático algum na batalha travada no processo em busca de um culpado, quando em verdade agem os cônjuges apenas mediante um sentimento insensato de vingança.

caminho para o bem do casal, mesmo que seja em sentido contrário ao interesse de um dos cônjuges.

Releva destacar, neste ponto, que o princípio constitucional da dignidade da pessoa humana, embora de difícil conceituação, visa entre as suas intenções a proteger o indivíduo que, pelo motivo que for, não tenha condições de autodeterminar-se, servindo apenas de um instrumento para finalidades outras que não as suas próprias,[11] encontrando-se, em decorrência disto, privado de importantes e insupríveis valores de sua vida.

Nesta senda, em vista deste princípio, ninguém deve ser obrigado a permanecer unido ao vínculo matrimonial se acaso assim não desejar, atendendo unicamente aos anseios do outro, e não aos seus próprios. Caso contrário, o cônjuge que se encontrar obrigado a permanecer no casamento, em razão da sentença que julgou improcedente a separação litigiosa, estará, em realidade, servindo como mero instrumento para a realização pessoal do outro, estando impedido de buscar fora do vínculo as necessidades que não foram atendidas por meio desta união.

O matrimônio, conforme afirmado, somente encontra seu verdadeiro intento quando sirva como meio para que seus membros possam realizar-se pessoalmente e afetivamente[12] e, uma vez que isto não ocorra, a manutenção do vínculo implica em obstar que seus integrantes possam atingir estes importantes objetivos.

Vale lembrar que muitas pessoas, por questão de auto-estima ou insegurança emocional, projetam em seu parceiro a sua própria existência, deixando de lado o fundamento de uma relação, qual seja, o de que outro deve ser visto como complemento, e não sua razão de ser. Em tais circunstâncias, é natural que o amor de uma das partes assuma uma diferente feição, fazendo com que o vínculo, originariamente ligado ao desejo, se transforme apenas no modo de, aparentemente, se resolverem as dificuldades internas.

---

[11] SARLET, Ingo Wolfgang. *Dignidade da pessoa humana e direitos fundamentais na Constituição Federal de 1988*. 2ª ed. Porto Alegre: Livraria do Advogado. 2002. p. 59. Salienta este autor, no entanto, que a definição posta no sentido de que a dignidade da pessoa humana está em vedar que o homem seja considerado um objeto, embora largamente adotada pelo Tribunal Constitucional da Alemanha, não abarca todavia a integral amplitude deste princípio, uma vez que se estaria formulando a dignidade em seu sentido negativo (p. 60/61). Ou seja, estar-se-ia definindo o que não é dignidade, e não o que é dignidade. Convém trazer a afirmação de Kant sobre o tema, ao evidenciar o significado e o objeto de proteção deste princípio, no sentido de que no reino dos fins tudo tem um preço ou uma dignidade, e "quando uma coisa tem um preço, pode-se por em vez dela qualquer outra como equivalente; mas quando uma coisa está acima de todo o preço, e portanto, não permite equivalente, então ela tem dignidade." (*apud* SARLET, ob.cit. p. 33. No mesmo sentido, SILVA, José Afonso, "A Dignidade da Pessoa Humana como Valor Supremo da Democracia", Revista de Direito Administrativo, v. 212, 1998, p. 91).

[12] PELUSO, Antonio Cezar. Seleções Jurídicas, COAD, "O Desamor como causa da Separação e do Divórcio", p. 36.

No entanto, uma vez assente o princípio da dignidade, pertencente indistintamente a cada pessoa, nenhum cônjuge deve servir de instrumento para a realização das necessidades do outro, sejam as que forem, se não houver, em contrapartida, a sua satisfação pessoal e afetiva com o casamento.

Terminado o amor que ensejou a união, não há razão para impor ao cônjuge a permanência do matrimônio, sobretudo em virtude do princípio maior da dignidade da pessoa humana, mesmo que não haja a prova de culpa ou de descumprimento de um dos deveres conjugais.

3. A desnecessidade de punir o cônjuge responsável pela separação

Salvo casos específicos, mostra-se de todo descabido aplicar a um dos cônjuges a pena estabelecida no artigo 1.704, parágrafo único, do atual Código Civil, ao fixar os alimentos, face a sua suposta culpa, somente para a própria sobrevivência, em exceção à regra do artigo 1.694, *caput*, que reza que os alimentos devem levar em consideração também a anterior posição social da pessoa. Ora, sendo manifestamente impossível definir quem seja o verdadeiro culpado pelo término do relacionamento, uma vez que a aparente causa pode ser em verdade apenas uma conseqüência, não há como fazer incidir a regra posta no artigo 1.694.

No que se refere à manutenção do sobrenome do cônjuge em caso de separação litigiosa, cumpre destacar que o novo Código Civil se mostrou bem mais flexível em relação à Lei do Divórcio. Segundo seu artigo 1.578, o cônjuge declarado culpado somente perderá o direito de usar o nome de casado em caso de requerimento expresso do outro cônjuge, e desde que não concorram três situações: evidente prejuízo para a sua identificação; manifesta distinção entre o seu nome de família e o dos filhos havidos da união dissolvida; ou dano grave reconhecido em decisão judicial.

Assim sendo, é evidente que, fora destas hipóteses, somente por um respeitável desejo é que irá requerer o cônjuge a manutenção do nome de casado. Quando isto ocorrer, deverá se levar em consideração, novamente, que há manifesta impossibilidade de se descobrir quem é o verdadeiro culpado pela ruína do casamento, de modo que a separação deve ser concedida independente da verificação de culpa e, por conseqüência, não poderá um dos cônjuges sofrer a sanção de perder o direito ao uso do nome de casado.

Conclusão

A satisfação dos cônjuges é a principal razão para a manutenção do casamento. Não obstante as regras de legislação ordinária que assentem a importância de responsabilizar-se um dos cônjuges no caso de separação litigiosa para a dissolução do vínculo, a interpretação das normas jurídicas deve convergir no sentido de possibilitar o desfazimento do matrimônio pela via litigiosa unicamente em virtude do término do laço afetivo e do desejo de permanência da relação.

Todavia, não se trata de chancelar a dissolução do vínculo porque uma das partes em dado momento manifestou, simplesmente, não possuir mais amor pela outra. Os sentimentos humanos são muitas vezes incompreensíveis, e não encontram razão aparente mesmo para a própria pessoa. Por isto, o que importa, em verdade, não é somente a mera declaração de desamor realizada em momento inesperado, pois esta declaração pode ser proferida em instante de tormento ou confusão, além de, talvez, ser injusta ao outro cônjuge. O importante sim é examinar se a vida do casal, por um precedente lapso de tempo, não possuía mais o liame necessário para a sua permanência. Trata-se neste passo, como afirma a jurisprudência recente, de adotar o princípio da ruptura como causa para a separação litigiosa.

O pressuposto da culpa, conforme observado, não encontra mais a sua justificativa, tendo em vista que já fora constatado ser extremamente difícil evidenciar um responsável pelo término da relação, especialmente quando se sabe que a conduta indevida de um dos cônjuges sempre poderá ser tida como reflexo da atitude do outro. Pelas mesmas razões, também não se observa explicação sustentável para procurar se atribuir efeitos negativos para o cônjuge supostamente considerado culpado pelo término do casamento. Além do mais, decai em absoluto o pressuposto da culpa, na medida que fortalecido o entendimento de que a manutenção do casamento só tem importância quando atenda a necessidade afetiva e a satisfação pessoal de cada um dos cônjuges.

O casamento já não é mais visto como indispensável para a subsistência da família, uma vez reconhecida pela Constituição Federal de 1988 outras formas de entidades de igual importância, tal como a união estável e a família monoparental. Dessa forma, não há razão para aplicarem-se normas protetivas ao matrimônio, com o fim de proteger a família, em detrimento da vontade privada de cada um dos cônjuges.

No mesmo sentido, torna-se induvidosa a prevalência da vontade individual de cada um dos cônjuges para permanecer ou não casado, tendo em conta que ninguém deve ser obrigado a estar privado de importantes valores de sua vida (os quais não conseguem ser supridos através do matrimônio) em respeito à vontade do outro cônjuge de não aceitar a separação consensual. Neste ponto, vale salientar o princípio maior da dignidade da pessoa humana, que visa a resguardar o respeito de determinados valores de cada indivíduo, que não podem estar subjugados senão pela vontade livre de si mesmo. Em decorrência, se o casamento não traz mais a satisfação pessoal e afetiva, não pode um dos cônjuges ser forçado a permanecer no vínculo, por intenção que não é a sua.

— 9 —

Bem de família e o princípio constitucional da dignidade da pessoa humana

GUSTAVO BOHRER PAIM
Advogado no RS e mestrando em Direito pela PUCRS

Sumário: 1. A família e o lar; 2. Origem do bem de família; 3. O bem de família no novo Código Civil; 4. A impenhorabilidade da Lei 8.009/90; 5. O bem de família e a dignidade da pessoa humana

1. A família e o lar

Vivemos em um mundo cercado por conflitos, em que não faltam dificuldades e obstáculos a serem superados. A violência já faz parte do cotidiano, do nosso dia-a-dia. Os conflitos internacionais encontram-se cada vez mais presentes nas notícias propaladas pelos meios de comunicação.

Também na seara econômica enfrentamos enormes crises. Sejam os altos tributos, os juros asfixiantes, as dificuldades financeiras. O desemprego atinge a todos; desde o mais jovem, que não consegue oportunidade pela sua inexperiência, até o mais velho, que é tido como ultrapassado pelo mercado de trabalho.

Nesse contexto eivado de intempéries, nada mais alentador que o retorno ao seio familiar após uma jornada exaustiva. É no aconchego do lar que as angústias são esquecidas, que os problemas são dirimidos, que a família é reunida. Família esta que é a base e a estrutura de toda a sociedade. É nela que se repousam os alicerces do Estado.

Assim, fácil perceber que a prosperidade de toda uma nação está intimamente ligada às relações familiares, às condições estabelecidas e aclimatadas no âmago do lar. Imperioso, pois, que o Direito, assim como todos nós, preocupe-se com o fortalecimento e a proteção à família e ao lar.

Tal proteção ao lar remonta a tempos muito remotos, em que, conforme assevera Pontes de Miranda, "fôsse caverna, fôsse choupana, fôsse alguma das habitações que traduzem o estado social dos primitivos, o homem sempre se protegeu a começar por paredes que o resguardassem dos outros animais, dos outros homens, das chuvas, do calor, do frio e de outros fatos do mundo exterior".[1]

Aliás, a inviolabilidade do domicílio, como princípio fundado na pessoa, originou-se na Grã-Bretanha, ecoando até hoje o discurso proferido por William Pitt, conhecido como Lord Chatam, no parlamento inglês: "o mais pobre dos homens pode desafiar na sua cabana todas as forças da Coroa. Embora a morada ameace ruína, ofereça o teto larga entrada à luz, sopre o vento através das frinchas, a tempestade faça de toda a casa o seu ludibrio; nada importa: acha-se garantida a choupana humilde contra o rei da Inglaterra, cujo poder vai despedaçar-se contra aquele miserável reduto".[2]

O mais humilde dos cidadãos ingleses podia vangloriar-se do senhorio do seu lar, pois por mais que sua morada possuísse fendas e rachaduras, e nela entrasse o vento, a chuva, o frio e o calor, até mesmo o rei da Inglaterra para adentrá-la precisaria ser por ele convidado. *My house is my castle*. A sua casa era o seu castelo, a sua fortaleza.

Honra-me sobremaneira tratar de um tema tão importante como a família e a proteção ao lar, indispensáveis à realização da dignidade da pessoa humana, estampado em nossa Carta Magna como princípio fundamental da República Federativa do Brasil. Ainda mais honroso é poder dedicar esse singelo ensaio a uma justa e indispensável homenagem ao Desembargador José Carlos Teixeira Giorgis, voz incansável na defesa da justiça e da proteção à família.

2. Origem do bem de família

A origem do instituto, conhecido no Brasil como bem de família, data de 26.01.1839, com a promulgação da *Homestead act*,[3] tendo como palco

---

[1] PONTES DE MIRANDA, *Comentários à Constituição de 1967*, t. V. São Paulo: Revista dos Tribunais, 1968, p. 170.

[2] MAXIMILIANO, Carlos. *Commentários á Constituição Brasileira*. Porto Alegre: Livraria do Globo, 1926, p. 752.

[3] *Homestead* (home = lar; stead = lugar) *act* (lei).

a República do Texas, já separada do México, mas ainda não incorporada aos Estados Unidos da América, o que ocorreu em 1845.

Havia pouco os Estados Unidos conquistavam sua independência. Tratava-se de uma grande extensão de terra ansiosa por uma maior população. Rumava-se para o oeste a fim de povoar o território americano. Era um Estado promissor, tendo em vista a fertilidade de seu solo e a determinação de seu povo, razão pela qual desenvolveu-se rapidamente a agricultura e o comércio.

Como conseqüência natural do crescimento da agricultura e do comércio, os bancos europeus instalaram-se na região, propiciando capital e incentivando ainda mais o desenvolvimento da economia americana.

Mas criava-se, também, a crença no lucro fácil, com a tomada de vultosos empréstimos e a especulação desenfreada, levando o povo à prática de abusos. Adveio, como conseqüência, uma grave crise entre os anos de 1837 e 1839, desencadeada, entre outros fatores, pela falência de um banco de grande expressão de Nova Iorque, em 1837, deflagrando uma explosão no campo econômico e financeiro que viria a conturbar a civilização americana, registrando uma de suas mais adversas épocas.[4]

Diminuiu-se a circulação dos papéis bancários, que se desvalorizaram em até 80%, dependendo da solvabilidade da instituição emissora. O dinheiro desapareceu de circulação, e os produtos tiveram seus preços reduzidos drasticamente.

Não havia mais crédito na praça, as mercadorias produzidas pelos americanos estavam com preço aviltado, e os credores passaram a realizar penhoras em massa nos bens dos devedores, o que afetou sensivelmente a família americana, desabrigada pela crise econômica e financeira.

Os americanos, então, desacoçoados pelas turbulências enfrentadas, viram na República do Texas uma ótima oportunidade para começar uma vida nova, tendo em vista o bom clima, a fertilidade das terras e, principalmente, as garantias oferecidas pelo poder local.

A Constituição do Texas, de 1836, já previa uma porção de terra ao chefe de família, e outra menor ao celibatário. Em razão dessas medidas protetivas, demonstram as estatísticas que a população texana passou de 70 mil habitantes, no ano de 1836, para 250 mil, no ano de 1840.

A *Homestead Act*, promulgada em 26 de janeiro de 1839, previa para a família texana a isenção de execução judicial sobre uma pequena gleba, alguns bens móveis e semoventes, buscando a fixação do homem à terra

---

[4] AZEVEDO, Álvaro Villaça. *Bem de Família: com comentários à Lei 8.009/90*, 4ª ed. rev. e ampl. São Paulo: Revista dos Tribunais, 1999, p. 28.

e o desenvolvimento de uma civilização que tivesse o mínimo necessário para uma vida decente e humana.[5]

Cumpre salientar que o México, ao se separar da Espanha, já editara lei isentando da penhora determinados bens móveis necessários a mantença e o desenvolvimento da prática profissional. Entretanto, o grande traço de destaque da lei do *homestead* texano foi a impenhorabilidade dirigida também aos bens imóveis.

Posteriormente ao *homestead* estadual da então República do Texas, foi promulgado o *homestead* federal dos Estados Unidos da América, pelo Presidente Lincoln, em 20.05.1862. Tal instituto pertencia ao direito público e consistia na concessão, mediante certas condições, de lote de terra ao cidadão americano, para que trabalhasse nele durante o período de cinco anos ininterruptos, findo qual se tornaria proprietário do imóvel. Essa gleba era impenhorável pelas dívidas anteriores a sua posse e, durante os cinco anos de cultivo, era inalienável e impenhorável. Entretanto, tornando-se o cidadão proprietário do lote, o mesmo perdia o privilégio da impenhorabilidade.

3. O bem de família no novo Código Civil

O Código Civil de 1916 trazia o instituto do bem de família disciplinado em sua parte geral, arts. 70-73. Inovação incorporada pelo novo Código Civil, e aplaudida pela doutrina,[6] foi o deslocamento do tema para o Livro do Direito de Família (arts. 1711 a 1722). Busca-se, com este instituto, proteger a família e a dignidade da pessoa humana, procurando evitar que os reveses porventura ocorridos não prejudiquem os demais integrantes do grupo familiar.[7]

Trata-se do bem de família voluntário, tendo em vista nascer da vontade do instituidor (cônjuges ou entidade familiar, por si ou individualmente) de constituir o bem de família, por meio de escritura pública ou testamento, não podendo seu valor exceder de um terço o patrimônio líquido do instituidor, existente ao tempo da instituição, conforme disposto no art. 1711 do Código Civil de 2002. O bem de família deve ser registrado no Registro de Imóveis, conforme previsão do art. 1.714 do CCB/02, e

---

[5] Idem, p. 30.

[6] Nesse sentido propugnavam CLÓVIS BEVILÁQUA, WASHINGTON DE BARROS MONTEIRO, SÍLVIO RODRIGUES e outros, tendo em vista regular relações de ordem específica e não genérica.

[7] Conforme salienta MÁRCIO OLIVEIRA PUGGINA, com a penhora do imóvel familiar ou dos bens que o guarneciam, a execução passava a pessoa do devedor interferindo na esfera jurídica de outras pessoas, eis por que a ausência dos bens domésticos privava os demais integrantes do grupo familiar de bens indispensáveis à normalidade do cotidicano.

261 da Lei de Registros Públicos, publicando-se editais para que seja dada ciência a terceiros para eventual impugnação.[8]

Introduz-se, com a nova codificação civil, a possibilidade de o bem de família ser instituído por terceiro, por testamento ou doação, desde que com o consentimento de ambos os cônjuges ou da entidade familiar beneficiados, em consonância com o que prevê o parágrafo único do art. 1.711.

Cumpre salientar que o bem de família pode se constituir em imóvel urbano ou rural, com suas pertenças e acessórios, sendo imperativo que se destine ao domicílio da família (art. 1.712).[9] Constitui-se, pois, o bem de família voluntário no imóvel, urbano ou rural, sendo os móveis meros integrantes do mesmo.

Entretanto, os valores mobiliários, com fulcro no art. 1.713 do novo Código Civil, podem ser abrangidos pelo bem de família, devendo sua renda aplicar-se "na conservação do imóvel e no sustento da família". Evidente, pois, que os valores mobiliários não podem existir independentemente, eis por que sua finalidade é a conservação do imóvel e o sustento da família, não podendo seu valor exceder o do prédio instituído em bem de família, à época de sua instituição, conforme disposição do art. 1.713 do CCB/02.

Em relação aos valores mobiliários, eles deverão ser devidamente individualizados no intrumento de instituição do bem de família. Não obstante, a intituição por títulos nominativos deve constar nos livros de registros competentes. Por fim, pode o instituidor destinar a administração dos valores mobiliários à uma instituição financeira, permitindo-se que o bem de família seja administrado por terceira pessoa, que ficará como depositária dos bens administrados.

Em havendo qualquer forma de liquidação da empresa administradora, não serão alcançados os valores a ela confiados, devendo ser transfe-

---

[8] MARMITT, Arnaldo. *Bem de Família: legal e convencional*. Rio de Janeiro: Aide, 1995, p. 197: "A instituição do *homestead* convencional não pode se realizar mediante ato privado, sigiloso ou clandestino. Ao contrário, tem de revestir-se de toda a transparência possível. A intenção da lei é acautelar as pessoas que se relacionarem comercialmente com os beneficiados, a fim de que não venham a ser desavisadas ou ludibriadas, na suposição de que o bem está livre e desembaraçado, e que é garantia suficiente para a satisfação de seus créditos. A transcrição é essencial ao ato, e seu processamento incumbe ao principal interessado na sua eficácia, que é o próprio instituidor. É ele quem deve estar atento, e diligenciar junto ao cartório imobiliário para que a providência se concretize".

[9] Em sentido contrário, CARVALHO SANTOS, J. M. de. *Código Civil Brasileiro Interpretado: parte geral*, v. II. Rio de Janeiro: Calvino Filho Editor, 1934, p. 195-196: "Nada deve influir, para os efeitos visados, que a família resida no prédio, de vez que, quando sua residência for outra, que não o bem instituído, ela não deixa de necessitar da garantia e do benefício do *homestead* para as eventualidades do futuro, que não podem ser esquecidas pelo legislador. Ora, se o abrigo é para quando a família necessitar, não se justifica que se force a residência no bem instituído antes que a família precise gozar dos benefícios do privilégio; basta que se lhe faculte aproveitar-se do instituto quando necessário. Até lá, pouco importa onde resida a família".

ridos para outra instituição semelhante, por determinação judicial. Na hipótese de falência da administradora, os bens a ela confiados devem ser objeto de pedido de restituição, por força do art. 1.718 do novo Código Civil.

Ocorrendo qualquer impossibilidade de manutenção do bem de família, o juiz poderá, a pedido dos interessados, extingui-lo ou autorizar sua sub-rogação em outros, sendo necessária a ouvida do instituidor e do Ministério Público (art. 1.719).

Ressalta-se que a impenhorabilidade dá-se para dívidas posteriores à instituição do bem de família, sendo necessário, para o exercício desse direito, que o instituidor, no ato da instituição, não tenha dívida cujo pagamento possa ser por ele prejudicado, devendo, pois, o instituidor ser solvente.[10] Entretanto, mesmo para débitos posteriores à constituição do bem de família, excepcionam-se o imposto territorial urbano ou rural, as taxas e contribuições relativas ao imóvel, bem como as despesas de condomínio, obrigações *propter rem*,[11] geradas pela própria coisa, para os quais o imóvel será penhorável. Tratam-se de exceções que visam a assegurar o adimplemento dos tributos relativos ao imóvel e das despesas condominiais por ele geradas, visto que a sua inadimplência oneraria os demais contribuintes, incentivando os maus pagadores.

Em razão do escopo precípuo do instituto do bem de família, qual seja a proteção desta, o excedente da execução (saldo) deve ser aplicado em outro imóvel destinado ao mesmo fim, ou em títulos da dívida pública, para sustento familiar, podendo o juiz dar outra solução, desde que mais benéfica e correspondente à verdadeira defesa da família, consoante inteligência do art. 1.715, parágrafo único.

A dissolução da sociedade conjugal não opera a extinção do bem da família, durante a impenhorabilidade enquanto viver um dos cônjuges (ou conviventes) ou, na falta destes, até que todos os filhos atinjam a maioridade, desde que não sujeitos à curatela.

O bem de família deve ligar-se à destinação familiar.[12] Além de impenhorável, ele também é considerado inalienável sem o consentimento

---

[10] MONTEIRO, Washington de Barros. *Curso de Direito Civil: parte geral*, v. 1, 35ª ed. rev. e atual. São Paulo: Saraiva, 1997, p. 166.

[11] LIPPMANN, Ernesto. Da penhorabilidade do apartamento residencial, para o pagamento das despesas de condomínio, face à Lei 8.009/90. *Revista dos Tribunais*, n° 679, p. 32: "As despesas de condomínio são, antes de tudo, dívida *propter rem*, de responsabilidade do próprio imóvel, pouco importando quem seja seu proprietário".

[12] Processual Civil. Civil. Recurso Especial. Bem de família. Propriedade de mais de um imóvel. Residência.
- É possível considerar impenhorável o imóvel que não é o único de propriedade da família, mas que serve de efetiva residência.
- Recurso especial provido.
(STJ, 3ª Turma – REsp 435357/SP – DJ 03/02/2003, p. 315. Rel. Min. Nancy Andrighi)

dos interessados ou de seus representantes legais, ouvido sempre o Ministério Público. Esta regra, disciplinada no art. 1.717 do CCB/02, acaba por trazer um imobilismo patrimonial, contribuindo para a pouca utilidade do bem de família voluntário.

A administração do bem de família, salvo a hipótese de ser confiada à instituição financeira, compete a ambos os cônjuges, cabendo ao Judiciário dirimir eventual divergência. Salienta-se que se trata de norma de direito privado, podendo haver disposição em contrário no ato da constituição (art. 1.720). Falecendo ambos os cônjuges a administração ficará a cargo do filho mais velho, se maior, ou do tutor, se menor.

Em que pese a importância da proteção à família, o bem de família voluntário disciplinado pelo Código Civil nunca teve muita utilidade,[13] tendo em vista o custoso procedimento, que envolve Registro Público e outras formalidades.

Ademais, a destinação do imóvel para a constituição do bem de família acaba por gerar um imobilismo patrimonial, eis por que a alienação de tal bem dependeria da expressa anuência dos interessados ou de seus representantes legais, ouvindo-se sempre o Ministério Público.

Nesse sentido, salutar a promulgação da Lei 8.009/90, que trouxe o bem de família legal, móvel e imóvel, tornando desnecessário que os cônjuges (conviventes) ou a entidade familiar destinem e instituam a proteção, levando a registro público. Correta a preocupação do legislador, eis por que a proteção da família não deve ficar a mercê do bom pai de família, devendo-se proteger, também, a prole do mau pai.[14]

Talvez a utilidade do bem de família voluntário, hodiernamente, restrinja-se à hipótese de haver mais de um imóvel destinado à residência familiar, desejando o instituidor que seja protegido imóvel outro que não o de menor valor (como prevê a Lei 8.009/90), constituindo-o como bem de família, tornando-o impenhorável.

4. A impenhorabilidade da Lei 8.009/90

Muita discussão gravitou em torno da Lei 8.009/90, conhecida como Lei Sarney, tendo em vista suspeita de inconstitucionalidade por vício formal (por originar a Lei da conversão da Medida Provisória 143/90, que não teria a necessária urgência, bem como por ter sido promulgada pelo

---

[13] Na França, conforme assevera MARCEL PLANIOL, em seu *Traité Élémentaire de Droit Civil*, t.2, 10ª ed., 1926, p. 80, também *les résultats en on été jusqu'ici à peu près nuls*.
[14] PUGGINA, Márcio Oliveira. A impenhorabilidade da Lei 8.009. *Revista da Ajuris*, nº 53, p. 270.

Presidente do Senado Federal, e não pelo Presidente da República) e material, principalmente em razão do impacto que causou nas relações negociais, tornando, por força de lei, impenhorável o imóvel residencial, bem como os móveis que o guarnecem, constituindo exceção ao princípio de que o patrimônio da pessoa responde por suas dívidas. Não se trata de lei inconstitucional,[15] não visando à inadimplência, mas sim possuindo cunho social,[16] de proteção à família e à dignidade humana, assemelhando-se à impenhorabilidade do Código Civil.

Trata-se de lei de ordem pública, deixando de ter maior utilidade prática o bem de família do Código Civil, estando por força de lei isento de penhora o imóvel residencial que serve de moradia, não havendo necessidade do custoso procedimento para estabelecer o bem de família voluntário. O bem de família involuntário ou legal institui-se por determinação da lei, pela vontade soberana do Estado, garantidora de um mínimo necessário à sobrevivência da família.[17]

Por ser de ordem pública, o devedor proprietário ou possuidor poderá pleitear o benefício da impenhorabilidade a qualquer momento na execução, não necessariamente em embargos do devedor. A alegação sobre impenhorabilidade em um processo não está sujeita à preclusão, podendo ser, inclusive, conhecida de ofício pelo juiz.[18]

Conforme salienta Luiz Edson Fachin, não se afiguraria possível a renúncia válida do benefício, mesmo quando o devedor citado nomear o bem de família à penhora, ou concordar com a nomeação feita pelo exeqüente[19]. É no valor intrínseco da vida humana, de todo e qualquer ser humano, que encontramos a explicação para o fato de que mesmo aquele que já perdeu a consciência da própria dignidade merece tê-la considerada e respeitada.[20]

---

[15] Conforme ARNALDO MARMITT, não há inconstitucionalidade a vislumbrar no diploma legal, que intenciona favorecer a família, com base na própria Constituição Federal.

[16] BITTAR, Carlos Alberto. A impenhorabillidade do bem de residência. *Revista dos Tribunais*, nº 687, p. 224: "reveste-se (Lei 8.009/90) de extraordinária expressão social e econômica, na medida em que preserva a sagrada residência da família como bem necessário à consecução de seus objetivos, na salvaguarda da instituição – contra negócios mal sucedidos de um de seus membros, beneficiando, conseqüentemente, os menos favorecidos pela fortuna".

[17] DIAS, Maria Berenice e PEREIRA, Rodrigo da Cunha. *Direito de Família e o Novo Código Civil*, 2ª ed. rev., atual. e ampl. Belo Horizonte: Del Rey, 2002, p. 221.

[18] Direito tributário. Execução fiscal. Bem de família. Impenhorabilidade. A alegação no sentido de ser o bem penhorado destinado a residencia familiar, conforme Lei 8009/90, pode ser feita em simples petição nos autos da execução fiscal, não ocorrendo preclusão, por tratar-se de norma de ordem pública, que admite seja o pedido deduzido a qualquer tempo e grau de jurisdição. Recurso desprovido.
(TJRS, Primeira Câmara Cível, Agravo de Instrumento nº 70003578127, Rel. Des. Roque Joaquim Volkweiss, j. 19/03/03)

[19] FACHIN, Luiz Edson. *Estatuto jurídico do patrimônio mínimo*. Rio de Janeiro: Renovar, 2001, p. 159

[20] DWORKIN, Ronald. *El Dominio de la Vida*. Barcelona: Ariel, 1998, p. 309.

Outra vantagem trazida pela Lei 8.009/90, em relação ao bem de família estatuído pelo Código Civil, é o fato da impenhorabilidade do bem não importar na sua inalienabilidade, não perdendo, o titular do imóvel, a disponibilidade do bem, não ocorrendo, pois, a imobilização do patrimônio.

A impenhorabilidade dá-se em relação ao imóvel próprio do casal ou da entidade familiar, compreendendo, também, o imóvel sobre o qual se assentam a construção, as plantações, as benfeitorias de qualquer natureza e todos os equipamentos, inclusive os de uso profissional, ou móveis que guarnecem a casa, desde que quitados, consoante disposto no art. 1º *caput* e parágrafo único da lei.

Excluem-se da impenhorabilidade, por força do art. 2º da Lei 8.009/90, os veículos de transporte, as obras de arte e os adornos suntuosos. No caso de imóvel locado, a impenhorabilidade aplica-se aos bens móveis quitados que guarneçam a residência e que sejam de propriedade do locatário, ressalvando-se os bens supra-referidos.

Em relação ao veículo de transporte, cumpre referir que são penhoráveis tão-somente quando destinados apenas ao lazer, tendo em vista que o veículo necessário para a atividade laboral é impenhorável por força do disposto no art. 649, VI, do Código de Processo Civil.

Para estimar suntuoso o adorno, ou seja, o complemento funcional ou estético da moradia, o emprego de algum subjetivismo do órgão judiciário se mostrará inevitável.[21] Salienta-se, entretanto, que o parágrafo único do art. 1º da Lei 8.009/90 não faz referência a bens indispensáveis à vida digna. Pelo contrário, diz que não serão impenhoráveis apenas os adornos suntuosos. Os bens que se integraram ao uso cotidiano da sociedade moderna, pelo que representam de conforto, economia de tempo, oportunidade de lazer, etc., são também componentes de vida digna e em abundância para todos. Os bens incorporados ao uso generalizado da vida em sociedade, ainda que dispensáveis para a sobrevivência, são inerentes à dignidade da vida, eis não se confundirem os conceitos de viver com sobreviver.[22]

Qualquer habitação não pode prescindir de um mínimo de conforto e de bem-estar, proporcionados pelos móveis, utensílios, pertenças e benfeitorias que a integram. Assim, tem-se como impenhorável os aparelhos domésticos, a televisão, o aparelho de som, entre outros, tendo sempre presente o caso concreto, que permitirá uma melhor avaliação acerca da suntuosidade ou não do bem.

---

[21] ASSIS, Araken de. *Manual do Processo de Execução*, 6ª ed. São Paulo: Revista dos Tribunais, 2000, p. 381.
[22] PUGGINA, *op. cit.*, p. 273-274.

A impenhorabilidade introduzida pela Lei Sarney é relativa, visto que possui elencadas, no art. 3°, sete exceções, em que não se poderá opô-la. Isso ocorre nas seguintes hipóteses: em razão dos créditos dos trabalhadores da própria residência e das respectivas contribuições previdenciárias; pelo titular do crédito decorrente do financiamento destinado à construção ou aquisição do imóvel, no limite dos créditos e acréscimos constituídos em função do respectivo contrato; pelo credor de pensão alimentícia; para cobranças de impostos, predial ou territorial, taxas e contribuições devidas em função do imóvel familiar; para execução de hipoteca sobre o imóvel oferecido como garantia real pelo casal ou pela entidade familiar; por ter sido adquirido como produto de crime ou para a execução de sentença penal condenatória a ressarcimento, indenização ou perdimento de bens; por obrigação decorrente de fiança concedida em contrato de locação (introduzida pela Lei do Inquilinato).[23]

Todas essas hipóteses (exceções à impenhorabilidade) devem ser apreciadas no caso concreto, com cautela e atenção a um princípio maior. Tal princípio orienta-se pelo interesse social de assegurar uma sobrevivência digna aos membros da família, realizando, em última instância, a dignidade humana.[24]

A Lei em questão tem como escopo a proteção da família, e não dos inadimplentes,[25] razão pela qual o art. 4° expressa que não se beneficiará da lei o insolvente que adquirir de má-fé imóvel mais valioso para transferir a residência familiar, desfazendo-se ou não da moradia antiga. Neste caso, poderá o juiz, na respectiva ação do credor, transferir a impenhorabilidade para a morada anterior ou anular-lhe a venda.

Quando a residência familiar constituir-se em imóvel rural, a impenhorabilidade restingir-se-á à sede da moradia, com os respectivos móveis, e, no caso do art. 5°, XXVI, da Constituição Federal, à área limitada como pequena propriedade rural.

---

[23] Nessa última hipótese decorrente de fiança em contrato de locação, parece-nos incompreensível que o principal devedor não possa ser responsabilizado com seu imóvel residencial, e o fiador sim. Entretanto, a lei dispõe nesse sentido, sendo o entendimento majoritário da doutrina e jurisprudência pátrias. Cumpre referir, contudo, um acórdão em sentido contrário:
Locação de imóvel. Fiança. Embargos de devedor. Penhora. Único bem. Impenhorabilidade do bem de família. Não se nega a vigência do art. 82, da Lei nº 8.245/91, mas afirma-se sua invalidade ante o benefício social introduzido pelo art. 6°, da Lei Maior, combinado com o inc. III, do art. 1°, da mesma Carta, que busca preservar a dignidade humana. Apelação provida. (TJRS, 16ª Câmara Cível, Apelação Cível nº 70004797775, Rel. Des. Paulo Augusto Monte Lopes, j. 28/08/02)

[24] FACHIN, Luiz Edson. *Estatuto jurídico do patrimônio mínimo*. Rio de Janeiro: Renovar, 2001, p. 164.

[25] MARMITT, *op. cit.*, p. 20: "Não deve e não pode o referido diploma servir de instrumento para acobertar injustiças, favorecer maus pagadores e prejudicar credores. A honestidade precisa ser enaltecida, e a Justiça não poderá jamais compactuar com privilégios descabíveis, devendo corresponder aos litigantes honestos que batem às suas portas, confiantes de que seus direitos sejam restabelecidos".

Para os fins de impenhorabilidade, considera-se residência um único imóvel utilizado pelo casal ou pela entidade familiar para moradia permanente. Sendo, entretanto, possuidor de mais de um imóvel residencial, a impenhorabilidade recairá sobre o de menor valor, salvo a hipótese anteriormente mencionada de instituição de outro imóvel como bem de família, em conformidade com a regra estabelecida no Código Civil.

Embora se trate de proteção à família, deve-se ter em conta que a Lei tutela, também, a dignidade da pessoa humana, razão pela qual deve ser garantida mesmo para o celibatário, que more sozinho em imóvel próprio e sem família.[26]

5. O bem de família e a dignidade da pessoa humana

Tratando do tema bem de família, é facilmente perceptível que a impenhorabilidade do imóvel residencial, e dos móveis que o guarnecem, visa a assegurar a realização de garantias constitucionais, como a moradia e a dignidade humana. Protege-se a necessidade de um mínimo patrimonial para que se possa usufruir de uma vida digna.[27]

Nesse sentido, as hipóteses legais de impenhorabilidade objetivam retirar da sanha dos credores determinados bens que ao legislador parecem integrados ao conceito de dignidade da pessoa humana, que, assim como a preservação do ente familiar, são bens jurídicos que merecem tutela prevalente.[28]

Portanto, deve-se evitar que o ser humano seja privado de um mínimo garantidor de sua existência, em respeito à uma vida digna. Dignidade esta que é uma qualidade intrínseca e indissociável de todo e qualquer ser humano, sendo irrenunciável e inalienável, constituindo elemento que qua-

---

[26] PROCESSUAL – EXECUÇÃO – IMPENHORABILIDADE – IMÓVEL – RESIDÊNCIA – DEVEDOR SOLTEIRO E SOLITÁRIO – LEI 8.009/90.
- A interpretação teleológica do Art. 1º, da Lei 8.009/90, revela que a norma não se limita ao resguardo da família. Seu escopo definitivo é a proteção de um direito fundamental da pessoa humana: o direito à moradia. Se assim ocorre, não faz sentido proteger quem vive em grupo e abandonar o indivíduo que sofre o mais doloroso dos sentimentos: a solidão.
- É impenhorável, por efeito do preceito contido no Art. 1º da Lei 8.009/90, o imóvel em que reside, sozinho, o devedor celibatário.
(STJ, Corte Especial, ERESP 182223/SP; DJ 07/04/2003, p.209. Rel. Min. Sálvio de Figueiredo Teixeira. Relator p/ acórdão Min. Humberto Gomes de Barros)

[27] Conforme salienta LUIZ EDSON FACHIN, em sua obra *Estatuto Jurídico do Patrimônio Mínimo*, "trata-se de um patrimônio mínimo mensurado consoante parâmetros elementares de uma vida digna e do qual não se pode ser expropriado ou desapossada. Imunidade juridicamente inata ao ser humano, superior aos interesses dos credores".

[28] PUGGINA, *op. cit.*, p. 271-272.

lifica o ser humano como tal e dele não pode ser destacado.[29] Portanto, nota-se que o homem por si só é titular de direitos que se impõe sejam reconhecidos por toda a sociedade, independentemente de qualquer fator.

Para Ingo Wolfgang Sarlet, o elemento nuclear de dignidade da pessoa humana reconduz a Immanuel Kant, centrando-se, portanto, na autonomia e no direito de autodeterminação da pessoa (de cada pessoa).[30] Para Kant, a autonomia é, pois, fundamento da dignidade da natureza humana e de toda a natureza racional.[31]

Na linha do grande mestre da filosofia, seguem-se inúmeros doutrinadores, que vêem na autonomia e na liberdade a chave necessária para que se tenha uma vida digna. Nesse sentido, José Joaquim Gomes Canotilho afirma que o *princípio material que subjaz à noção de dignidade da pessoa humana é do indivíduo conformador de si próprio e da sua vida segundo seu próprio projeto espiritual*.[32]

Tem-se no bem de família o reconhecimento de uma garantia fundamental, como é o direito à moradia, constituindo uma exigência da dignidade da pessoa humana. Seguindo esse norte, encontra-se a jurisprudência dos nossos Tribunais,[33] tratando a impenhorabilidade do imóvel residencial como necessidade para a consecução do princípio fundamental da dignidade da pessoa humana.[34]

---

[29] Salienta INGO WOLFGANG SARLET, em seu *Dignidade da Pessoa Humana e Direitos Fundamentais*, à p. 37, que "a fundamentação metafísica da dignidade da pessoa humana, na sua manifestação jurídica, significa uma última garantia da pessoa humana em relação a uma total disponibilidade por parte do poder estatal e social".

[30] Para IMMANUEL KANT, a dignidade da pessoa humana é respeitada quando se tem autonomia, não podendo o ser humano, para ter dignidade, ser instrumentalizado. O homem deve ser livre, resultando na autonomia de poder dar a lei a si mesmo, sendo o autor da própria lei, livre e digno.

[31] KANT, Immanuel. *Fundamentação da Metafísica dos Costumes e Outros Escritos*. Trad. Leopoldo Holzbach. São Paulo: Martin Claret, 2003, p. 66. Kant refere, ainda, que "a simples dignidade do homem considerado como natureza racional, sem qualquer outro fim ou proveito a alcançar por meio dela, isto é, só o respeito por uma mera idéia, deve servir, no entanto, de imprescindível regra da vontade, e que precisamente nessa independência da máxima em relação a todos os impulsos semelhantes consista a sua sublimidade e torne todo o sujeito racional digno de ser um membro legislador no reino dos fins, pois de outro modo teríamos de representá-lo somente como submetido à lei natural das suas necessidades".

[32] CANOTILHO, J. J. Gomes. *Direito Constitucional e Teoria da Constituição*. 3ª ed. Coimbra: Almedina, 1999, p. 219.

[33] Conversão de arresto em penhora. Impenhorabilidade de bem. Ônus da prova. Sendo controvertida a impenhorabilidade do bem, é razoável presumir-se verdadeira a alegação nesse sentido oferecida pelo executado. Em face do bem de família ser tutelado pelo princípio da dignidade humana, compete ao exeqüente a prova em sentido contrário, ou seja, que o bem não seja utilizado para esta finalidade. Agravo parcialmente provido. Unânime. (TJRS, 2ª Câmara Especial Cível, agravo de instrumento nº 70004742441, Rel. Des. Mario Rocha Lopes Filho, j. 27/02/03)

[34] Assim posiciona-se INGO WOLFGANG SARLET (op. cit., p. 59), ao expressar que "onde não houver respeito pela vida e pela integridade física e moral do ser humano, onde as condições mínimas para uma existência digna não forem asseguradas, onde não houver limitação do poder, enfim, onde a liberdade e a autonomia, a igualdade e os direitos fundamentais não forem reconhecidos e minima-

Após essas sucintas considerações, podemos perceber a importância do instituto do bem de família como proteção a um mínimo existencial, garantidor da dignidade dos seres humanos. Entretanto, não se pode olvidar que, muitas vezes, quem se utiliza da proteção legal é um devedor contumaz, que tão-somente procura fraudar seus credores. Assim, necessária a utilização da garantia do bem de família com reservas, analisando o caso concreto e garantindo o fim almejado pelo instituto, que é a proteção à família, sem, contudo, permitir que sejam acobertadas injustiças e instituído um verdadeiro calote legalizado.

---

mente assegurados, não haverá espaço para a dignidade da pessoa humana e esta, por sua vez, poderá não passar de mero objeto de arbítrio e injustiças."

— 10 —

Uma visão dos alimentos através do prisma fundamental da dignidade da pessoa humana

Juliano Spagnolo
Advogado em Porto Alegre/RS

Sumário: Introdução; 1. Noção de dignidade da pessoa humana; 2. Estudo da dignidade da pessoa humana na obrigação alimentar; 2.1. Notas sobre os alimentos no Código Civil; 2.2. A dignidade como um dos fundamentos da pretensão alimentar; Principais Conclusões.

"Não serei o poeta de um mundo caduco.
Também não cantarei o mundo futuro.
Estou preso à vida e olho meus companheiros.
Estão taciturnos mas nutrem grandes esperanças.
Entre eles, considero a enorme realidade.
O presente é tão grande, não nos afastemos.
Não nos afastemos muito, vamos de mãos dadas".

Drummond

Introdução

O poema de Carlos Drummond de Andrade intitulado "Mãos Dadas" expressa muito bem o sentimento de solidariedade que deveria sempre pautar as relações humanas. Tal sentimento também deveria reger as relações familiares, talvez a mais afetiva dentre todas as relações humanas. Infelizmente, muitas vezes isso não ocorre, e os filhos se sentem desamparados pelo pai ou pela mãe, ou ainda pelos avós, ou os próprios pais são relegados pelos filhos, a companheira pelo companheiro, o marido pela mulher, e tantos outros exemplos poderiam ainda ser citados.

Tal atitude, este abandono desencadeado entre pessoas tão próximas, resulta na inevitável pretensão alimentar, levada a juízo, e todas essas pessoas acabam se tornando sujeitos da obrigação alimentar, passando a ser chamados, daqui por diante, de "alimentante" e "alimentado".

O presente estudo tem por objetivo estabelecer uma relação entre a dignidade da pessoa humana e os sujeitos da obrigação alimentar, para tanto, partiremos em busca de um conceito de dignidade da pessoa. Adiantamos, desde logo, que não lograríamos êxito se buscássemos o conceito ideal de dignidade da pessoa, pois este ainda está longe de ser alcançado e nem possuímos tamanha pretensão, no entanto, partiremos apenas em busca do conceito necessário à finalidade de nosso trabalho.

Procuramos, ao estabelecer tal relação, analisar a dignidade da pessoa referente ao alimentado, carecedor de alimentos, e referente ao alimentante, que resiste em satisfazer a pretensão daquele, de modo que passemos a utilizar a dignidade da pessoa humana como fundamento da pretensão alimentar (e/ou de sua resistência). A fim de dirimir o conflito, utilizaremos os critérios de necessidade, possibilidade e proporcionalidade.

Tal como exposto alhures, não pretendemos de forma alguma esgotar o tema da dignidade da pessoa na obrigação alimentar, no entanto faz-se necessário adiantarmos ao leitor que trataremos a dignidade da pessoa humana como princípio e valor fundamental, sem adentrarmos nas discussões pertinentes à correta utilização de tais definições.

Este trabalho, como todos os demais que compõem a presente obra, é uma homenagem ao Professor José Carlos Teixeira Giorgis, o qual, sem sombra de dúvidas, em muito contribuiu e continua a contribuir para a "construção" da dignidade da pessoa, e nessa esteira, podemos citar célebre acórdão de sua lavra sobre colheita de prova na investigação de paternidade embasado na ofensa à dignidade da pessoa humana.[1]

1. Noção de dignidade da pessoa humana

Aflora à idéia de dignidade, as noções de vida e humanidade,[2] pois a dignidade é ínsita ao ser humano, dele não podendo, em hipótese alguma,

---

[1] *Habeas Corpus* nº 71.373-4-RS e Apelação Cível nº 70002610012 – 7ª Câm. Cível – TJ/RS. Sobre restrição de bens no regime da separação legal e princípio da dignidade da pessoa humana: Apelação Cível nº 70002282101 – 7ª Câm. Cível – TJ/RS.

[2] Nesse sentido, o Professor Ingo Wolfgang Sarlet, em obra fundamental para o estudo do tema (Dignidade da Pessoa Humana e Direitos Fundamentais na Constituição Federal de 1988. Porto

ser retirada, pois o ser humano não pode renunciar à sua condição, sendo, por isso, indissociável da sua dignidade.[3]

Esta noção, que remonta ao pensamento de Immanuel Kant, demonstra que o homem existe como um fim em si mesmo e não como mero meio, tendo um valor absoluto, diferindo, assim, dos seres desprovidos de razão, que têm valor relativo e condicionado.[4] Tal teoria reforça a convicção de que todo o ser humano é digno, sendo esta dignidade impossível de ser mensurada.

Assim, afirma categoricamente o Professor José Carlos Teixeira Giorgis[5] que a dignidade da pessoa humana é um valor supremo que acompanha o homem até a sua morte, por ser da essência da natureza humana, sendo norma que subjaz à concepção de pessoa como um ser ético-espiritual que aspira a determinar-se e a desenvolver-se em liberdade.

Desse modo, Cármen Lúcia Antunes Rocha[6] acrescenta que a história, ao longo do século XX, mostrou que se pode romper o ato de viver e, mais ainda, de viver com dignidade, sem se eliminar fisicamente, ou apenas fisicamente, a pessoa. Lembrando que se demonstrou também que toda forma de desumanização atinge não apenas uma pessoa, mas toda a humanidade representada em cada homem e que por isso o princípio da dignidade da pessoa humana foi erigido em axioma jurídico.

Realmente, a compreensão da dignidade da pessoa humana passa, necessariamente, pelos motivos que levaram à positivação desse conceito nas constituições de inúmeros países,[7] conforme veremos mais adiante, pois se não houvesse, ao longo da história, graves ofensas à dignidade da pessoa humana, talvez o legislador não precisasse alçar ao *status* de norma constitucional, tão óbvio valor inerente ao ser humano.

Alegre: Livraria do Advogado, 2001) trata da "umbilical e genética convergência e vinculação entre as noções de dignidade, vida e humanidade" como diretriz nuclear de seu estudo (p. 25).
[3] Idem, p. 27.
[4] GIORGIS, José Carlos Teixeira. "A Relação Homoerótica e a Partilha de Bens", Revista Brasileira de Direito de Família, nº 9, abr./jun., 2001, p. 151.
[5] Idem.
[6] ROCHA, Carmen Lúcia Antunes. "O Princípio da Dignidade da Pessoa Humana e a Exclusão Social". Revista Interesse Público, nº 4, 1999, p. 24: para a autora, "a dignidade é o pressuposto da justiça humana, porque ele é que dita a condição superior do homem como ser de razão e sentimento" (p. 26).
[7] A importância de sua positivação reflete o pensamento de Robert Alexy ("Teoria de la argumentación jurídica: la teoria del discurso racional como teoria de la fundamentación jurídica", Madrid: Centro de Estúdios Constitucionales, 1989, p. 107), para quem "o caráter de regra da norma da dignidade da pessoa mostra-se no fato de que nos casos em que esta norma é relevante não se pergunta se precede ou não a outras, senão tão-somente se é violada ou não".

Segundo lembra a Professora Judith Martins-Costa, citando a lição de Bernard Edelman,[8] "a idéia da existência de uma proteção jurídica que é devida em razão da dignidade liga-se fundamentalmente a um duplo fenômeno, a barbárie nazista (que fez alcançar a idéia de crimes contra a humanidade, no Tribunal de Nuremberg) e à biomedicina, que coloca em xeque a própria identidade da humanidade como espécie".

Deste modo, temos no "Holocausto" talvez o principal exemplo de fato que ensejou uma reflexão em torno da proteção à dignidade da pessoa humana, tanto que a própria Lei Fundamental alemã, de 23 de maio de 1949, que em seu artigo 1º determina que a dignidade da pessoa é intangível, sendo obrigação de todo o poder público respeitá-la e protegê-la.[9] [10] Assim, a execrável experiência nazista gerou a consciência de que se devia preservar, a qualquer custo, a dignidade da pessoa humana.[11]

Este preceito legal foi notadamente inspirado pela Declaração Universal dos Direitos Humanos aprovada pela Assembléia-Geral das Nações Unidas em 10 de dezembro de 1948, que já em seu preâmbulo afirma "o reconhecimento da dignidade de todos os membros da família humana", e no artigo 1º determina que: "Todos os seres humanos nascem livres e iguais em dignidade e em direitos. São dotados de razão e de consciência e devem agir uns para com os outros num espírito de fraternidade".

Somente a partir da Segunda Guerra Mundial, é que as constituições passaram a reconhecer expressamente a dignidade da pessoa humana, notadamente,[12] conforme lembra Sarlet, após ter sido consagrada pela Declaração Universal da ONU de 1948.[13]

---

[8] EDELMAN, Bernard. "La dignité de la personne humaine, un concept nouveau, in. La personne en danger. PUF, 1999, p. 505, *apud* MARTINS-COSTA, Judith. "Bioética e Dignidade da Pessoa Humana: Rumo à Construção do Biodireito", *Revista da Faculdade de Direito da UFRGS*, v. 18, 2000, p. 160: Para o autor, "a dignidade da pessoa, como princípio jurídico, vai designar não apenas o 'ser da pessoa', mas a humanidade da pessoa", acrescentando que "se todos os seres humanos compõem a humanidade é porque todos eles têm esta mesma qualidade no 'plano' da humanidade; dizemos que eles são todos humanos e dignos de o ser" (p. 161).

[9] "Art. 1º (Schutz der Menschenwürde). (1) Die Würde des Menschen ist unantastbar. Sie zu achten und zu schützen ist Verpflichtung aller staatlichen Gewalt".

[10] Para Carmen Lúcia Antunes Rocha (*op. cit*, p.32), o princípio da dignidade da pessoa humana, após a Constituição alemã de 1949, "converteu-se, pois, no coração do patrimônio jurídico-moral da pessoa humana estampado nos direitos fundamentais acolhidos e assegurados na forma posta no sistema constitucional".

[11] NUNES, Luiz Antônio Rizzatto. *O Princípio Constitucional da Dignidade da Pessoa Humana: Doutrina e Jurisprudência*. São Paulo: Saraiva, 2002, p. 48.

[12] No entanto, a Constituição alemã (Constituição de Weimar) de 1919 (art. 151, I, assinalando que o objetivo maior da ordem econômica é o de garantir uma existência digna), a Constituição portuguesa, de 1933 (art. 6, nº 3), e a Constituição da Irlanda, de 1937, em seu preâmbulo, fizeram referência à dignidade da pessoa humana.

[13] SARLET. *Op. cit.*, p. 63.

No direito comparado, temos inúmeros exemplos da dignidade da pessoa humana posta nas constituições, dentre os quais, podemos citar, a título ilustrativo, na América Latina, o texto constitucional do Paraguai que, em seu preâmbulo, traz uma referência expressa à dignidade da pessoa humana.

Na Europa, além da Constituição da Alemanha, já citada, tem-se a Constituição de Portugal que estabelece em seu artigo 1º: "Portugal é uma República soberana, baseada na dignidade da pessoa humana e na vontade popular e empenhada na construção de uma sociedade livre, justa e solidária".[14]

De acordo com Paulo da Mota Pinto, juiz do Tribunal Constitucional português, o constituinte inscreveu logo no "pórtico" da Constituição a dignidade da pessoa humana como valor no qual se baseia a República Portuguesa. O conceito de dignidade da pessoa humana é, assim, elevado a valor fundamental que confere sentido e unidade às disposições constitucionais, e, em particular, às relativas aos direitos fundamentais. A Constituição portuguesa, como outras constituições democráticas, incorpora, pois, como valor fundamental, a referência à dignidade humana, elemento de unidade valorativa do sistema constitucional.[15]

Para o constitucionalista José Joaquim Gomes Canotilho,[16] perante as experiências históricas de aniquilação do ser humano (inquisição, escravatura, nazismo, stalinismo, polpotismo, genocídios étnicos), a dignidade da pessoa humana, como base da República, importa no reconhecimento do indivíduo como limite e fundamento do domínio político da República, sendo esta uma organização política que serve ao homem, não sendo o homem que serve aos *aparelhos político-organizatórios*.

No restante do continente europeu, temos a Constituição italiana, que embora não tenha feito referência expressa à dignidade da pessoa humana, afirma, em seu artigo 3º, que todos os cidadãos têm a mesma dignidade

---

[14] CANOTILHO, J. J. Gomes e MOREIRA, Vital. ("Constituição da República Portuguesa Anotada". 3. ed., Coimbra Editora, 1993, 59) ao analisarem o artigo 1º da Constituição portuguesa, esclarecem que, ao basear a República na dignidade da pessoa humana, a Constituição pretende realçar a rejeição de concepções *transpessoalistas* de Estado e Nação, onde os fins do Estado adquirem *substantividade* própria, com sacrifício, se necessário, dos valores específicos e inalienáveis da própria pessoa humana. Ao passo que definem a dignidade da pessoa humana como um valor autônomo e específico inerente aos homens em virtude de sua simples pessoalidade e, conseqüentemente, a República baseia-se no homem como sujeito e não como objeto dos poderes ou relações de domínio.

[15] PINTO, Paulo da Mota. "O Direito ao livre desenvolvimento da personalidade", p. 151. *In* Portugal-Brasil ano 2000, Studia Iuridica 40, Colloquia 2, BFDUC (Boletim da Faculdade de Direito da Universidade de Coimbra), 1999, p. 149-246.

[16] CANOTILHO, J. J. Gomes. *Direito Constitucional e Teoria da Constituição*. Ed. Almedina: Coimbra, 1998, p. 219.

social,[17] e a Constituição da Espanha, que dispõe em seu artigo 10, nº 1, sobre a dignidade da pessoa como um dos fundamentos da ordem política e da paz social,[18] dentre tantas outras, que também fazem referência à dignidade da pessoa humana.

No Brasil, foi apenas com o advento da atual Constituição que ocorreu a primeira aparição de dignidade da pessoa humana, que é posta como um dos fundamentos da República Federativa,[19] surgindo justamente na primeira constituição promulgada após o período do regime militar. Ou seja, somente após um regime ditatorial aonde a proteção à dignidade foi relegada é que o constituinte de 1988 resolveu consigná-la como princípio constitucional.

Ao longo de nosso texto constitucional encontram-se, porém, outras referências à dignidade, como a descrita no artigo 170, *caput*, afirmando que a ordem econômica tem por finalidade assegurar a todos uma existência digna, no artigo 226, § 7º, quanto à ordem social, a Constituição estabeleceu que o planejamento familiar está fundado no princípio da dignidade da pessoa humana e no artigo 227, *caput*, assegura à criança e ao adolescente o direito à dignidade.

Como vimos, a proteção constitucional da dignidade da pessoa é oriunda do histórico desrespeito ao ser humano, constituindo-se, portanto, o seu respeito e proteção em meta permanente da humanidade, do Estado e do Direito.[20]

Atualmente, é questionável a viabilidade de se alcançar um conceito satisfatório do que é e o que significa a dignidade da pessoa humana,[21] no entanto, como anteriormente afirmamos, estabeleceremos apenas para os fins de nosso estudo que a dignidade da pessoa humana é a essência do ser, irrenunciável, e que de forma alguma pode lhe ser retirada ou ignorada.

---

[17] "Art. 3º. Todos os cidadãos têm a mesma dignidade social e são iguais perante a lei, sem discriminação de sexo, de raça, de língua, de religião, de opiniões políticas, de condições pessoais ou sociais. Incumbe, à República remover os obstáculos de ordem social e econômica que, limitando de fato a liberdade e a igualdade dos cidadãos, impedem o pleno desenvolvimento da pessoa humana e a efetiva participação de todos os trabalhadores na organização política, econômica e social do País." (Tradução do italiano transcrita da obra: *Direitos Humanos: Declarações de Direitos e Garantias*, 2. ed., Brasília: Senado Federal, Subsecretaria de Edições Técnicas, 1996, p. 161).

[18] Art. 10, nº 1."La dignidad de la persona, los derechos inviolables que le son inherentes, el libre desarrollo de la personalidad, el respeto a la ley y a la los derechos de los demás son fundamento del ordem político y de la paz social".

[19] "Art. 1º. A República Federativa do Brasil, formada pela união indissolúvel dos Estados e Municípios e do Distrito Federal, constitui-se em Estado Democrático de Direito e tem como fundamentos: I – (...); II – (...); III – a dignidade da pessoa humana".

[20] SARLET. *op. cit.*, p. 27-28.

[21] Idem, p. 38.

2. Estudo da dignidade da pessoa humana na obrigação alimentar

2.1. Notas sobre os alimentos no Código Civil

A necessidade mais básica e primitiva do ser vivo é a alimentação. Tal como ocorre no mundo animal, os seres humanos necessitam de alimentos, no entanto, é preciso que lhe sejam fornecidas condições dignas de sobrevivência. Assim sendo, em sentido jurídico, a palavra "alimentos" possui um significado mais amplo, compreendendo as despesas necessárias ao sustento do indivíduo, incluindo o seu vestuário, educação (no caso de menores), saúde e habitação.

As Ordenações Filipinas, publicadas em Portugal, no reinado de D. Filipe III, no ano de 1603, e confirmadas por D. João IV em 1643, já continham regras que cuidavam dos alimentos devidos aos órfãos, determinando, no Livro I, Título 88, §15, em assento datado de 9 de abril de 1772, que o "juiz lhes ordenará o que lhes necessário for para seu mantimento, vestido e calçado, e tudo o mais em cada um ano (...) E mandará ensinar a ler e escrever aqueles que forem para isso, até a idade de doze anos".

O Código Civil português traz a noção de alimentos em seu artigo 2.003º, nº 1, estabelecendo: "Por alimentos entende-se tudo o que é indispensável ao sustento, habitação e vestuário". E no nº 2: "Os alimentos compreendem também a instrução e educação do alimentado no caso de este ser menor".

Afirma Pontes de Miranda, que a palavra "alimento" tem, em direito, acepção técnica, uma vez que na linguagem comum significa o que serve à subsistência animal e no sentido jurídico, citando as próprias Ordenações Filipinas, os alimentos compreendem tudo o que for necessário ao sustento, à habitação, à roupa, ao tratamento de moléstias e, se o alimentado for menor, às despesas de criação e educação.[22]

No mesmo sentido, Clóvis Beviláqua[23] assevera que a palavra "alimentos" tem, em direito, uma extensão mais larga do que a da linguagem comum, pois compreende tudo o que é necessário à vida e nas palavras do Professor Sérgio Gilberto Porto, em tal acepção consideram-se, "não só os alimentos necessários ao sustento, mas também os demais meios indispensáveis para as necessidades da vida no contexto social de cada um".[24]

---

[22] PONTES DE MIRANDA, Francisco Cavalcanti. "Tratado de Direito de Família", v. III, 3.ed., São Paulo: Max Limonad, 1947, § 255, p. 197.

[23] BEVILÁQUA, Clóvis. *Direito de Família*, 7. ed., Rio de Janeiro: Ed. Rio, 1976, p. 383.

[24] PORTO, Sérgio Gilberto. *Doutrina e Prática dos Alimentos*, 2.ed., Rio de Janeiro: AIDE, 1993, p. 11.

A doutrina classifica os alimentos em civis ou naturais,[25] sendo estes, que também são chamados de *necessarium vitae*, os considerados no seu sentido mais estrito, sendo os alimentos necessários para cobrir as despesas como sustento, saúde, vestuário e habitação, enquanto que os civis, também conhecidos como *necessarium personae*, são os destinados a atender às necessidades de natureza intelectual e formação moral e pessoal,[26] compreendendo as despesas com criação e educação.[27]

Quando falamos em alimentos,[28] estamos nos referindo também ao direito de exigi-los e à obrigação de prestá-los,[29] o que consigna o caráter assistencial desse instituto,[30] sendo que a prestação de alimentos tem como finalidade atender às necessidades de uma pessoa que não pode prover a sua própria subsistência.

No ordenamento pátrio, a relação jurídico-alimentar está disciplinada na Lei nº 5.478/68, quanto à Ação de Alimentos, e no Código Civil de 2002, estando revogados os dispositivos pertinentes aos alimentos entre cônjuges na separação e no divórcio contidos na Lei nº 6.515/77 e os artigos relativos aos alimentos entre companheiros constantes da Lei nº 9.278/96.[31]

A partir do artigo 1.694, o Código Civil determina que podem os parentes, os cônjuges ou companheiros pedir uns aos outros os alimentos de que necessitem para viver de modo compatível com a sua condição social, inclusive para atender às necessidades de sua educação.

Portanto, detêm legitimidade para a propositura da ação os parentes, os cônjuges e os companheiros. Da mesma forma, devem figurar no pólo passivo as mesmas pessoas mencionadas. A prova há de ser feita de plano no processo, caso a obrigação seja oriunda de relação de parentesco ou casamento.

---

[25] Para Eduardo Espínola ("A família no Direito Civil Brasileiro", Gazeta Judiciária Editora S.A: Rio de Janeiro, 1954, p. 469), "em se tratando de menores, além da criação, cumpre atender às despesas de educação, as quais, entretanto, não de incluem no conceito de obrigação alimentar", o que, segundo o autor, motiva a distinção entre alimentos civis e naturais.

[26] FACHIN, Luiz Edson. *Elementos Críticos do Direito de Família: Curso de Direito Civil*. Rio de Janeiro: Renovar, 1999, p. 276.

[27] A clássica doutrina de Lafayette Rodrigues Pereira (*Direitos de Família*, Typ. Baptista de Souza: Rio de Janeiro, 1930, p. 320) classifica os alimentos naturais, como os "estrictamente necessários para a mantença da vida", e os civis, como "os que são taxados segundo os haveres e a qualidade das pessoas".

[28] Não constituem objeto do presente estudo os alimentos que são oriundos de disposições testamentárias ou contratuais, tampouco aqueles decorrentes da reparação de atos ilícitos ou em caso de homicídio (art. 948, II, do Código Civil).

[29] Nesse sentido, o Professor Sérgio Gilberto Porto (*op. cit.* p. 13) assevera que "o direito de exigir a tutela alimentar retrata ao mesmo tempo o dever de dá-la".

[30] RODRIGUES, Silvio. "Direito Civil", v. 6. *Direito de Família*. 23. ed., São Paulo: Saraiva, 1998, p. 367.

[31] SANTOS. Luiz Felipe Brasil. "Os Alimentos no Novo Código Civil", *Revista Brasileira de Direito de Família*, nº 16, jan./mar., 2003, p. 13.

É de se observar que na esteira do que determina o Código Civil,[32] a obrigação alimentar recai, prioritariamente, aos parentes de grau mais próximo, sendo que, na falta dos ascendentes, caberá a obrigação aos descendentes, e na falta destes, aos irmãos. Assim, em linha reta não há limitação de grau para a obrigação alimentar, enquanto, em linha colateral, estará limitada ao grau mais próximo, ou seja, aos irmãos. A obrigação dos parentes mais distantes é subsidiária e complementar, ou seja, vem depois dos mais próximos e limita-se a completar o valor devido.[33]

Sendo várias as pessoas obrigadas a prestar alimentos, todas devem concorrer na proporção dos respectivos recursos, e, intentada ação contra uma delas, poderão as demais ser chamadas a integrar a lide, na forma da lei processual (arts. 77 e seguintes do Código de Processo Civil).

De outro turno, é fato tranqüilo que se fixados os alimentos, sobrevier mudança na situação financeira de quem os supre, ou na situação de quem os recebe, poderá o interessado reclamar ao juiz, conforme as circunstâncias, exoneração, redução ou majoração do encargo (art. 1.699). A ação revisional é justificada em razão da própria natureza do direito material, isto é, uma relação continuativa que dia após dia assume novas feições.

Há de se falar também nas obrigações alimentares oriundas da união estável, instituto regulado pelo Código nos artigos 1.723 a 1.727,[34] pois os companheiros também podem prestar alimentos entre si,[35] de acordo com a norma do artigo 1.694; e nas "relações homoeróticas" ou "homoafetivas",[36] que embora não positivadas em nosso ordenamento jurídico,

---

[32] "Art. 1.696. O direito à prestação de alimentos é recíproco entre pais e filhos, e extensivo a todos os ascendentes, recaindo a obrigação nos mais próximos em grau, uns em falta de outros. Art. 1.697. Na falta dos ascendentes cabe a obrigação aos descendentes, guardada a ordem de sucessão e, faltando estes, aos irmãos, assim germanos como unilaterais".

[33] Há significativa evolução trazida pela jurisprudência gaúcha, para a qual citamos acórdão de lavra do Desembargador Luiz Felipe Brasil Santos, no sentido de se admitir a possibilidade de que a pretensão alimentar possa ser dirigida desde logo contra o ascendente mais remoto, uma vez que o autor assumiu o ônus de provar, no curso da lide, a impossibilidade do pai em prestar-lhe alimentos superiores ao patamar já vigorante, originando a chamada obrigação avoenga (TJ/RS, AC 70.001.770.171, Câm. Cível, Rel. Des. Luiz Felipe Brasil Santos, julgado em 29/11/2000).

[34] O Código Civil (art. 1.723) reconhece a "união estável" como entidade familiar, configurada na convivência pública, contínua e duradoura, estabelecida com o objetivo de constituição de família, diferenciando-a do concubinato (art. 1.727), que se configura nas relações não eventuais entre homem e mulher impedidos de casar.

[35] Nesse sentido, admitindo os alimentos decorrentes da união estável: AI nº 70004925129, 8ª Câm. Cível, TJ/RS, Rel. Des. José Carlos Teixeira Giorgis, julgado em 20/11/2002 e AC nº 70004227278, 8ª Câm. Cível, TJ/RS, Rel. Des. José Carlos Teixeira Giorgis, julgado em 19/06/2002.

[36] Sobre o tema, citamos artigo pioneiro do Professor José Carlos Teixeira Giorgis (*op. cit.*, p. 154) que assim afirma: "Ventilar-se a possibilidade de desrespeito ou prejuízo a alguém em função de sua orientação sexual é dispensar tratamento indigno ao ser humano, não se podendo ignorar a condição pessoal do indivíduo, legitimamente constitutiva de sua identidade pessoal, como se tal aspecto não se relacionasse com a dignidade humana".

vem sendo reconhecidas,[37] com o que acreditamos ser possível que os alimentos daí decorrentes encontrem o devido respaldo na doutrina e na jurisprudência de vanguarda do Tribunal de Justiça gaúcho.

Quanto aos cônjuges, importa salientar que o Código Civil prevê alimentos para o culpado na separação, mas limita-os ao indispensável à sobrevivência (art. 1.704, par. único), com o que conclui-se que ao cônjuge culpado serão devidos os alimentos apenas para *"manter a vida com dignidade"*, enquanto que ao não culpado serão devidos os alimentos para sustentar o anterior padrão de vida.[38]

O artigo 1.694 inovou com relação ao dispositivo correspondente no vetusto Código Civil de 1916,[39] ao trazer a expressão "compatível com a sua condição social", muito criticada pela doutrina, uma vez que dificilmente haverá possibilidade, no caso de alimentos devidos ao cônjuge, de manter-se o mesmo patrimônio, pois este será dividido, e, portanto, a sua condição social não seria mais a mesma.[40]

Em seu primeiro parágrafo, o artigo em questão traça as diretrizes que servem para calcular a verba: os alimentos devem ser fixados na proporção das necessidades do alimentando ("reclamante", na terminologia utilizada pelo Código) e dos recursos da pessoa obrigada. Desse modo, a jurisprudência já começou a entender o conhecido binômio necessidade/proporcionalidade como, na verdade, sendo um trinômio, a saber, necessidade/possibilidade/proporcionalidade.[41]

---

[37] Nesse sentido: "União Homossexual. Reconhecimento. Partilha do patrimônio. Meação paradigma. Não se permite mais o farisaísmo de desconhecer a existência de uniões entre pessoas do mesmo sexo e a produção de efeitos jurídicos derivados dessas relações homoafetivas. Embora permeadas de preconceitos, são realidades que o judiciário não pode ignorar, mesmo em sua natural atividade retardatária. Nelas remanescem conseqüências semelhantes as que vigoram nas relações de afeto, buscando-se sempre a aplicação da analogia e dos princípios gerais do direito, relevado sempre os princípios constitucionais da dignidade humana e da igualdade. Desta forma, o patrimônio havido na constância do relacionamento deve ser partilhado como na união estável, paradigma supletivo onde se debruça a melhor hermenêutica. Apelação provida, em parte, por maioria, para assegurar a divisão do acervo entre os parceiros". (AC nº 70001388982, 7ª Câm. Cível, TJ/RS, Rel. Des. José Carlos Teixeira Giorgis, julgado em 14/03/01).

[38] PEREIRA, Sérgio Gischkow. "O Direito de Família e o Novo Código Civil: Principais alterações", *Revista dos Tribunais*, nº 804, out., 2002, p. 50.

[39] "Art. 396. De acordo com o prescrito neste capítulo podem os parentes exigir uns dos outros os alimentos de que necessitem para subsistir".

[40] Conforme trata com precisão do assunto o Professor Luiz Felipe Brasil Santos (*op. cit*, p. 14), citando o Projeto de Lei nº 6960/02 que dispõe sobre a alteração do artigo 1694, *caput*, sugerindo a substituição da expressão "compatível com a sua condição social" por "digno", propondo, assim, a substituição da garantia da *condição social* do alimentado pela preservação de sua *vida com dignidade* (p. 21).

[41] Nesse sentido, podemos citar os acórdãos de lavra do Desembargador Rui Portanova, pioneiro na utilização desta terminologia: "Alimentos. Revisional. Redução. Para que haja redução dos alimentos e necessária prova robusta da alteração das condições do alimentante, sem a qual impossível aferir o trinômio necessidade/possibilidade/proporcionalidade. Elementos probatórios insuficientes para com-

O dever de prestar alimentos cessa com o casamento, a união estável ou o concubinato do credor (art. 1.708), cessando também se este tiver *procedimento indigno*[42] com relação ao devedor (art. 1.708, par. único). Conforme determina o artigo 1.707 do Código Civil,[43] o credor dos alimentos pode deixar de exercer o direito de exigir alimentos, no entanto, a eles não pode renunciar. Por isso, afirma-se que o caráter imperativo das normas sobre alimentos tem como corolários serem estes irrenunciáveis, como o próprio direito à vida[44] e a dignidade da pessoa humana.

2.2. A dignidade como um dos fundamentos da pretensão alimentar

Anteriormente vimos que a dignidade da pessoa humana é a essência do ser, não podendo, de forma alguma, lhe ser retirada ou ignorada e merecendo o respeito e a proteção por parte de todos.

Infelizmente, a dignidade da pessoa humana não vem sendo utilizada como fundamento de decisões judiciais,[45] mesmo se tratando de um dos princípios que fundamentam a República Federativa do Brasil,[46] ou seja, trata-se do valor "fundante" do sistema no qual se alberga[47] e, salvo raríssimas e louváveis decisões, não é lembrado pelos nossos Tribunais.

Sem adentrarmos na discussão sobre a dignidade da pessoa humana tratar-se ou não de um princípio de caráter absoluto, entendemos que esta dignidade da pessoa deve ser vista como elemento inspirador das decisões judiciais concessivas ou denegatórias de alimentos, implícita ou explicitamente demonstrada no texto da decisão, pois não se admite atualmente que o julgador desconsidere este valor fundamental, sendo que os alimen-

---

provar a alteração das possibilidades. Negaram provimento". (AC nº 70005806351, 8ª Câm. Cível, TJ/RS, Rel. Des. Rui Portanova, julgado em 13/03/03). No mesmo sentido: AC nº 70005393301, 8ª Câm. Cível, TJ/RS, Rel. Des. Rui Portanova, julgado em 13/03/03.

[42] Para o Professor Luiz Felipe Brasil Santos (*op. cit.* p. 26), o procedimento indigno de que trata o parágrafo único do artigo 1.708 deve ser interpretado restritivamente, enquadrando-se em uma das hipóteses que ensejam a exclusão de herdeiros da sucessão (art. 1.814).

[43] "Art. 1.707. Pode o credor não exercer, porém lhe é vedado renunciar o direito a alimentos, sendo o respectivo crédito insuscetível de cessão, compensação ou penhora".

[44] WALD, Arnoldo. *O Novo Direito de Família*, 14. ed., Saraiva: São Paulo, 2002, p. 42.

[45] Sobre a dignidade da pessoa humana como fundamento de decisão judicial, já afirmou Maurício Antônio Ribeiro Lopes ("Dignidade da Pessoa Humana: Estudo de um Caso". Revista dos Tribunais, v. 758, dez./1998, p. 112): "Nem em consulta ao site do STF com a íntegra de seus acórdãos dos últimos anos, nem a pesquisa em base de dados com oitenta anos de sua jurisprudência, pode revelar fundamentação alguma calcada expressamente na tutela da dignidade da pessoa humana como parâmetro".

[46] De acordo com o Professor Giorgis (op. cit., p. 151), a dignidade da pessoa humana "não é só um princípio da ordem jurídica, mas também de ordem econômica, política, cultural, com densificação constitucional".

[47] ROCHA. *op. cit.*, p. 32.

tos, em especial, devem ser vistos sob o prisma do princípio da dignidade porque afetam diretamente a vida do ser humano.

Na judiciosa lição do Professor Sérgio Gilberto Porto, tem-se que o instituto dos alimentos "não pode mais ser visto na concepção romanística que o entendia como um ofício de piedade (officium pietatis) simplesmente, quiçá, baseado na solidariedade social. Pois, hoje, muito mais do que moral, trata-se de um instituto perfeitamente regulado pelo direito".[48] E justamente por ser um instituto devidamente regulado pelo direito, é que se faz necessário que as decisões relativas aos alimentos estejam de acordo com os princípios orientadores de nosso sistema jurídico.

Deste modo, o julgador deve se ater ao princípio da dignidade da pessoa humana no momento da decisão referente ao *quantum* alimentar, pois a fixação dos alimentos aquém do mínimo necessário à sobrevivência do alimentando ofende frontalmente o princípio da dignidade da pessoa humana.

De outra banda, entendemos, que a fixação da verba alimentar de forma exacerbada, além das possibilidades econômico-financeiras do devedor, também ofende o princípio da dignidade da pessoa humana, pois o alimentante não poderá prover alimentos de modo que ele próprio não os tenha para a sua própria subsistência, uma vez que em ambos os casos há de ser respeitado o binômio necessidade/possibilidade.

Os alimentos visam, precisamente, a proporcionar uma vida de acordo com a dignidade do alimentado,[49] pois esta dignidade não é superior, nem inferior, à dignidade da pessoa do alimentante, que resiste em satisfazer a pretensão daquele, uma vez que as razões do pedido, e as referentes à resposta, devem ser avaliadas por um "juízo de proporcionalidade entre o que se necessita e o que se pode prestar"[50] a fim de que a lide alimentar seja decidida de forma equânime e justa.

---

[48] PORTO. *op. cit.*, p. 12.

[49] Nesse sentido, transcrevemos belo acórdão de lavra do desembargador Antônio Carlos Stangler Pereira: "Alimentos. O pai não pode ser insensível à voz de seu sangue em prestar alimentos ao filho menor que, em plena adolescência, não só necessita sobreviver, mas viver com dignidade, não sendo prejudicado em sua educação, nem em seu lazer, pois tudo faz parte da vida de um jovem, que antes da separação desfrutava do conforto que a família lhe proporcionava, em razão do bom nível social de seus pais. Não se justifica a diminuição dos alimentos prestados, se o ex-marido socorre a mulher com importância muito superior a obrigação alimentar que lhe foi imposta em benefício do filho, ainda mais se aposentada como professora. A mãe já faz a sua parte tendo a guarda do filho menor e cumpre um ônus que não tem preço. O pai não esta em estado de insolvência, somente enfrenta as dificuldades decorrentes da crise que assola o país, que se reflete na pessoa de seu filho, que, igualmente, sofre com a política econômica do governo federal". (AC nº 597151489, 8ª Câm. Cível, TJRS, julgado em 12/08/99).

[50] FACHIN. *op. cit.*, p. 270.

Principais Conclusões

1. A dignidade da pessoa humana surgiu da necessidade de uma maior proteção ao ser humano, sobretudo em razão de trágicos fatos históricos, como o "Holocausto".

2. No Brasil foi com o advento da Constituição de 1988, que ocorreu a primeira aparição de dignidade da pessoa humana, posta no título I (Dos princípios fundamentais), artigo 1º, inciso III, como sendo um dos fundamentos da República Federativa.

3. A doutrina ainda está à procura de um conceito satisfatório de dignidade da pessoa humana, que pode ser entendida como a essência do ser, irrenunciável, e que de forma alguma pode lhe ser retirada ou ignorada.

4. Os alimentos, juridicamente considerados, constituem-se naqueles indispensáveis ao sustento, vestuário, saúde e habitação do requerente, além daqueles referentes aos gastos com a sua criação e educação, no caso de menor.

5. O Código Civil estabelece que os alimentos devem ser fixados na proporção das necessidades do alimentado e dos recursos do alimentante, ou seja, atendendo-se aos critérios de necessidade, possibilidade e proporcionalidade.

6. A fixação dos alimentos aquém do mínimo necessário à sobrevivência do alimentando ofende frontalmente o princípio da dignidade da pessoa humana.

7. A fixação dos alimentos de forma exagerada, além das possibilidades econômico-financeiras do devedor, também ofende o princípio da dignidade da pessoa humana, pois o alimentante não poderá prover alimentos de modo que ele próprio não os tenha para a sua própria subsistência.

8. Toda decisão concessiva ou denegatória de alimentos deve ser fundamentada, ou ao menos orientada, pelo princípio fundamental da dignidade da pessoa humana, a fim de que seja protegida e respeitada a dignidade dos sujeitos da obrigação alimentar.

— 11 —

Deveres constitucionais da família frente ao Estado

LUIZ PAULO ROSEK GERMANO
Mestre em Direito do Estado. Professor de Direito Administrativo
na PUCRS, na AJURIS e na ESMAFE. Advogado.

Sumário: 1. Introdução; 2. A família e seu aspecto tridimensional; 3. Natureza (jurídica) do Direito de Família; 4. Alguns conceitos e valores recepcionados pelo Estado em relação à nova família; 4.1. As responsabilidades da mulher; 4.2. A indenização decorrente da união estável; 4.3. Da obrigação alimentar; 5. Conclusão.

1. Introdução

O Estado, sabemos, é uma entidade única, abstrata e organizada administrativamente, cujos propósitos não são outros senão propiciar o bem comum. Aliás, as diferentes variáveis acerca das concepções do conceito de Estado, em hipótese qualquer, afastam tais prerrogativas ou ilações, uma vez ser impossível dissociarmos as atribuições do Poder Público do atendimento aos interesses sociais.

A família é uma instituição perene, consolidada e indestrutível. Tal como o Estado, possui responsabilidades não só em relação a sociedade, mas também no que diz respeito a formação moral e educacional dos cidadãos. Embora seja ramo pertencente ao Direito Civil, o estudo do Direito de Família hoje encontra-se, definitivamente, entrelaçado ao Direito Público, ocasionando o surgimento daquilo que os civilistas chamaram de "publicização do Direito Civil", ou, especificamente, "publicização do Direito de Família".

Assim como o Estado, a família e seus institutos de estudo, passaram, ao longo dos séculos, por um período de intensa mutação. Enquanto a doutrina ainda discute o significado do chamado "Estado de Direito", cuja concepção crítica atrela tal caracterização como sendo de natureza essencialmente liberal, a família, sólida, amolda-se a evolução social, contemplando questões jamais antes identificadas, como a já consolidada União Estável, até o reconhecimento, polêmico, no dias de hoje, da relação homosexual, situação esta decorrentes de decisões havidas perante o Poder Judiciário.

A inter-relação existente entre dois dos pilares do desenvolvimento social e humano, quais sejam, o Estado e a família, é motivo de debate e estudo, em virtude da especialização da matéria, que aproxima o público do privado, consolidando normas de conduta e de Direito capazes de instrumentalizar uma parceria indissociável.

2. A família e seu aspecto tridimensional

A preocupação com a família, enquanto instituição sólida, transcende o estudo do Direito, para alcançar repercussão nas mais diferentes correntes científicas. Na religião, na história ou na medicina, independentemente do enfoque específico que se avalie, a família sempre foi vista como um dos núcleos da sociedade, ocorrendo naturalmente uma atividade de proteção às suas próprias estruturas.

A atual Carta Política brasileira, promulgada em 1988, sem que de nossa parte, no presente ensaio, se avalie as demais Constituições havidas perante nosso Estado, atribui à família responsabilidade vinculada a promoção da dignidade humana, enquanto princípio, merecendo, por parte do Poder Público, especial atenção. A interpretação literal e teleológica dos dispositivos constitucionais constantes do Capítulo VII da *Lex Fundamentalis* confere ao instituto importância tridimensional, na medida em que a família é entendida como a base da sociedade (aspecto social), merece especial atenção do Estado (aspecto relacionado ao interesse público) e o seu regramento é disciplinado por normas de Direito (aspecto jurídico).

A relação tridimensional da família, ora proposta, permite uma interferência de diferentes institutos sobre o desenvolvimento das relações decorrentes, ressaltando-se, entretanto, a presença do Estado, como prestador de serviços, entidade capaz de garantir à família suas responsabilidades frente a sociedade e aos cidadãos. Definitivamente, não há como a família se estabelecer, seja de maneira jurídica ou social, sem a interferência direta dos órgãos públicos, que deverão garantir aos membros componentes do núcleo familiar os direitos inerentes aos cidadãos, enquanto pessoas e à família, enquanto agrupamento constituído na forma do Direito.

O aspecto social, parte integrante dessa relação tridimensional abordada, valoriza-se pela inserção da família na sociedade, com todos as garantias jurídicas inerentes. Os direitos fundamentais, estabelecidos no extenso artigo 5º da Carta Magna, por certo, devem ser evidenciados em relação aos membros componentes do agrupamento familiar, até bem porque a Constituição Federal garante uma série de prerrogativas aplicáveis a família, enquanto instituição. Não obstante tais considerações de natureza jurídica, em relação as garantias constitucionais, não se pode ignorar a interação da família a sociedade, notadamente em relação a outras famílias, uma vez que, enquanto instituição histórica, a trajetória da família confunde-se com a evolução da própria sociedade. Como o Direito, a sociedade é mutável, adaptando-se as transformações sociais contempladas pela história de todas as épocas e gerações. Com efeito, a família é uma instituição perene e natural que se insere no contexto social, absorvendo as transformações resultantes da modernização de culturas. O interessante é que se discute o casamento enquanto convenção, ou a união estável, legitimada pelo texto constitucional. Se debate os regimes que disciplinarão a convivência conjugal e, até mesmo, a possibilidade de união homosexual. Mas a família, independentemente de seu arcabouço, continua sendo considerada instituição sagrada, não importando quais sejam seus membros componentes. Sua estrutura pode contemplar diferentes modelos, mas suas responsabilidades frente ao texto constitucional e a sociedade permanecem intangíveis.

A proteção do Estado à família se expressa das mais variadas formas e mecanismos. O interesse público na tutela de tais propósitos encontra-se na necessidade de se garantir a cada membro integrante da entidade familiar dignas condições de subsistência e assentamento na sociedade, como sujeitos que a formam e que nela estabelecem todas as relações decorrentes de sua própria vivência. Nesse sentido, cabe ao Poder Público, dentre outras ações, garantir e proteger a família através da edição do Direito Positivo, que neste particular nada mais é do que a tutela estatal para com as questões relacionadas a família, enquanto instituição. Antes, a proteção jurídica restringia-se a família concebida através do casamento, não se reconhecendo outras formas capazes de receber, por parte do Estado, especial proteção legal. Após a promulgação da Constituição Federal de 1988, o Poder Público recepcionou a União Estável como entidade familiar, merecendo, dessa forma, por parte de suas estruturas, tutela jurídica e constitucional. Desde então, já não importa a maneira como foi constituída a entidade familiar, apenas interessando, diante de sua caracterização, a obrigação do Estado em protegê-la.[1]

Diante de tais considerações, a proteção do Estado e os aspectos relacionados ao interesse público que implicam, obrigatoriamente, na assistência a ser conferida pelo Estado à entidade familiar, independe de que forma se materializou tal instituição, se decorrente do casamento ou não. Desse modo, o interesse do Estado deve estar presente perante a família, não importando se o grupo é formado por pais e filhos, ou por apenas um dos progenitores com sua prole, natural ou adotiva (cuja diferença jurídica, já se sabe, não mais existe). A obrigação do Poder Público se dá perante a família, e não isoladamente, em relação a cada membro. Nesse aspecto, a lição de Lourival Silva Cavalcanti é taxativa, ao afirmar que a proteção do Estado em relação a família leva em consideração a coletividade familiar, jamais a pessoa componente do agrupamento de maneira isolada.[2] Resta-nos saber, diante de decisões judicias já havidas, como se comportará o Estado, no que tange a edição do Direito Positivo, relativamente a união entre homosexuais e os desdobramentos decorrentes desse reconhecimento.

O aspecto jurídico, na presente análise, possui grande significado uma vez que o Direito de Família está sedimentado em regras que se iniciam com os preceitos constitucionais, na forma do art. 226 da Carta Magna,[3] passam pelo novo Código Civil brasileiro, recentemente promulgado, alcançando demais leis de natureza infra constitucional, dentre as quais destacamos o Estatuto da Mulher Casada (Lei nº 4.121/62), a Lei do Divórcio (Lei nº 6.515/77), a lei que dispôs do reconhecimento dos efeitos

---

[1] Interessante o estudo apresentado por Carlos Alberto Bittar, publicado na Revista de Informação Legislativa, Brasília, n 131, jul./set. 1996, no sentido de elucidar, dentre outras questões pertinentes ao estudo, o caráter assistencial do estado em relação a família.

[2] Cavalcanti, Lourival Silva. *União Estável*. São Paulo: Saraiva; 2003, p. 48.

[3] "Art. 226. A família, base da sociedade, tem especial proteção do Estado.
§ 1º O casamento é civil e gratuita a celebração.
§ 2º O casamento religioso tem efeito civil, nos termos da lei.
§ 3º Para efeito de proteção do Estado, é reconhecida a união estável entre o homem e a mulher como entidade familiar, devendo a lei facilitar sua conversão em casamento.
§ 4º Entende-se, também, como entidade familiar a comunidade formada por qualquer dos pais e seus descendentes.
§ 5º Os direitos e deveres referentes à sociedade conjugal são exercidos igualmente pelo homem e pela mulher.
§ 6º O casamento civil pode ser dissolvido pelo divórcio, após prévia separação judicial por mais de um ano nos casos expressos em lei, ou comprovada a separação de fato por mais de dois anos.
§ 7º Fundado nos princípios da dignidade da pessoa humana e da paternidade responsável, o planejamento familiar é livre decisão do casal, competindo ao estado propiciar recursos educacionais e científicos para o exercício desse direito, vedada qualquer forma coercitiva por parte de instituições oficiais ou privadas.
§ 8º O Estado assegurará a assistência a família na pessoa de cada um dos que a integram, criando mecanismos para coibir a violência no âmbito de suas relações".

civis do casamento religioso (Lei nº 1.110/50), a Lei dos Registros Públicos (Lei nº 6.015/73), a Lei que regula os direitos dos companheiros a alimentos e à sucessão (Lei nº 8.971/94), o Estatuto da Criança e do Adolescente (Lei nº 8.069/90) e, dentre outras, a Lei que disciplina o planejamento familiar (Lei nº 9.263/96). Trata-se de um arcabouço jurídico responsável pela instrumentalização do Direito de Família, legalizando, muitas vezes, procedimentos que antes já estavam reconhecidos pelo sociedade, sob o enfoque prático. Outras vezes, a lei, mais do que simples reflexo da evolução da sociedade e de seus respectivos entendimentos, importou no reconhecimento de direitos decorrentes do clamor da sociedade em relação aos seus próprios propósitos, no que tange ao exercício da liberdade[4] como um dos mais valiosos direitos do ser humano, consagrado pela *Lex Fundamentalis*. Nesse sentido, a Lei do Divórcio,[5] polêmica à época, sobretudo por força das contingências religiosas, tão incidentes, inclusive nos dias de hoje, representou a pressão da sociedade sobre os organismos públicos, notadamente perante o Congresso Nacional, redundando, em 1977, na promulgação de uma das leis mais importantes já havidas na história legislativa brasileira. Coube ao Estado não apenas reconhecer e legalizar o divórcio, como também coube ao Poder Público instrumentalizar os mecanismos processuais para a sua efetivação.

Diante das diferentes incidências e da necessária participação do Poder Público como garantidor dos direitos inerentes a família, vista esta como uma coletividade e não isoladamente por cada qual de seus membros, possível, portanto, a identificação tridimensional do instituto, relacionando-o ao Estado, bem como das obrigações daí decorrentes.

3. A natureza (jurídica) do Direito de Família

Muito já se debateu acerca da natureza do Direito Família. Categoricamente, afirma-se que integra o ramo do direito privado, protegido e disciplinado por normas rígidas, o que, por si só, remete-nos a análise das interferências do direito público em relação a matéria. Não há dúvida de que em nosso país, em virtude da organização administrativa e do modelo jurídico existentes, o Estado assumiu obrigações, responsabilidades e titularidades que afastaram a iniciativa privada de obrigações que, em tese,

---

[4] Benjamim Disraeli: "A liberdade é algo maravilhoso, mas não quando o preço que se paga por ela tem de ser a solidão".

[5] O Deputado Federal Nelson Carneiro foi o grande responsável por significativa revolução legislativa, propondo ao Congresso, na verdade, a legalização do divórcio, mecanismo que desconstitui, sob a ótica do direito, a sociedade conjugal.

também poderiam ser suas. A família, em decorrência, como resultado dessas incidências todas, ainda verificadas no contexto social, cedeu parte de uma pretérita autonomia que lhe era resguardada a uma imposição da vontade estatal, embora, em seu nome, tenham surgido outras responsabilidades, estabelecidas, dentre outros diplomas legais, no próprio texto constitucional. Diz-se, diante de tal interferência, caracterizando-se, inclusive, no que diz respeito a família, a existência dos denominados direitos indisponíveis, sobre os quais as partes não podem transigir, que este ramo do direito é o menos individualista e privatista de todos os demais integrantes do direito privado, ocasionando o surgimento de um fenômeno chamado publicização do Direito Civil, em especial do próprio Direito de Família. Não há como negar que as normas relacionadas ao estudo são de ordem pública, exigindo-se, por parte do Estado, não apenas uma especial atenção (interferência obrigatória do Ministério Público nos processos judiciais), mas também a própria tutela estatal em relação aos direitos inerentes à família (pois, de acordo com a própria Constituição, a entidade familiar, como base da sociedade, possui especial atenção do Estado).

De qualquer sorte, embora reconheçamos a rigidez do ordenamento e da indisponibilidade dos direitos relativos a família, não há como negar a evolução histórica e, por conseqüência, jurídica do instituto. A atual Carta Política brasileira, como nenhuma outra, liberalizou determinadas questões relacionadas ao Direito de Família, viabilizando, dentre outras, a socialização do conceito de família. Os preconceitos,[6] históricos, relativamente à matéria, sustentados muitas vezes pela sociedade com a proteção do Poder Público, cederam espaços a "oxigenação" das relações sociais, admitindo-se que a família não mais pudesse ser apenas uma instituição decorrente do casamento, possibilitando-se que outros mecanismos de formação da entidade fossem admitidos no contexto jurídico, nem, tampouco, dela pudessem fazer parte integrante apenas aqueles filhos chamados naturais, diferenciação esta, nos dias de hoje, apenas admitida para análise técnica, não sendo mais aceita sob o aspecto jurídico. Atualmente, concepções até bem pouco tempo atrás vigentes, tal como a impossibilidade do filho adulterino pleitear alimentos, restam superadas. Todas essas situações que representam uma mutação da família, em relação aos seus conceitos e suas responsabilidades, foram recepcionados pelo ordenamento jurídico, tornando-se, muitas destas normas, de natureza pública, permitindo-se uma aplicação parcialmente pública ao regime que norteia as atividades familiares, bem como seus direitos e deveres decorrentes.

---

[6] Albert Einstein: "Triste época! É mais fácil desintegrar um átomo que um preconceito".

4. Alguns conceitos e valores recepcionados pelo Estado em relação à nova família

As transformações pelas quais passou a sociedade nos últimos tempos propiciaram o surgimento de novos valores e de conceitos abarcados pelo Direito e pelo Estado, relativamente à família. Situações inimagináveis anos atrás, não só passaram a ser vislumbradas nos dias de hoje, como foram recepcionadas e regulamentadas pela ordem jurídica, legitimando atitudes relativamente aos componentes da entidade familiar. Nesse sentido, dentre outras situações, como o reconhecimento da União Estável, os direitos dos filhos adulterinos e a isonomia dos cônjuges em relação ao exercício do pátrio poder, os direitos da mulher passaram a ser vistos de igual forma aos dos homens, pelo Estado e pelo Direito, eliminando-se, definitivamente, sob a ótica jurídica, qualquer discriminação acalentada por séculos e séculos na história da civilização humana.

4.1. As responsabilidades da mulher

A isonomia consagrada pelo ordenamento jurídico pátrio, em relação aos direitos e deveres do homem e da mulher, no que tange às suas responsabilidades frente à família, permitiu que o então "sexo frágil" pudesse assumir obrigações que vão muito além das lides domésticas, para definitivamente conquistar o mercado de trabalho e contribuir, economicamente, com o sustento da entidade familiar.[7] Perdurou, por muito tempo, a idéia de que a mulher só poderia estar inserida na família na condição de esposa, mas nunca na condição de concubina ou companheira, ou até mesmo como "mãe independente", com responsabilidades, dentre outras, frente à própria sociedade conjugal. Trata-se de uma radical revolução acompanhada pelo Estado, que tratou de legitimar situações antes reconhecidas apenas sob o aspecto fático. Além da própria questão da União Estável, a Constituição Federal incumbiu ao homem e à mulher os direitos e deveres decorrentes da sociedade conjugal, independentemente de sua respectiva origem. Os doutrinadores, de uma forma geral, atestam, nas palavras de Caio Mário da Silva Pereira, que "a condição jurídica da mulher é um dos mais ricos capítulos da história evolutiva do direito. Foi onde se processou a maior transformação no Direito de Família".[8]

---

[7] Vladimir Lenin: "Elevar a mulher a um produtivo trabalho social, libertá-la da escravidão doméstica, aliviá-la da enfadonha e humilhante sujeição do monótono e recuso ambiente da cozinha, eis o nosso principal objetivo".

[8] Pereira, Caio Mário da Silva. *Instituições de Direito Civil*. Vol V, Rio de Janeiro; Forense, 1999, p. 5.

De fato, historicamente, em Roma, a mulher desempenhava uma atividade secundária frente à entidade familiar. Não lhe eram reconhecidos os mesmos direitos dos homens, permanecendo submissas, seja em relação ao seu próprio pai, antes de casadas, não lhe sendo reconhecidas capacidades, seja, após contraído o matrimônio, vinculadas ao marido (*in domo mariti*). Sem qualquer rótulo pejorativo, a *capitis deminutio* a marcava para o resto da vida, permanecendo nesta condição por toda a idade média, período em que se sucederam batalhas e guerras, fortalecendo o comércio e os impérios.

Ainda que os novos tempos pudessem contemplar renovados direitos e oportunidades às mulheres, não foi nos séculos XVIII e XIX que foram rompidas as barreiras da discriminação. As economias, já disciplinadas pela ordem jurídica, não libertavam as mulheres das presilhas discriminatórias, restringindo-se suas atividades as questões do lar.

Já no século XX, em toda parte, mas, especialmente, no Brasil, as mulheres despertaram para o mundo, reivindicando seus mínimos direitos, ainda em descompasso com todos aqueles garantidos aos homens. Não há dúvida de que as Guerras Mundiais ocorridas abriram espaços para as mulheres, no que diz respeito a realização de atividades econômicas, uma vez que os varões, despertos pelo sentimento nacionalista, empunharam armas em direção aos combates, cedendo flancos para que as mulheres pudessem assumir responsabilidades que jamais haviam sido suas. Suas tímidas conquistas, embora crescentes, foram ovacionadas pela sociedade.

A mulher sempre esteve, em relação à família, vinculada as atividades internas, tais como a educação dos filhos, a organização das questões domésticas e, quando chamadas, como representantes ao lado do marido em ocasiões sociais. De acordo com Francesco Cosentini, "os tempos modernos exigem que a mulher não continue mais a ser subordinada, mas colaboradora do homem".[9] Esta idéia, no sentido de que a mulher, nos dias de hoje, estaria afastada das responsabilidades domésticas e de todos os seus desdobramentos, por certo, não resta superada, como todos afirmam, isso porque a mulher continua a executá-las. A grande novidade é que mesmo essas atividades, de relação interna, não são mais suas exclusivas responsabilidades, assim como as relacionadas ao sustento familiar passaram a também ser de suas incumbências. Assim como a mulher, o homem é responsável pela educação dos filhos e pelas atividades decorrentes do lar. Já a cônjuge mulher aproximou-se das atividades comerciais, passando a freqüentar escolas e universidades, apresentando-se no mercado de trabalho não só como mão-de-obra, mas também como fonte de recursos para

---

[9] Consentini, Francesco. *Droit de Famille, Essai de Réforme*, p. 14.

a manutenção da família. Descrever a conquista do voto[10] pela mulher nos dias de hoje é quase uma afronta à sua capacidade e independência, mas o reconhecimento jurídico fora comemorado à época como um grande feito, pois, a passos largos, migrava a civilização e o Direito a eliminação de preconceitos e discriminações que há séculos perseguiam as mulheres perante a sociedade em que estavam inseridas. A assimilação da mulher no mercado de trabalho e o respectivo desempenho de profissões antes afetas apenas aos homens é outro marco diferencial da eliminação das desigualdades. Em todas essas conquistas, mister salientar, a ação estatal, seja através de sua função legislativa, legitimando condutas através da edição de leis e demais regulamentos, assim como o desencadeamento de campanhas, muitas delas de natureza publicitária, que foram capazes de não só autorizar a ação da mulher na sociedade, como, também, estimular a sua respectiva e necessária participação nas atividades econômicas.

Hoje, reconhecida a isonomia entre o homem e a mulher, notadamente no que tange aos aspectos relacionados ao Direito de Família, cumpre-se destacar alguns direitos e deveres da mulher em relação a sociedade conjugal e à família. Dentre os quais, destacamos o acervo econômico uxório, algo inadmissível em épocas em que a mulher não participava de qualquer atividade econômica ou de produção de riqueza; o poder de direção doméstica,[11] com responsabilidades frente a educação dos filhos e de administração do lar, sem que isso signifique, em hipótese qualquer, atribuições secundárias ou que devam ser discriminadas; e o exercício do pátrio poder, em associação com o cônjuge varão.

4.2. *A indenização decorrente da união estável*

O reconhecimento pela ordem jurídica da União Estável, outra das principais alterações contempladas pelo "novo" Direito de Família, consolidado após a Constituição Federal de 1988, legitimou obrigações decorrentes do vínculo, não só em relação aquelas questões decorrentes da própria entidade familiar, como o já comentado exercício em conjunto do pátrio poder, mas outras decorrentes da convivência em comum, sedimentadas pelo tempo.

A União Estável possui forte proteção legislativa, o que representa uma especial atenção do Estado para com esta sociedade conjugal. Além da própria Carta Magna, duas leis federais[12] sucederam-se norteando a

---

[10] Através do Decreto nº 21.076, de 24 de fevereiro de 1932, é instituído o Código Eleitoral Brasileiro, sendo que o artigo 2º disciplinava que era eleitor o cidadão maior de 21 anos, sem distinção de sexo, alistado na forma do Código. O voto feminino, reconhecido pelo Estado através da promulgação de um Código Eleitoral, entretanto, não era obrigatório.

[11] Nas palavras de Caio Mário da Silva Pereira. *Ob. cit.* p. 114.

[12] Lei nº 8.971/04 e Lei nº 9.278/96.

matéria, contemplando uma série de direitos antes inimagináveis, decorrentes do vínculo reconhecido.

Tais obrigações, decorrentes da União Estável, não eram vislumbradas em relação ao instituto anterior do concubinato. Muito antes pelo contrário, este era visto como algo anti-social e até promíscuo, ao passo que aquele é recepcionado pela sociedade, legitimado pelo Estado e pelo Direito. O concubinato, nos primórdios, não obrigava o homem em relação à mulher, nem tampouco no que diz respeito aos filhos concebidos.[13] A União Estável, diferentemente, produz direitos e obrigações aplicáveis ao homem e à mulher. Tais responsabilidades, inicialmente, tiveram origem justamente no Direito Previdenciário, cuja atividade de organização é atribuída ao Poder Público, na forma da Constituição Federal.[14] Mas foi justamente neste ramo do Direito que ocorreram as primeiras decisões em benefício de concubinas, transformando-se, inclusive, em súmulas do Supremo Tribunal Federal[15] e do então Tribunal Federal de Recursos.[16]

As pressões sociais, aliadas às decisões judiciais que, de forma reiterada, reconheceram direitos às companheiras, relativamente a situações caracterizadas como de União Estável, viabilizou o surgimento de algumas responsabilidades decorrentes da relação, tais como a indenização por "serviços prestados". Tal situação não possuiria fundamento em qualquer ato ilícito praticado pelo companheiro em relação à mulher, pois, importante o registro, não são estes os motivos que justificariam, em tese, o pagamento de uma indenização por serviços prestados à companheira. O certo é que se teve o entendimento de que a mulher, após anos e anos de convívio e dedicação à família e ao companheiro, não poderia, diante do rompimento, muitas vezes unilateral, ficar desassistida. Em tempos de igualdade entre o homem e a mulher, principalmente no que tange aos direitos e obrigações vinculados ao Direito de família, por certo, embora culturalmente não haja essa conotação, o companheiro, de igual sorte, poderia pedir algum tipo de indenização à título de "serviços prestados".

A União Estável não se caracteriza por uma simples amizade entre o homem e a mulher. É preciso mais do que isso. É imperioso, para tal identificação, que haja uma convivência duradoura, aberta a todos e de

---

[13] Dias, José de Aguiar. *Da Responsabilidade Civil*, 9. ed., Rio de Janeiro, Forense, 1994, p. 74. Relata o autor decisão judicial ocorrida em 1942, em Minas Gerais, relativamente a pedido de concubina não reconhecido pelo Poder Judiciário, ainda que se tivesse feito prova da relação, inclusive com casamento no religioso, e a existência de filhos em comum.

[14] Ver artigo 201 da Constituição Federal.

[15] Súmula 35 do STF: "Em caso de acidente do trabalho ou de transporte, a concubina tem direito de ser indenizada pela morte, se entre eles não havia impedimento para o matrimônio".

[16] Súmula 122 do TFR: "A companheira, atendidos os requisitos legais, faz jus à pensão do segurado falecido, quer em concorrência com os filhos do casal, quer em sucessão, não constituindo obstáculo a ocorrência de óbito antes da vigência do Dec-lei 66, de 1966".

maneira contínua, cujos propósitos devem ser aqueles mesmos propostos pela Constituição Federal, no sentido de se constituir uma verdadeira família.[17] De igual sorte, entendemos que os efeitos da União Estável não encontram respaldo no Direito, a partir do momento em que a relação, embora contínua, não desconsiderasse a existência de uma outra e, em decorrência desta, ocorrera a formação de uma entidade familiar. A existência da denominada "família legítima" estabelece impedimento insuperável ao reconhecimento, por parte do Poder Público, de eventuais direitos decorrentes da defendida União Estável.[18]

4.3. Da obrigação alimentar

A obrigação alimentar, inicialmente vinculada apenas aos filhos menores, com a devida fixação de uma pensão alimentícia, a partir do advento da já referida Lei nº 8.971/94, foi estendida ao companheiro necessitado, em função da dissolução da sociedade conjugal.[19] Importante, mais uma vez, é que o fundamento não está em qualquer ato ilícito que eventualmente tenha sido praticado por uma das partes a outra, mas sim na absoluta necessidade que o alimentando tem em relação à sua postulação. De qualquer sorte, cumpre-se destacar que a obrigação de prestar alimentos imposta a uma das partes fica adstrita não só as reais necessidades de quem postula, mas também diante da efetiva possibilidade de ser cumprida por quem ficou incumbido de realizá-la, considerando-se, na lição de Sérgio Gilberto Porto, o binômio possibilidade-necessidade. De acordo com o eminente Professor, "toda verba alimentar fixada ou pretendida fora da realidade dos envolvidos na relação jurídica alimentar representará, sem

---

[17] Nessa linha: "Apelação cível. União estável. Simples amizade. O relacionamento de um homem e de uma mulher para caracterizar uma união estável e merecer a proteção do estado, como entidade familiar, deve refletir uma convivência duradoura, publica e continua, estabelecida com objetivo de constituição de uma família. Uma simples amizade de um homem viúvo com uma mulher desimpedida, sem o propósito de uma convivência marital, não caracteriza união estável. Apelo não provido." (AC 70003124534, 8ª C.C., TJRS, Rel. Des. ANTÔNIO CARLOS STANGLER PEREIRA, j. 21/11/02).

[18] Nesse sentido: "Ação declaratória de união estável. Fins previdenciários. Homem casado. Concubinato adulterino. Descabimento. Demonstrado que a autora viveu determinado período com o demandado sem que ele abandonasse sua família, com quem habitava, a relação e a concubinagem, que a lei nao protege. A existência de família legitima estabelece impedimento, e o comportamento concubinário, assim, afronta a moral media da população, violentando a entidade familiar, e obstando a proteção do estado. Conhecendo a autora tal situação, corre o risco de ficar às margem da tutela jurídica, pois o concubinato deve revestir-se de suficiente condição moral. Subsídios doutrinários e jurisprudenciais. Apelação improvida." (AC nº 593103252, 7ª C.C., TJRS, Rel. Des. JOSÉ CARLOS TEIXEIRA GIORGIS, j. 20/04/94).

[19] Art. 1º da Lei nº 8.971/94 – "A companheira comprovada de um homem solteiro, separado judicialmente, divorciado ou viúvo, que com ele viva há mais de cinco anos, ou dele tenha prole, poderá valer-se do disposto da Lei nº 5.478/68, enquanto não constituir nova união e desde que prove a necessidade".

dúvida, um verdadeiro convite ao não cumprimento da obrigação, convite este, de regra, decorrente da impossibilidade fática do obrigado".[20] Nesse particular, por exemplo, se aquele obrigado a prestar alimentos não possui condições de arcar com tais responsabilidades, sob pena de sacrifício próprio, intolerável, por certo tal obrigação a ele imposta deve ser reduzida. Entretanto, tal situação pode não perpetuar no tempo e no espaço, bastando que ocorra alteração nas condições econômicas de quem esteja compromissado a prestar alimentos ao outro, para que a obrigação se torne exigível, em seu pleno teor.[21]

Por último, relativamente a questão ora abordada, não entendemos que os alimentos só devam ser postulados pelo companheiro ou cônjuge que não tenha agido com culpa, em relação a dissolução da sociedade conjugal.[22] Reconhecemos que vários julgados,[23] em linha contrária ao nosso pensamento, retratam situações onde aquele cônjuge que agiu com culpa, em relação a dissolução da sociedade conjugal, não poderia requerer alimentos perante o outro.[24] A prestação alimentar está relacionada ao dever de mútua assistência, devendo aquele que melhores condições econômicas possuir assistir ao outro, desprovido de uma situação de sustentabilidade.

Por derradeiro, interessante o registro de que há hipóteses, não condizentes com o Direito de família, onde a vítima pode pretender junto ao causador do dano, a prestação de alimentos. Nesta hipótese, estaríamos diante de uma situação ocasionada por ato ilícito e que, diante de tal comprovação, obrigaria o responsável pelo prejuízo ao pagamento de prestações, à título de alimentos.[25]

---

[20] Porto, Sérgio Gilberto. *Doutrina e Prática dos Alimentos*. 2ª ed, Rio de Janeiro, 1991, p.15.

[21] Nesse sentido, "Apelação. Redução dos alimentos. Desemprego. Binômio necessidade/possibilidade. Redução para 60% do salario-mínimo, enquanto perdurar o desemprego, passando para 30% dos vencimentoss líquidos do alimentante quando restabelecido o vinculo empregatício. Apelo provido, em parte. Voto vencido." (AC nº 70004299236, 8ª C.C, TJRS, Rel. Des. Jucelana Lurdes Pereira dos Santos, j. 22/08/2002).

[22] A Lei nº 6.515/77 (Lei do Divórcio), em seu artigo 19, estabelece que os alimentos serão prestados pelo cônjuge que deu causa à dissolução.

[23] Assim: "CIVIL. SEPARAÇÃO. CULPA RECÍPROCA. PENSÃO ALIMENTÍCIA. Se reconhecida, na instância ordinária, culpa recíproca dos cônjuges, o marido não está obrigado a prestar alimentos. Recurso especial conhecido e provido." STJ, 3ª Turma, Resp 306.060/MG,Rel. Ari Pargendler.

[24] No que diz respeito ao presente enfrentamento, recomendamos a leitura dos artigos constantes desta obra, de autorias do Dr. Francisco Duarte Stockinger, " Família Constitucional, Separação litigiosa e Culpa", e do Dr. Daniel Ustárroz, "A Efetividade dos Direitos Fundamentais e a Prova no Direito de Família".

[25] Excluindo-se o âmbito de nosso estudo, qual seja, o Direito de Família, é possível que alguém seja obrigado a prestar alimentos a outro, em virtude de ato ilícito, tal como na hipótese de um atropelamento, onde o causador do dano, em virtude das conseqüências que o acidente causou a vítima, impossibilitando-a ao exercício de atividades, fica compelido a prestar-lhe alimentos.

5. Conclusão

Por certo, o Estado não atropela os acontecimentos sociais. Na qualidade de responsável pelas atividades públicas e pelo oferecimento do tão sonhado "bem comum", o Poder Público cumpre com seus propósitos a partir do momento que reconhece os avanços da sociedade e de todos os seus membros. Poderíamos discorrer sobre quaisquer assuntos e, inevitavelmente, encontraríamos, em todos eles, a participação estatal legitimando condutas e reconhecendo, sob sua ótica, os acontecimentos sociais.

Dissertar sobre o Direito de Família implica, necessariamente, discorrer sobre o nível de influência dos fatos na realização do Estado e do Direito. A rigidez das normas aplicadas a matéria não deixa dúvida do quão importante é para o Poder Público a família e as relações dela decorrentes, seja entre o marido e a mulher, no casamento, entre companheiros, na União Estável, dos filhos e de todos os parentes que formam a denominada entidade familiar. Cabe ao Poder Público, de maneira intransmissível, reconhecer os fenômenos sociais e, através do Direito e das normas jurídicas positivas, legitimar as condutas. Sabemos que os acontecimentos havidos perante uma sociedade, por séculos e séculos, são frutos de transformações havidas perante os seres e os meios que os cercam, ensejando debates dos mais variados segmentos. Entretanto, em todas as ciências, notadamente nas de natureza humana, jamais poderá ser desconsiderado o papel do Estado e do Direito, pois se é correto que são os cidadãos que transformam a sociedade com seus pensamentos e com suas lutas, também é verdade que é o Estado, através da edição do Direito que legitima as condutas, tornando-as legais e protegidas. Eventualmente, pode-se esperar que o Poder Público antecipe-se ao fatos, pautando normas e estabelecendo diretrizes. Entretanto, a família, o Direito e a humanidade estão atrelados a todos os acontecimentos sociais, moldando-se aos pensamentos que orientam a civilização, incumbindo ao Estado, enquanto entidade maior, acompanhar a história do pensamento humano, legalizando as conseqüências sociais da evolução do ser e de todas as suas relações, principalmente as de índole familiar.

— 12 —

Da tutela constitucional inibitória no Direito de Família

MÁRCIO LOUZADA CARPENA
Mestre em Direito. Professor da Faculdade de Direito da PUC/RS.
Advogado em Porto Alegre/RS.

Sumário: 1. Introdução: a tutela constitucional preventiva; 2. Tutela preventiva no Direito de Família; 3. Tutela inibitória; 4. Requisitos para o deferimento da antecipação de tutela inibitória: inaplicabilidade dos requisitos do art. 273 do CPC; 5. Efetividade da tutela inibitória: meio de coerção; 6. Execução da tutela inibitória.

1. Introdução: a tutela constitucional preventiva

Seguindo louvável orientação de proteção aos direitos dos cidadãos, o nosso sistema jurídico garante, por meio da Carta Constitucional de 1988, em seu art. 5°, inc. XXXV, de forma genérica e ampla, modalidade de prestação jurisdicional (de cunho mandamental com eficácia executiva *lato sensu*) destinada a proteger direitos que se encontram ameaçados de violação.

A disposição pragmática da tutela constitucional tida como "preventiva de lesão (ameaça) a direito" decorre da clara constatação de que não basta apenas o sistema consagrar a reparação de lesões; é preciso, com absoluta certeza, que possua mecanismos de controle voltados a impedir ou inibir que violações aos direitos[1] individuais e coletivos se verifiquem,[2]

---
[1] CRETELLA JÚNIOR, José. *Comentários à Constituição Brasileira de 1988*. Rio de Janeiro: Forense Universitária. vol. I. n° 277. 1992. p. 447.
[2] BASTOS, Celso Ribeiro. *Curso de Direito Constitucional*. São Paulo: Saraiva. 1978. p. 180.

porquanto é certo que, muitas vezes, as indenizações (meio genérico pelo qual se busca reparar os danos) não se prestam a reconduzir juridicamente as coisas ao estado primitivo ou não conseguem apagar as seqüelas que decorrem dos atos tidos como delituosos. Como bem assinalou Barbosa Moreira, em frase espirituosa, "nem todos os tecidos deixam costurar-se de tal arte que a cicatriz desapareça por inteiro."[3] Os direitos de conteúdo extrapatrimonial, como os da personalidade e grande parte dos difusos e coletivos, por exemplo, não encontram escorreita reparabilidade quando violados ou atacados.

Entre esperar o dano se perpetuar para se indenizar ou evitar que o mesmo ocorra, logicamente, a segunda opção se apresenta mais apropriada, razoável e segura. Tudo se passa no campo daquela velha expressão: *"é preferível prevenir do que remediar"*.[4] Tal preferência à prevenção é, hoje, ponto pacífico tanto perante a doutrina brasileira,[5] quanto a italiana.[6]

A disposição do próprio preâmbulo da Constituição Federal de 1988, ao referir segurança ao exercício dos direitos sociais e individuais, a igualdade e a justiça como valores supremos da nossa sociedade fundada na harmonia social e comprometida, sem sombra de dúvida, alicerça, no direito pátrio, a perspectiva jurisdicional de prevenção, enquanto fonte de alcance a realização do justo. Outrossim, se observa a partir da análise dos arts. LXVIII e LXIX, o acolhimento, de forma clara, da tutela preventiva pelo constituinte.

Na correta observação de Giovanni Cribari "a Justiça não é, ou não deve, ou não pode ser, só e apenas, instrumento de paz social, mas, do mesmo modo, de confiança para as pessoas que buscam os pretórios, na esperança – jamais na vã esperança – de que, neles, encontrarão o devido

---

[3] MOREIRA, José Carlos Barbosa. *Tutela sancionatória e tutela preventiva.* Segunda série. São Paulo: Saraiva. 1980. p. 23.

[4] TRIMARCHI, Pietro. Illecito. *Enciclopedia del diritto.* v. 20, p. 106.

[5] Luiz Guilherme Marinoni bem leciona: "...não apenas porque alguns direitos não podem ser reparados e outros não podem ser adequadamente tutelados através da técnica ressarcitória, mas também porque é melhor prevenir do que ressarcir, o que equivale a dizer que no confronto entre a tutela preventiva e a tutela ressarcitória deve-se dar preferência à primeira." (*Tutela Inibitória (Individual e coletiva).* São Paulo: Revista dos Triibunais. 2ª. ed., p. 28).
Marcelo Lima Guerra, da mesma maneira consigna: "É todavia, fora de dúvida que prevalece nos principais ordenamentos jurídicos da atualidade, a tendência a eleger a tutela específica como modalidade prioritária de proteção aos direitos subjetivos, relegando a tutela ressarcitória ou por equivalente a uma posição de mera subsidiariedade, para as hipóteses em que for prática e juridicamente impossível a tutela específica." (*Execução Indireta.* São Paulo: Revista dos Tribunais. 1999. p. 42.)
No mesmo sentido, ainda: Serpa Lopes. *Curso de direito civil.* vol. II, n. 131, p. 210-211; Orlando Gomes. *Obrigações.* Rio de Janeiro: Forense. n.º 132. p. 217.

[6] TARUFO, Michele. Note sul diritto alla condanna e all esecuzione. *Rivista critica del diritto privato*, 1986, p. 635 e segs.; MANDRIOLI, Crisanto. *L 'esecuzione forzata in forma specifica (premesse e nozioni generali).* Milano: Giuffrè, 1953. p. 1-15.

amparo e reconhecimento de seus direitos subjetivos".[7] Para se amparar e reconhecer esses direitos, não é preciso que os mesmos tenham sido malferidos, muito pelo contrário, a sua verdadeira proteção se dá com o impedimento de seu afrontamento.

Jacques Michel Grossen bem apontou que a tutela preventiva é aquela que se funda em uma iminente ameaça de direito, em antítese àquelas que se fundam na violação de um direito.[8] Negar a atuação preventiva seria o mesmo que dizer que o Judiciário é uma instituição retardada e fadada a frustração, cujo infeliz destino seria o de ter que presenciar ilícitos para, somente posteriormente a isso, buscar amenizá-los, não conseguindo, todavia, na maioria das vezes, êxito total no intento reparatório.

A orientação de *tutela de precaução* não é nova no Direito brasileiro e tampouco desconhecida. A ordem constitucional, de há muito, a prevê, bastando lembrar as referências ao *habeas corpus* e o *mandado de segurança preventivos*[9] já existentes na Constituição Federal de 1934.[10] Também, a própria existência de um Livro inteiro de processo cautelar disposto no CPC de 1973, Livro III, cujo propósito é o de afastar *preventivamente* danos a um outro processo, de conhecimento ou execução (chamado principal), bem evidencia a preocupação do legislador em privilegiar *o afastamento da situação que ocasionará a febre* (prevenção), preterindo aquela que *busca apenas tentar remediá-la.*

É verdade que, com exceção da tutela de direitos passíveis de proteção por meio dos remédios constitucionais (*habeas corpus* e *mandado de segurança*), a perspectiva de tutela de prevenção, infelizmente, até pouco tempo atrás, se limitou, justamente em face da teoria geral cautelar, à proteção de danos à eficácia do processo, vale dizer, da sentença judicial, deixando-se de lado a tutela destinada à prevenção de lesões aos direitos materiais em si. Tal situação se deu, ao que nos parece, pelo desenvolvimento de legislação específica infraconstitucional consagrando medidas típicas (art. 813, art. 822, etc...) e também regra geral (arts. 798 e 799) de *prevenção de danos ao resultado prático e efetivo da sentença judicial (do processo)*, em contraste com a quase inexistente disposição legislativa infraconstitucional de *prevenção de lesões ao direito material*. Isso contribuiu substancialmente para o não aperfeiçoamento de tal tipo de tutela de prevenção ao direito material. Pode-se dizer que, não faz muito tempo, encontrava-se na legislação extravagante previsão de poucos casos espe-

---

[7] CRIBARI, Giovanni. Execução específica – obrigação de fazer, de não fazer e de prestar declaração de vontade: cominação e ação de preceito cominatório. *Revista de processo*. São Paulo: RT. nº 10, p. 61.

[8] GROSSEN, Jacques Michel. L'Azione in prevenzione al di fuori dei giudizi immobiliari. *Rivista di Diritto Processuale*, Padova: Cedam, 1959, p.418.

[9] CRETELLA JÚNIOR, José. *Comentários à lei do Mandado de segurança*.Rio de Janeiro: Forense. 2000. p. 112.

[10] TEMER, Michel. *Elementos de direito constitucional*. São Paulo: Malheiros. 2001. p. 179 e 195.

cíficos de tutela preventiva de dano ao direito material, casos estes mais ligados à tutela de direitos patrimoniais, como é o caso do art. 932 do CPC, que se destina ao interdito proibitório, e o do art. 934 do mesmo Código, que dispõe sobre a ação de nunciação de obra nova.[11] Fora esses dois artigos, no âmbito civil, pode-se lembrar, ainda, a Lei 1.533/51, referente ao Mandado de Segurança, mas que somente cabe contra atos abusivos ou ilegais de autoridades,[12] situação que limita seu campo de atuação pragmático.

Além da modesta previsão legal para casos específicos, é correto também se apontar como causa para o atrofiamento do desenvolvimento da tutela preventiva de direito material a inexistência de regra processual geral prevendo a sua utilização fora dos casos específicos, aliada, ainda, à inviabilidade, até a reforma do CPC de 1994, de se conceder medidas liminares ou antecipações de tutela para satisfazer o direito material. Isto é facilmente visível, bastando referir que somente há pouco tempo, quando o legislador dispôs norma para o trato de tutela preventiva de direito material (satisfativa) com possibilidade de liminares e antecipação de tutela, no art 84 do CDC e arts. 287, 461 e 461-A do CPC, que se iniciaram as primeiras reflexões mais profundas e sistemáticas a respeito do assunto.

Situação idêntica, aliás, se verificou na Itália, onde, conforme informa Cristina Rapisarda,[13] somente a partir do momento em que a legislação italiana passou a prever de forma expressa certas medidas preventivas de direito material é que teve início a expansão desse tipo de tutela, modificando-se a concepção da doutrina até então vigente.

A correta utilização da tutela constitucional preventiva pode conduzir a resultados fantásticos no plano jurídico e fático, sendo elemento de fundamental importância à solução de conflitos, ainda mais em sede de Direito de Família.

2. Tutela preventiva no Direito de Família

Se os direitos em geral já merecem amparo preventivo, aqueles ligados à família, base da sociedade e cuja proteção pelo Estado é desta-

---

[11] O art. 287 do CPC, antes da redação atribuída a ele pela Lei 10.444/02, não podia ser considerado modalidade de tutela preventiva, conforme amplamente reconhecido por parte da doutrina (Marinoni, *op. cit.*, p. 22.) porquanto somente poderia ser aplicado para o caso de "descumprimento da sentença", ou seja, geralmente, após a ocorrência de lesão. Era a redação do mesmo: "art. 287. Se o autor pedir a condenação do réu a abster-se da prática de algum ato, a tolerar alguma atividade, ou a prestar fato que não possa ser realizado por terceiro, constará da petição inicial a cominação da pena pecuniária para o caso de descumprimento da sentença".

[12] Consideram-se autoridades, para efeito de Mandado de Segurança, os representantes ou administradores das entidades autárquicas e das pessoas naturais ou jurídicas com funções delegadas do Poder Público, somente no que entender com essas funções. (art. 1.º, § 1.º da Lei 1.533/51).

[13] RAPISARDA, Cristina. Premesse allo studio della tutela civile preventiva. *Rivista di Diritto Processuale,* Padova: Cedam, janeiro-março/1980, p. 103.

cada *constitucionalmente* como especial (art. 226, *caput,* da CF/88), com maior razão não podem restar desamparados ou sem a devida prestação jurisdicional efetiva e adequada.

O Direito de Família apresenta-se terreno fértil para a exploração da tutela preventiva,[14] uma vez que a ele estão ligadas diversas obrigações (positivas: fazer; ou, negativas: não fazer,[15] tolerar, abster-se) conjugadas com valores jurídicos e sociais que não só recomendam, mas exigem proteção imediata e prévia à sua violação.

Questões ligadas à vida, imagem, moral, honra, habitação, convivência, guarda, etc., estão intrínsecas a vários debates que são levados às Varas de Família no dia-a-dia, podendo ter guarida pela tutela preventiva... Quantas e quantas vezes se verificam condutas ilícitas praticadas por um dos cônjuges ou companheiros sacrificando e violando, de forma teratológica, o direito do outro ou até mesmo da prole. Lembra-se, a título ilustrativo, de algumas situações em que claramente se observa a quebra de uma conduta exigível juridicamente por um dos parceiros em litígio: a) a negativa da mãe em deixar o pai exercer o seu direito de visita, tendo esse que, sistematicamente, ajuizar ação cautelar de busca e apreensão da filha contra a mãe para poder exercer a visita definida por sentença, sofrendo com isso notável desgaste na relação com a menor... b) a conduta imponderada da genitora de menor, autor de ação de investigação de paternidade, a qual se dispunha a perseguir e acusar o pretenso pai investigado, causando-lhe constrangimentos públicos de maneira totalmente teratológica, enquanto tramitava a ação investigatória... c) a atitude do separando que se obrigando, em acordo de separação judicial litigiosa, a arrumar fossa da casa de praia, antes da chegada do verão, a fim de permitir que os filhos pudessem usufruir o bem na companhia da mãe, simplesmente mantém-se inerte, frustrando as férias da prole e da ex-esposa...

Todas estas situações, como se vê, *a priori*, violam "deveres de conduta"[16] e são passíveis de indenizações, contudo, como é cediço, essas não se mostram aptas a elidir os danos suportados pelas vítimas... Não há indenização capaz de apagar a situação injusta, representada pelo distanciamento da filha de seu genitor a partir dos aborrecimentos e constrangimentos experimentados por essa em face de comportamentos nebulosos da

---

[14] OLIVEIRA, Carlos Alberto Alvaro de. *A tutela de urgência e o direito de família.* São Paulo: Saraiva. 1998. p. 9.

[15] Barbosa Moreira bem leciona que as obrigações negativas se situam em:"a) não fazer alguma coisa; b) a tolerar, quer dizer, a não oferecer resistência a fato natural, à atividade de outrem, ou a resultado desta ou daquele; c) a permitir que outrem pratique determinado ato, para o qual é necessário a autorização do devedor..."(Tutela específica do credor nas obrigações negativas. Temas de direito processual (segunda série). São Paulo: Saraiva. p. 30/31).

[16] LARENZ, Karl. *Derecho de obligaciones.* Trad. da edição alemã de 1952. § 10, II, p. 49.

mãe que violam decisões judiciais; a humilhação e o constrangimento de ser ofendido e acusado publicamente em cenas reiteradas; a perda de férias planejadas, de há muito, com infantes de tenra idade...

Destarte, para esses casos mostra-se adequada a utilização de tutela preventiva, a fim de evitar que os atos ilícitos, *turbações a direitos*,[17] se perpetuem, voltem a ocorrer ou prossigam...

Trata-se a prestação jurisdicional de prevenção do ilícito de tutela voltada a garantir a incolumidade do direito material das partes e não do direito instrumental, processual. A observação é pertinente para deixar claro que se está diante de *tutela típica* que difere daquela, também preventiva, denominada *tutela cautelar* (muito utilizada no Direito de Família), cujo propósito é assegurar a eficácia, o resultado prático de outra ação (processo) existente entre as partes, e não satisfazer o direito material de pronto.

Conforme já aduzimos em obra específica,[18] a cautelar é modalidade de tutela preventiva que não visa a satisfazer o direito material propriamente dito; por meio dela não se atinge diretamente o direito da parte entregando-se o que ela faz jus, mas sim, somente se aufere medidas precisas para resguardar que este bem da vida vá ser entregue, oportunamente, por meio de outro processo, chamado principal.[19] Diferentemente, na tutela preventiva de direito material objeto de estudo, o que ocorre é, justamente, a satisfação do próprio direito material, por meio de proteção de sua fruição *in natura*.

Com efeito, se pode afirmar que a tutela preventiva é *gênero*, da qual a tutela *cautelar*, que protege o resultado útil e eficaz de outra ação é *espécie*,[20] assim como também o é a tutela que protege diretamente o direito material garantindo a sua não-violação por ato ilícito. Essa espécie de tutela de direito material do gênero *preventiva* convencionou-se chamar de *inibitória*.[21]

3. Tutela inibitória

Conforme já se pode inferir das linhas acima, a tutela inibitória é aquela voltada à prevenção do ilícito, cuja aplicação no Direito de Família

---

[17] RAPISARDA, Cristina. Profili della tutela inibitória atípica nellesperienza germânica. *Rivista di diritto processuale I*. 1983. p. 93.

[18] CARPENA, Márcio Louzada. *Do processo cautelar moderno*. Rio de Janeiro: Forense. 2003.

[19] As cautelares são de extrema utilidade em sede de direito de família, podendo-se lembrar a útil ação cautelar de seqüestro, bem como a ação cautelar de arrolamento de bens.

[20] Considerando a tutela cautelar espécie do gênero tutela preventiva, vide: MICHELI, Gian Antonio. L'azione preventiva. *Rivista di Diritto Processuale*. 1959; RAPISARDA, Cristina. *Profili della tutela civile inibitória*. Padova: CEDAM, 1987, p. 139.

[21] MARINONI, *op. cit.*, p. 26.

se mostra cabível e oportuna. Diante de uma ameaça de violação a um direito material, em razão de um ato contrário a direito, pela ação ou omissão de alguém, é dado ao prejudicado, ou a quem lhe represente legalmente, pedir ao Estado-Juiz providência jurisdicional inibitória no sentido de buscar afastar a atitude ilícita, a qual, por ora, é embasada em receio fundado.

O afastamento da ameaça de lesão assegura, justamente, o exercício incólume do direito posto em lide, na mais alta expressão do princípio constitucional de acesso à Justiça.[22] Garantindo a fruição do direito *in natura*, essa tutela não ostenta, por evidente, qualquer caráter ressarcitório de eventual prejuízo; muito pelo contrário, agirá precisamente antes que, a partir da materialização do ato tido como ilícito, o dano ocorra.

Em estudo precursor no Direito pátrio, Luiz Guilherme Marinoni bem consignou que o propósito da tutela inibitória é "conservar a integralidade do direito", atuando antes que a lesão ocorra; é modalidade de tutela voltada para o futuro "independente de estar sendo dirigida a impedir a prática, a continuação ou repetição do ilícito."[23]

Ela pode ser exercida sempre que se verifique fundado receio de descumprimento de uma obrigação no tocante a uma conduta de fazer, não fazer, abster-se ou entregar coisa. Sua aplicação é a mais variada possível, sendo múltiplos[24] os exemplos que se pode imaginar... Em sede de Direito de Família, além dos exemplos antes referidos, pode-se recordar, entre outros, a utilização da inibitória para forçar que um dos cônjuges se abstenha de impedir a visitação de imóvel do casal separando posto à locação com autorização judicial, enquanto tramita o processo de partilha de bens. Trata-se, a toda evidência, de tutela voltada a prevenir o ilícito, e não a reparar os danos que dele decorrem.

Em resumo, se pode afirmar que a inibitória tem o propósito de evitar a concretização de lesão a direito, em razão da prática de ato ilícito por outrem. Impedir a materialização da ameaça, garantindo a fruição do direito *in natura* na mais alta expressão de tutela preventiva constitucional, é, portanto, a sua finalidade, cuja efetivação pode se dar por *ação*

---

[22] CARPENA, Márcio Louzada. *Da garantia da inafastabilidade do controle jurisdicional e o processo contemporâneo*. Org. PORTO, Sérgio Gilberto. As garantias do cidadão no processo civil. Porto alegre: Livraria do Advogado, 2003, p. 17.

[23] MARINONI, *op. cit.*, p. 28.

[24] Fora do Direito de família, a título ilustrativo, lembram-se alguns exemplos de utilização de tutela inibitória: a) manejá-la para que determinada empresa faça reparos em um navio de sua propriedade imediatamente, impedindo que o mesmo naufrague causando dano ecológico em razão de vazamento de óleo contido em seu interior; b) manejá-la para que certo jornal não publique reportagem cujo conteúdo se afirma ser inverídico; c) manejá-la para que determinada editora retire obra plagiada do mercado, etc.

autônoma ou por *medida na modalidade incidental*, cumulada com a pretensão principal.

Quando sob a forma de *ação autônoma*, autorizada pelos arts. 287, 461 e 461-A, todos do CPC, a tutela preventiva se desenvolverá como *ação inibitória* correndo pelo rito ordinário, sem prejuízo da possibilidade de se verificar antecipação de tutela (461, § 3º, CPC), cujos requisitos serão vistos mais adiante. Aliás, na maioria dos casos, a eficácia da ação estará adstrita justamente à circunstância de se ter decisão, desde logo, determinando a conduta a ser seguida pelo réu, buscando afastar a partir daí a ameaça de lesão ao direito material do autor. Cumpre esclarecer, nestes termos, que se trata de ação de conhecimento, satisfativa, exercendo o magistrado cognição exauriente sobre os fatos.

Outrossim, conforme referido, a inibitória não necessariamente se apresentará na modalidade de ação autônoma. Poderá, dentro de critérios de conveniência, em ações mandamentais, ser utilizada como mera *medida incidental*, valendo-se do mesmo rito da ação em que se imiscui. Assim, se temos uma ação de separação de corpos é possível se cumular uma pretensão inibitória a ela para se auferir não só a saída de um dos cônjuges da morada do casal, como também para prevenir o seu não-retorno desautorizado. A pretensão de inibição, nesse caso, é cumulada com a principal, vale dizer, reúne-se na mesma ação a ordem (pedido imediato) e a inibição (pretensão que visa a evitar o descumprimento do pedido imediato quando deferido). Defere-se a medida no bojo daquela mandamental já em curso.

É possível a cumulação de tutela inibitória com qualquer ação em que se verifique a busca de um "mandamento" (decisão mandamental). Aquelas ações provisionais ligadas ao Direito de Família do art. 888 do CPC, enquanto mandamentais, como a ação de entrega de bens de uso pessoal do cônjuge e do filho, bem como a ação de afastamento de um dos cônjuges da morada do casal, comportam subsidiariamente a aplicação da regra do art. 461 do CPC, sendo possível a cumulação.[25]

Por conseguinte, as ações cautelares, igualmente por serem mandamentais, possibilitam a aplicação de dispositivo inibitório (cumulação de medida inibitória) em seu bojo para melhor compelir o requerido a cumprir a obrigação a ele imposta liminarmente ou em outra oportunidade durante o processo cautelar. De acordo com o que já aduzimos em outra obra,[26] nas ações cautelares não só é viável, como plenamente recomendável a cumulação para bem de garantir a efetividade da decisão acauteladora, afastando o descumprimento e a frustração do mandamento. Nesse caso,

---

[25] Sobre a aplicação subsidiária do art. 461 ao art. 888, vide: TALAMINI, Eduardo. *Tutela relativa aos deveres de fazer e de não fazer*. São Paulo: RT. 2003. p. 225.
[26] CARPENA, *Do processo cautelar...*, p. 193.

a tutela inibitória funciona no processo cautelar não só como forma de auxiliar a proteger o processo principal (eventual sentença positiva a ser proferida neste), mas também para preventivamente proteger o *direito material*, que ostenta o requerente, *de ver cumprida com exatidão a ordem cautelar deferida judicialmente*. Há uma infinidade de situações em que o mandado cautelar somente se demonstra efetivo com a imposição de inibição, a qual visa, exatamente, desestimular o descumprimento do *decisum*.

Avulta registrar que, como se trata de medida voltada a garantir a efetividade da ordem jurisdicional, a medida inibitória incidental também pode ser deferida *ex officio*, vale dizer, sem que o beneficiário tenha feito pedido, seja na inicial, seja em qualquer outro momento no curso da ação.

Importante relembrar que na tutela inibitória o que se busca é o afastamento do ato ilícito temido, e não o afastamento do dano. Este até pode vir como conseqüência daquele, contudo não é o foco primário desse tipo de prestação jurisdicional levada a efeito.

Nesse contexto, para o deferimento desse tipo de tutela, pouco importa quais são as extensões dos danos, ou até mesmos se eles existem... Isso é questão que, no máximo, diz respeito à tutela ressarcitória e não, à preventiva, cujo objetivo é diverso, dispensando, logo, prova por parte de seu requerente no tocante aos eventuais prejuízos que seriam experimentados em razão da concretização do ilícito temido.

Ato ilícito e dano são coisas diferentes e que convivem de forma independente. Aliás, com apoio na saudosa doutrina italiana de Aldo Frignani[27] e Cristina Rapisarda,[28] Luiz Guilherme Marinoni muito bem consignou que o dano não pode estar entre os pressupostos da inibitória, pois sendo esta uma tutela voltada para o futuro e genuinamente preventiva, é evidente que o dano não lhe diz respeito. Conforme registrou, "na realidade, se o dano é elemento constitutivo do ilícito, podendo este último existir independentemente do primeiro, não há razão para não se admitir uma tutela que leve em consideração apenas o ilícito, deixando de lado o dano. Da mesma forma que se pode pedir a cessação de um ilícito sem se aludir a dano, é possível se requerer que um ilícito não seja praticado sem a demonstração de um dano futuro".[29]

Segundo também observa corretamente Sérgio Cruz Arenhart "embora normalmente o ilícito se exteriorize pelo dano gerado, é certo que a

---

[27] FRIGNANI, Aldo. *Azione in cessazione. Novissimo Digesto Italiano* (Appendice I), 1980. p. 654.

[28] RAPISARDA, Cristina & Taruffo, Michele. Inibitória (azione). *Enciclopédia giuridica trecanni*, v. 17, p. 7; RAPISARDA, Cristina. *Profilli della tutela civile inibitória*. Padova: Cedam , 1987. p. 108 e ss.

[29] MARINONI, *op. cit.*, p. 37.

identificação entre uma figura e outra é totalmente descabida" para efeito de tutela inibitória, na medida em que para essa o que se quer é evitar o ato contrário a direito, independente das repercussões (danos) que o ato a ser inibido poderia causar.[30] Aliás, a questão "dano" somente pode ser questionada após a constatação do ato, o que, de fato, é incompatível com a tutela que visa atuar antes de ele ocorrer.

A observação no sentido acima tem conseqüência lógica e prática: mero dano futuro e iminente a ser suportado pelo requerente não autoriza pretensão inibitória, se o ato que o origina não for ilícito.

Em outras palavras, para ter cabimento a tutela ora em comento é necessário que se verifique vedação jurídica, direta ou indireta, da prática do ato lesivo, para poder ser considerado ilícito e, logo, inibido. Segundo o art. 187 do Código Civil de 2002, análogo ao art. 334 do Diploma Civil português, é tido como ilícito o ato realizado pelo seu titular em abuso de direito, vale dizer, em claro excesso aos limites impostos pelo seu fim econômico, social, pela boa-fé ou bons costumes. Se a atitude do requerido não contraria dever de conduta não é ilícito, e como tal, não pode ser inibido.

Existindo ameaça de violação a direito, em razão de ato ilícito, cabível será em tese a pretensão. Calha consignar, todavia, que a ameaça deve ser objetiva, isto é, necessário é que o perigo de dano, em razão do ato ilícito, seja real e sério,[31] e não decorrente de mera insegurança psicológica do requerente. Não deve ser concedida a medida, se a ameaça for virtual ou fruto de desconfiança excessiva por parte do requerente.[32] A situação se passa dentro da razoabilidade e bom-senso, devendo o perigo ser compreendido em face da concepção e sensibilidade do homem médio.

A teor do que já decidiu o Superior Tribunal de Justiça, em sede de tutela preventiva, para procedência da medida não basta a suposição da existência de risco de lesão, com base em julgamento subjetivo; impõe-se, sim, que a ameaça a esse direito se caracterize por atos concretos ou preparatórios, ou ao menos indícios de que a ação ou omissão virá atingir o patrimônio jurídico da parte.[33]

---

[30] ARENHART, Sérgio Cruz. *A tutela inibitória da vida privada*. São Paulo: Revista dos Tribunais. 2000. p. 123.

[31] MICHELI, Gian Antonio. *Derecho procesal civil*. Buenos Aires: E.J.E.A., 1970. vol. 4, p. 413.

[32] Conforme já decidiu a 1ª Turma do STJ, em acórdão que cabe à espécie analogicamente: "No mandado de segurança, mesmo quando impetrado preventivamente, não basta a suposição da existência de risco ou lesão a direito liquido e certo, com base em elementos subjetivo do impetrante. Impõe-se que a ameaça a esse direito se caracterize por atos concretos ou preparatórios de parte da autoridade impetrada, ou ao menos indícios de que a ação ou omissão virá a atingir o patrimônio jurídico da parte." (RSTJ 109/28. ROMS nº 8920/PA, Rel. Min. Demócrito Reinaldo. DJU 16.02.1998. p. 28)

[33] STJ, 1ª Turma: ROMS 8920/PA.

Questão que ora se apresenta pertinente diz respeito à atualidade do ato ilícito. Em outras palavras, será que para a concessão deste tipo de tutela preventiva é necessário que o ato seja iminente?

A resposta não encontra terreno pacífico.

Para o professor Eduardo Talamini,[34] utilizando referência analógica ao mandado de segurança preventivo e ao *habeas corpus*, somente terá interesse de agir o requerente da pretensão inibitória, se a transgressão que se busca evitar for atual, iminente, "não prevista para um futuro remoto."

Essa concepção, entretanto, é afastada pelo professor Joaquim Felipe Spadoni, para quem a iminência da lesão, a brevidade da prática do ato ilícito ameaçado, "é requisito para a concessão da medida liminar, da tutela inibitória antecipada e provisória. Para a inibitória definitiva, concedida em decisão final, basta a atualidade da concreta ameaça da violação, basta a *probabilidade* – e não mera possibilidade – de o ato ilícito ser, no futuro, praticado, fato este a ser demonstrado no transcorrer da fase instrutória do processo."[35]

Particularmente, entendemos que a questão da iminência não é da essência da tutela preventiva, seja ela do direito processual (cautelar) ou material (inibitória, interdito proibitório, etc.). É que não se pode admitir, sob pena de se cometer grave erro, que o requerente seja carente de medida enquanto o dano não se aproximar, devendo esperar que isso ocorra para, então, correr às pressas ao Poder Judiciário pedindo proteção. Não se pode conceber tal exigência. Em realidade, o que importa para o deferimento da tutela de prevenção é a probabilidade de transgressão do dever de conduta exigível, seja isso agora ou daqui a algum tempo.

O que define a procedência da inibitória é a prova, existente no momento da sentença, no tocante à probabilidade de que o requerido iria transgredir o dever de conduta dele exigido. O fato de o ato ser futuro, por si só, na prática não elide a probabilidade de sua ocorrência (ou a convicção de sua ocorrência), desaconselhando a tutela de prevenção. A questão se situa no campo probatório da razoabilidade da ameaça e da probabilidade de concretização do ato ilícito, o que pode ser averiguado pelo julgador a partir dos elementos objetivos colacionados aos autos. É claro que "o grau de 'ameaça' variará de um caso para outro, conforme a relevância jurídica dos bens a proteger, e os sacrifícios que o deferimento da providência puder gerar na esfera jurídica do réu", segundo bem expõe Eduardo Talamini; nem sempre a ameaça objetiva é de fácil comprovação, devendo,

---

[34] TALAMINI, Eduardo. *Tutela relativa aos deveres de fazer e de não fazer*. 2ª ed. São Paulo: Revista dos Tribunais. 2003. p. 225.
[35] SPADONI, Joaquim Felipe. *Ação inibitória e ação preventiva prevista no art. 461 do CPC*. São Paulo: Revista dos Tribunais, p. 48.

pois, em tais casos, o juiz valer-se da sua experiência, da probabilidade de ocorrência da ameaça anunciada, da "prova possível"[36] diante do caso em apreço e da presunção de boa-fé que vigora a favor de quem vai pedir proteção jurisdicional, para deferir ou não, a medida.[37]

A inibitória é medida jurisdicional voltada para o futuro, ou seja, visa a atuar antecipadamente a ocorrência do dano, evitando-o; se o mesmo já se perpetuou em sua integralidade (não mais se verificando possibilidade de continuação ou repetição) possível, por óbvio, não mais será a utilização desse tipo de tutela, mas tão-somente de uma reparatória.

Enfatize-se que isso não quer dizer que a inibitória não possa ser utilizada quando já verificado um ato tido como contrário ao direito. A referência que se fez é de impossibilidade de manuseio da mesma quando se constatar que o ilícito já foi perpetuado em sua integralidade. Se um ato já ocorreu, todavia, pode ter seus efeitos estendidos pela continuação ou repetição da ação ou omissão, será, sim, viável a pretensão, ainda que o requerente já tenha experimentado o prejuízo (e até mesmo acionado o réu pela via reparatória), uma vez que a inibitória será voltada não a tutelar o dano já absorvido, mas sim impedir que outro ato ilícito ocorra, que a situação se agrave. Trata-se de hipótese de manuseio da mesma para impedir a continuação, extensão ou repetição do ilícito.

4. Requisitos para o deferimento da antecipação de tutela inibitória – inaplicabilidade dos requisitos do art. 273 do CPC

A tutela voltada ao cumprimento de uma obrigação, negativa ou positiva, admite antecipação de tutela, de forma liminar (vale dizer, antes da oitiva da parte adversa), no meio do processo, ou mesmo na própria sentença.

Os requisitos para a antecipação de tutela específica, equivalente ou inibitória estão tipificados no art. 461, § 3º do Código, sendo diversos dos requisitos gerais para a antecipação de tutela de que trata o art. 273 do mesmo diploma.

É que, ao passo que o art. 273 exige "prova inequívoca", "verossimilhança da alegação", e, "fundado receio de dano irreparável" ou "abuso do direito de defesa ou manifesto propósito protelatório do réu", o art. 461, § 3º, exige tão-somente "relevante fundamento da demanda" e "justificado receio de ineficácia do provimento final."

---

[36] ARENHART, *op. cit.* p. 143.
[37] TALAMINI, *op. cit.*, p. 225.

Em verdade, os pressupostos para o deferimento de antecipação de tutela nas obrigações objeto de análise são os mesmos da antecipação de tutela em processo cautelar, ou seja, o *fumus boni juris*[38] e o *periculum in mora*.

Conforme já fixamos em outro momento, o *fumus boni juris* constitui-se na plausibilidade do direito que o autor afirma ter; esse direito tem apenas que parecer provável, verossímil ante a argumentação e o conjunto probatório colacionado aos autos. Não se cogita, de forma alguma, de certeza sobre o direito afirmado pelo postulante, bastando a possibilidade de sua existência.[39]

Já o *periculum in mora,* também chamado *periculum damnum irreparabile*, por sua vez, significa o fundado temor de que venham a ocorrer fatos que prejudiquem o direito, *in casu*, que venham ocorrer atos ilícitos antes de finda a ação que busca, justamente, mandamento para inibi-los, restando, destarte, sem objeto o provimento jurisdicional.

Conforme recorda Barbosa Moreira,[40] não se pode pretender que devam ficar demonstrados os requisitos para a concessão da tutela definitiva, já na antecipação de tutela, uma vez que isso retardaria de modo insuportável a providência e lhe subtrairia a utilidade peculiar. Para o deferimento dessa, bastará que o juiz fique convencido da razoabilidade da medida, em sede de cognição sumária e provisória, à luz dos elementos existentes nos autos. Por virtude da sentença, após a atividade cognitiva exercida mais a fundo sobre os fatos e as provas, confirmará ou revogará a medida.

A possibilidade de antecipação de tutela para o caso de *abuso do direito de defesa ou manifesto propósito protelatório do réu* não se encontra referendado pelo CPC, em sede de obrigação de fazer ou não fazer, contudo temos compreendido que é possível o deferimento da pretensão antecipatória neste caso, previsto no art. 273, inc. II, acaso preenchidos os demais requisitos desse artigo, ou seja: prova inequívoca, a ponto de o julgador se convencer da verossimilhança da alegação. Aliás, parte da doutrina[41] tem reconhecido, pela visível relação de espécie a gênero, a

---

[38] José Eduardo Carreira Alvim refere que a "relevância do fundamento da demanda" que exige a lei para a antecipação de tutela em obrigação de fazer (art. 461, § 3º CPC) é mais do que mera fumaça de bom direito. (*Tutela específica das obrigações de fazer, não fazer e entregar coisa*. Rio de Janeiro: Forense. 2002. p. 118-119.)

[39] CARPENA, *Do processo cautelar...*, p. 27.

[40] MOREIRA, José Carlos Barbosa. *A tutela específica do credor nas obrigações negativas*. In. Temas de Direito Processual, p. 37.

[41] DINAMARCO, Cândido Rangel. *A reformar do Código de Processo Civil*. São Paulo: Malheiros, 1995, p. 154.

razoável aplicação do inciso II do art. 273 à antecipação de tutela referida no art. 461, para obrigações de fazer e não fazer.

5. Efetividade da tutela inibitória: meio de coerção

Avistado o dano derivado de ato ilícito a ser praticado, não basta que o juiz simplesmente determine que o requerido aja desta ou daquela forma para evitá-lo. O dever de agir ou não, geralmente, já está consagrado na lei ou em contrato (acordo), de forma que a mera repristinação da obrigação por intermédio de decisão judicial pouco acrescenta à esfera obrigacional do réu.[42]

Destarte, é preciso que a decisão judicial, para ser inibitória de fato, traga algo mais do que aquilo que já está imposto ao obrigado pela lei ou contrato, a fim de compeli-lo a cumprir o seu dever de conduta. Mostra-se necessário que se acrescentem efeitos ao *descumprimento* da obrigação, justamente para evitá-lo.

Nesse compasso, a cumulação de multa ao desrespeito da ordem judicial se mostra poderoso elemento, de que se vale a tutela de inibição. A idéia é trazer gravame ao réu, caso descumpra a ordem (que quer evitar o ilícito), mostrando-lhe, em via inversa, que é mais vantajoso cumprir o mandamento judicial do que suportar as conseqüências impostas pelo inadimplemento; a penalidade, então, procura atuar sobre a vontade do jurisdicionado como fator desestimulador ao descumprimento do mandamento.[43]

Trata-se, em realidade, de imposição de *astreinte*, ou seja, de "coação de caráter econômico, no sentido de influir, psicologicamente, no ânimo do devedor, para que cumpra a prestação".[44]

A multa será fixada para o futuro, vale dizer, para o caso de descumprimento do preceito judicial emanado, podendo ter caráter progressivo e periodicidade definida segundo as peculiaridades da situação posta em cada caso. Não há limitação da mesma ao valor da causa, tampouco ao valor da obrigação. Em verdade, o seu arbitramento ficará relegado ao bom senso do magistrado, que deverá levar em conta que a medida deve ostentar valor suficiente para, de fato, desestimular a infração pelo requerido

---

[42] O descumprimento da decisão judicial configura crime de desobediência, cujo caráter não tem ostentado pressão pragmática nos foros por diversas razões, de forma que é necessário trazer efeitos mais diretos e eficazes contra o desrespeito às decisões judiciais, a teor do que se verifica na *common law*.

[43] CARPENA, *Do processo cautelar...*, p. 195.

[44] LIMA, Alcides de Mendonça. *Comentários ao CPC*. Rio de Janeiro: Forense. 1974, v. VI, t. II, p. 775.

da ordem para que faça ou deixe de fazer algo, evitando o ilícito. Nesse diapasão, é que, geralmente, deve ser arbitrada em valor alto, muito superior ao eventual benefício que pudesse gozar o requerido no caso de desobediência do mandamento.

Da decisão que defere a inibitória, deve ser intimada pessoalmente a parte, já que contra ela se dirige o preceito, não se tendo por suficiente a mera intimação ao advogado constituído nos autos, conforme tem decidido o Superior Tribunal de Justiça, nos casos de obrigações de fazer e não fazer.[45]

Outrossim, cabe consignar que a multa não pode ser fixada de forma retroativa. Como tem ela caráter de coibição ao descumprimento da decisão, somente começa a fluir após a intimação da parte para fazer ou não fazer, sob pena de multa, e mesmo assim se verifique o inadimplemento, que se configura após esgotado o prazo para atendimento da decisão.

Conforme já lecionamos, "a fixação da pena há de ser prévia. O juiz determina a sanção para o futuro (para que a parte não venha a descumprir a ordem), não para o passado (sancionando um comportamento já realizado), pois não se trata de tutela de ressarcimento, mas sim de inibição."[46]

Marcelo Lima Guerra[47] bem avalia a disposição aqui defendida, ao referir que a multa deve ter fixação prévia, porquanto o ordenamento só autoriza a utilização da mesma para compelir o devedor a adimplir. Na mesma linha de raciocínio, aliás, encontra-se a lição de Amílcar de Castro: "o efeito retroativo não se harmoniza com a natureza da *astreinte*, que não é "pena" pelo que não foi feito, mas "meio de coação" para que se faça ou não deixe de ser feito. Supõe-se que o devedor que cumpre dentro do prazo assinado cumpre sem multa; e só aquele que cumpre depois de esgotado o prazo é que cumpre com multa... até cumprir".[48]

A impossibilidade de multa retroativa pode ser comparada àquela situação de *nulla poena, sine praevia lege*, vale dizer, não é possível impor-se uma penalidade sem disposição *prévia* que culmine com ela a realização do ato tido como ilícito.

Em verdade, a multa inibitória não vem direcionada a forçar o cumprimento da obrigação, mas sim como meio de apoio ao não descumprimento da ordem judicial. Vem para dar força à decisão do Estado, em seu mais alto poder de *imperium*, preservando o cumprimento de suas decisões. Corretíssima é a lição de Carreira Alvim[49] no sentido de que, apesar de

---

[45] STJ, 4ª Turma: REsp 115.064-MG. Rel. Min. Sálvio de Figueiredo Teixeira. 03.11.1999.
[46] CARPENA, *op. cit.*, p. 194.
[47] GUERRA, Marcelo Lima. *Execução Indireta*. São Paulo: Revista dos Tribunais, 2002, p. 193.
[48] CASTRO, Amílcar de. *Comentários ao CPC*. São Paulo: Revista dos Tribunais. 2ª ed. nº 251.
[49] CARREIRA ALVIM. *op. cit.* p. 96.

visar, aparentemente, à realização do direito do jurisdicionado, dado que procura obter uma atividade (ou omissão do devedor), a multa tem, na verdade, o escopo direto de "obter o cumprimento do mandado judicial, que, enquanto expressão da *jurisdictio* e do *imperium* do Estado, não pode restar descumprido". E acrescenta: "Destina-se, pois, a funcionar como um castigo por uma desobediência e não a reparar um prejuízo, fundado no pressuposto de que a parte (credora) tem um direito e interesse legítimo em obter o cumprimento daquilo que foi ordenado pelo juiz, ainda quando esse interesse não seja expresso em dinheiro."

A multa fixada não se confunde com indenização ou ressarcimento, de forma que a sua fixação não prejudica nem traz qualquer efeito sobre o direito do requerente de haver do requerido as perdas e danos decorrentes do descumprimento da obrigação.

6. Execução da tutela inibitória

Trata-se a inibitória de tutela mandamental, já que sua carga preponderante é uma ordem contra o requerido para que aja de determinada maneira.

Essa carga mandamental ostenta força executiva *lato sensu*, não se verificando, portanto, necessária a propositura de um processo de execução para bem de fazer valer a decisão judicial emanada. O mandamento do magistrado será executado dentro dos próprios autos em que proferida a decisão, não se verificando qualquer necessidade de se realizar nova citação do demandado, a quem tampouco será aberto prazo para apresentar embargos. Em verdade, a defesa do requerido se dará no bojo do próprio processo em que se verifica a medida executiva *lato sensu*, por meio de mera petição, sem necessidade de segurar o juízo.

A decisão é mandamental com eficácia executiva, contudo, quando for impossível ou desinteressante a efetivação da decisão que manda fazer ou não fazer, pode o autor escolher a opção por indenização, apurando-se as perdas e danos no próprio processo. A quantia apurada, entretanto, deverá, logicamente, seguir o caminho do processo de execução por quantia certa, seguindo o rito do Livro II do CPC.

Pode-se afirmar que a decisão é mandamental e executiva, quando se dirigir à obrigação de fazer ou entregar coisa (a teor do que preconizam os próprios arts. 461 e 461–A), no entanto, quando a questão se resolver em dinheiro (perdas e danos), não há milagre, após a liquidação, o caminho é único: processo de execução por quantia certa.

Conforme anota Araken de Assis, em tal hipótese, "a conversão do rito dependerá de pedido do credor, depois de expirado o prazo de cumprimento ou verificada a irreversibilidade do descumprimento e provimento do juiz."[50]

---

[50] ASSIS, Araken de. *Manual do processo de execução*. São Paulo: Revista dos Tribunais. 8ª ed. 2002. p. 503.

— 13 —

A prisão constitucional por alimentos e o princípio da proporcionalidade

MIGUEL TEDESCO WEDY
Advogado no Rio Grande do Sul, Mestre em Ciências Criminais pela PUCRS, Professor de Direito Penal na UNISINOS e na UPF.

Sumário: Introdução; 1. A prisão como instrumento de coerção; 2. Os efeitos estigmatizadores da prisão; 3. Prisão e Proporcionalidade; Conclusões.

Introdução

O fato de um advogado dedicado ao Direito Penal tratar de assuntos atinentes ao Direito de Família poderia trazer inquietantes indagações e apreensões. Qual o fundamento dessa incursão? Qual o seu propósito?

Poderia parecer uma abordagem descompromissada e fora de contexto. Entretanto, cumpre referir que o Direito Penal e o Direito de Família, em que pesem suas raízes distintas, compartilham uma similitude: são os ramos do Direito que lidam com os sentimentos mais elevados e mesquinhos da alma humana, desde os gestos mais nobres aos atos mais repugnantes. O Direito Penal e o Direito de Família se entrelaçam na torpeza e na grandeza da conduta humana.

Como se não bastasse, o homenageado, eminente Desembargador e Professor José Carlos Teixeira Giorgis,[1] percorreu com brilho sem par,

---
[1] O Professor Teixeira Giorgis, na área criminal, publicou *Os Prazos no Processo Penal*. 2ª ed. Rio de Janeiro: AIDE, 2002. Já na seara do Direito de Família, é autor de inúmeros artigos publicados em revistas especializadas e obras coletivas.

desde a advocacia até a judicatura, o sinuoso trajeto do Direito Penal e do Direito de Família. No decorrer do caminho, seguiu à risca a lição de Nélson Hungria e, para bem julgar, desceu "ao chão do átrio onde ecoa o rumor das ruas, o vozeio da multidão, o estrépito da vida, o fragor do mundo, o bramido da tragédia humana", tão presentes e impactantes nesses ramos do Direito.

Ademais, é uma exigência da pós-modernidade um enfoque transdisciplinar sobre os objetos de estudo, conforme o Congresso de Locarno, realizado na Suíça em 1997, e o Projeto CIRET-UNESCO sobre a *Evolução Transdisciplinar da Universidade*.[2]

Assim, o que se objetiva com o presente artigo é a análise sobre a prisão civil por alimentos e o princípio da proporcionalidade, partindo-se do pressuposto de que a prisão é o instrumento mais grave a ser utilizado pelo Estado contra a pessoa humana, razão pela qual deve ser um remédio ministrado com absoluta prudência e ponderação.

1. A prisão como instrumento de coerção

A antiguidade desconhecia a privação da liberdade como sanção penal. Até o final do século XVIII, a prisão tinha servido apenas como finalidade de custódia, ou seja, contenção do acusado até a sentença e execução da pena. As penas, por sua vez, eram infamantes e cruéis. A prisão, portanto, teve inicialmente a função de lugar de custódia e tortura.[3]

Posteriormente, com o avanço da industrialização e do capitalismo, percebeu-se a necessidade abundante de mão-de-obra, motivo pelo qual se tornou mais lucrativo e racional vigiar do que punir. Adveio daí a pena privativa de liberdade, em franco declínio no Direito Penal hodierno em razão de sua absoluta ineficiência.[4]

Também contribuiu para a humanização das penas o fortalecimento das idéias liberais de Beccaria, Bentham, Voltaire, Marat e outros, que advogavam a abolição das penas ultrajantes.

---

[2] Revista de Estudos Criminais, Editorial, Ano 2, nº 08, Porto Alegre: 2003, p. 7/20.

[3] LOPES JÚNIOR, Aury. Sistemas de Instruccion Preliminar en Los Derechos Español y Brasileño (Con Especial Referencia a la Situación del Sujeto Pasivo del Proceso Penal) Tese de Doutoramento na Universidad Complutense de Madrid: 1999, p. 36.

[4] Como salienta Cezar Roberto Bitencourt: "Procurou-se excluir da pena privativa de liberdade quem não demonstre necessidade de segregação, quer pela reiteração, quer pela gravidade comportamental, quer pelo grau de dissocialização que apresente. Enfim, reservaram-se as penas privativas de liberdade para os crimes mais graves e para os delinqüentes perigosos ou que não se adaptem às outras modalidades de penas." *Juizados Especiais Criminais e Alternativas À Pena de Prisão*. Porto Alegre: Livraria do Advogado: 1996, p. 16.

No que concerne à prisão civil, pode-se afirmar que é uma medida antiga, pois percorreu três estágios principais, segundo Mattirolo: primeiro como forma de escravidão, em que o devedor se tornava escravo do credor; depois como forma de encarceramento, privado ou público, infligido pelo credor ao devedor como *pena* pela falta de fidelidade; e, finalmente, como forma de *sperimento di solvibilitá* – experimento de solvência – estágio em que ainda nos encontramos.[5]

Hoje, a prisão por alimentos está expressamente prevista na Constituição de 1988 (Art. 5º, LXVII):

"Não haverá prisão civil por dívida, salvo a do responsável pelo inadimplemento voluntário e inescusável de obrigação alimentícia e a do depositário infiel".

Também existe a previsão de prisão por inadimplência de alimentos nos Tratados Internacionais referentes aos Direitos Humanos, como o Pacto de San Jose da Costa Rica, do qual o Brasil é signatário, em seu art. 7º, § 7º:

"Ninguém deve ser detido por dívidas. Este princípio não limita os mandados de autoridade judiciária competente expedidos em virtude de inadimplemento de obrigação alimentar".

A legislação ordinária também cuida da prisão civil por alimentos e outras formas de execução da prestação alimentícia: a Lei de Alimentos (Lei nº 5.478/68, arts. 16 a 19), e o Código de Processo Civil (Lei nº 5.869/73, arts. 732 a 735).

Ocorre, porém, que ao jurista não é facultado desprezar os efeitos deletérios da prisão, seja ela penal ou civil, cautelar ou definitiva. Na verdade, inexiste diferença em relação aos efeitos da prisão civil ou penal para o sujeito passivo que a sofre. Isso não significa, por óbvio, que o fundamento de existência da prisão civil e da prisão penal sejam os mesmos.

A prisão penal decorre do trânsito em julgado de decisão condenatória ou de medida cautelar (prisão temporária ou preventiva) ou pré-cautelar (prisão em flagrante). Ou seja, existe para retribuir o mal causado, prevenir a prática de novos crimes e "ressocializar" o condenado. Em se tratando de medida cautelar ou pré-cautelar, a prisão deveria decorrer da presença do *fumus comissi delicti* (probabilidade de existência do delito)

---

[5] *Apud* MAZZZUOLI, Valério de Oliveira. *Prisão Civil Por Dívida e o Pacto de San José da Costa Riica*. Rio de Janeiro: Forense: 2002, p. 63. Pode-se afirmar também que um dos sustentáculos da prisão por dívida está no Direito Germânico, em que era permitida a prisão do "ladrão", isto é, o *devedor incapaz de pagar* e fugitivo. ALMEIDA JÚNIOR, João Mendes de. O Processo Criminal Brasileiro. Rio de Janeiro: Freitas Bastos, 1920, p. 345.

e do *periculum libertatis* (perigo de liberdade do sujeito passivo), bem como da ameaça real e concreta à instrução do processo ou à aplicação da lei penal.[6]

Diferentemente, a prisão civil, segundo entendimento robustecido pela jurisprudência dos Tribunais Superiores, é vista como meio indireto de execução ou simples forma de coerção pessoal.[7] Embora outros autores admitam a semelhança entre prisão civil e prisão penal, devido ao disposto no § 1º do art. 902, do Código de Processo Civil: "...*do pedido poderá constar, ainda, a cominação da pena de prisão...*", o entendimento generalizado é de que a prisão por inadimplência de alimentos é simples forma de coação para a execução.

Não se pode negar, portanto, que os fundamentos para a prisão por alimentos e para a prisão penal são diferentes. Porém os efeitos de tais medidas sobre o sujeito passivo são os mesmos. O cerceamento da liberdade é o mesmo, a garantia fundamental de liberdade que resta alvejada é a mesma, assim como a estigmatização decorrente da prisão.

A prisão civil, embora não seja pena, traz o "sabor da pena",[8] e estende ao devedor de alimentos o mesmo padecimento sofrido pelo criminoso condenado, segundo admite Moreira Alves.[9]

É preciso, por conseguinte, que o lidador do Direito investigue também as conseqüências do seu gesto. É preciso uma verdadeira conscientização sobre a gravidade da medida que determina a prisão por inadimplência de alimentos.

Como refere Cezar Augusto Rodrigues Costa: "Pelo sistema criminal, de cunho eminentemente repressivo pela sua própria natureza, o quantum máximo de pena imposta para a conduta criminal análoga a do devedor de alimentos, por exemplo, sequer importa, concretamente, em prisão fechada. Será pois razoável prender esse devedor dando-lhe tratamento mais severo do que o Estado confere a um criminoso, sem lhe garantir ao menos o contraditório, o devido processo legal e a formação

---

[6] Hoje, porém, em decorrência da adoção de um processo penal de emergência, utiliza-se a prisão cautelar como forma de punição antecipada ou de execução provisória da pena. Prova disso é de que um terço dos presos no Brasil é preso provisório, segundo dados do Departamento Penitenciário Nacional de julho de 2002.

[7] O STF, de longa data, tem o mesmo posicionamento – Pleno – Embargos de Divergência (RE 92.847, AC. de 03.05.84, Rel. Min. Moreira Alves in RTJ 113/626). Também a excelente doutrina de Araken de Assis entende ser a prisão civil simples forma de coerção pessoal. *Da Execução de Alimentos e Prisão do Devedor*, 5ª edição, São Paulo: Revista dos Tribunais, 2001, p. 129 e ss.

[8] MAZZZUOLI, Valério de Oliveira. *Prisão Civil Por Dívida e o Pacto de San José da Costa Rica*. Rio de Janeiro: Forense: 2002, p. 64.

[9] MOREIRA ALVES, José Carlos. "A ação de depósito e o pedido de prisão (Exegese do parágrafo 1º do art. 902 do Código de Processo Civil)". In: *Revista de Processo*, nº 36, p. 13.

da culpa? É óbvio que essas indagações só podem merecer veemente resposta negativa".[10]

Embora o Supremo Tribunal Federal tenha referido que as pessoas sujeitas à prisão civil não podem ser colocadas em celas conjuntas com criminosos comuns,[11] também entendeu que a prisão civil é incompatível com a prisão albergue ou domiciliar.[12]

Assim, está claro que o profissional do Direito, principalmente o magistrado, não pode se encastelar nos pináculos da dogmática e desconsiderar os efeitos maléficos de determinadas medidas, simplesmente porque estariam colocadas ao seu alcance pelo ordenamento jurídico.

2. Os efeitos estigmatizadores da prisão

Sob o ponto de vista social, a principal conseqüência sofrida pelo sujeito passivo da prisão por alimentos e do preso em geral é a redução total de oportunidades legítimas, em virtude da desconfiança da sociedade, como também o surgimento de um verdadeiro fosso ético entre ele e a comunidade em que vive, decorrente do estigma.[13]

Alvino de Sá[14] anota que a prisão produz conseqüências profundamente drásticas para a mente e para a vida do condenado (no caso, o preso por alimentos) e, conseqüentemente, para o convívio social em geral, ainda que se processem lentamente, em doses homeopáticas, sem que necessariamente o preso e a sociedade delas se apercebam.

A prisão corrói a imagem e a auto-imagem do indivíduo. Em verdade, a prisionização gera uma série de efeitos prejudiciais na órbita social, que decorrem da própria psique afetada do preso, como a verdadeira desorganização de sua personalidade no caso da prisão se alongar no tempo (até três meses). Como se viu antes, a estigmatização afeta a auto-estima do preso, sua dignidade, de modo que o infantiliza, o diminui, causando-lhe um sentimento de inferioridade que o fará regredir socialmente.[15]

---

[10] *Apud* MAZZZUOLI, Valério de Oliveira. *Prisão Civil Por Dívida e o Pacto de San José da Costa Rica*. Rio de Janeiro: Forense: 2002, p. 64.

[11] Lex/Jurisprudência – STF, 181/312, rel. Min. Néri da Silveira. É verdade que a Corregedoria de Justiça do Estado do Rio Grande do Sul, por intermédio da Circular 21/93, determina que a prisão por alimentos seja cumprida em regime semi-aberto. Ainda assim, o preso por alimentos tem tratamento mais gravoso do que um criminoso que receberia pena semelhante.

[12] RT 708/243.

[13] Não se pode negar, é verdade, o efeito do *delabeling*, ou seja, a capacidade maior que as pessoas de alta projeção econômica têm de diminuir os efeitos do estigma.

[14] SÁ, Alvino Augusto. Prisionização: Um Dilema Para o Cárcere E Um Desafio Para a Comunidade. In: *Revista Brasileira de Ciências Criminais*, n. 21, p. 117, jan.-mar. 1998.

[15] Ibidem, loc. cit.

Isso porque o sofrimento decorrente da estigmatização causa uma interferência moral e física, que empobrece o psiquismo do sujeito passivo, e acarreta, como indica Alvino de Sá,[16] um estreitamento do seu horizonte psicológico, pobreza de experiências e dificuldades de elaboração de planos de médio e longo prazo.

A par disso, da depauperação social do sujeito passivo, tem-se um movimento da sociedade, com o fito de afastar do convívio social o indivíduo rotulado. Tal postura é claramente sentida no dia-a-dia, por intermédio de ações de exclusão e condenação moral e social do sujeito passivo.

Essa postura mina a tolerância da sociedade, incentiva uma concepção totalitária sobre o preso e dissemina pelo tecido social o germe da insensibilidade comunitária. Ou seja, para a sociedade não interessa o motivo pelo qual ele foi preso ou se ele não está mais preso: o que interessa é que ele é "ex-preso"!

Está criada, a partir daí, aquilo que Hélio Silva e Cláudia Milito[17] chamam de "cultura da evitação", pela qual os setores médios da sociedade, por uma disposição genérica, não quantificada, ou mesmo quantificável, procuram se afastar dos personagens da rua, dos desvalidos e, nesse caso, dos egressos da prisão, por serem "perigosos" ou "indesejáveis".

Não se pode esquecer a lição de Foucault acerca da prisão:[18] "A partir do momento em que alguém entrava na prisão se acionava um mecanismo que o tornava infame...".

Segundo Goffmam,[19] as pessoas têm várias identidades – separadas no espaço e no tempo –, consoante as várias audiências com que interagem. A pessoa surge, perante cada audiência, com uma imagem social virtual e várias imagens sociais reais. Porém, desde o instante em que o indivíduo adquire o estigma de preso ou ex-preso, perante a sociedade em geral, decresce de *status*, exceto, por óbvio, em subculturas onde poderá procurar refúgio.

Como se não bastasse, a relevante exclamação de Tornaghi sobre os malefícios econômicos da prisão provisória podem ser transpostos para a prisão por alimentos: "há aí um lucro cessante para ele e para a sociedade...se se pensa na quantidade de pessoas que, em cada país, foi reduzida

---

[16] Ibidem, loc .cit.

[17] SILVA, Hélio R. S.; MILITO, Cláudia. *Vozes do Meio-Fio, Etnografia*. Rio de Janeiro: Relume-Dumará, 1995. p. 38.

[18] FOUCAULT, Michel. Sobre a Prisão. *Magazine Littéraire*, p. 130, [s.d.].

[19] GOFFMAN, Erwing. Estigma. *Notas Sobre a Manipulação da Identidade Deteriorada*. Rio de Janeiro: Guanabara, 1988, p. 12 s.; 50s.

à inatividade pela prisão provisória, não se pode deixar sem uma lamentação que tão preciosa fonte de riqueza tenha de estancar...".[20]

Ou seja, a prisão por alimentos pode abater ainda mais a situação econômica do sujeito passivo sem solucionar o problema e, o mais grave, afetará de maneira mais violenta o despossuído, que não terá meios de efetuar o pagamento da dívida alimentícia. E o que é pior, afetará o próprio alimentando, que sofrerá a conseqüência da depauperação econômica do sujeito passivo da prisão.[21]

Por fim, como salientava Tornaghi, ainda quando alguém consiga passar incólume, a prisão não o deixa sem mácula: a mancha da infâmia o acompanha. O certo e insofismável é que o povo liga à prisão um caráter ultrajante. E o preso sai dela difamado. E o preso o sente, e sente-o até quando já não é preso. Isso abate-o, desmoraliza-o e, se a prisão é prolongada, os efeitos são mais dilacerantes.[22]

3. Prisão e proporcionalidade

A prisão é um remédio amargo e de difícil aceitação na esfera civil. O ideal seria a sua proibição. Ocorre, porém, que há expressa autorização constitucional para sua adoção, bem como há previsão inclusive nos Tratados Internacionais referentes aos Direitos Humanos.

Tal autorização, sem dúvida, decorre do princípio da dignidade da pessoa humana, de difícil e ainda incerta definição, mas amplamente aplicado pela jurisprudência.

Como deve proceder o julgador no instante em que se lhe é apresentado o pedido de prisão do devedor de alimentos recalcitrante, que está a deixar a míngua a sua prole, por exemplo. O que fazer? Averiguar se foram esgotadas todas medidas cabíveis (desconto em folha, penhora de bens, ordenar o pagamento sob pena de prisão)? E se o foram? Qual a solução? Privilegiar a liberdade do devedor ou a dignidade e a sustentabilidade de sua prole? Decretada a prisão e não satisfeito o pagamento, não é a dignidade (além da liberdade) do devedor que resta ofendida também?

---

[20] TORNAGHI, Hélio. *Compêndio de Processo Penal*. Rio de Janeiro: José Konfino, 1967. Tomo III. p. 1080.

[21] Como referiu Mattirolo, a prisão representa absurdo econômico, porque o obrigado preso terá maior dificuldade em solver as suas dívidas. Apud ASSIS, Araken de. *Da Execução de Alimentos e Prisão do Devedor*, 5ª edição, São Paulo: Revista dos Tribunais, 2001, p. 122.

[22] TORNAGHI, Hélio. *Compêndio de Processo Penal. Op. cit.,.* p. 1078-1079.

É preciso sentir a situação para resolvê-la. Não é fácil, como se vê, a tarefa do magistrado.[23] Na realidade, o que torna a situação tão crítica é a falta de alternativas legais postas ao dispor da autoridade judicial.

A prisão, embora não o seja na prática, deveria ser a *ultima ratio* no Direito Penal. No Direito Civil, muito mais, deveria ser proscrita. Porém ela está presente e, fatalmente, será usada.

Como se viu, a prisão civil em nada se diferencia da prisão penal, em relação aos seus efeitos. Nessa situação também haverá de se exigir absoluto rigorismo do juiz no que concerne à proteção das garantias processuais e individuais, pois se está cerceando a liberdade não de um condenado ou de um acusado que esteja ofendendo à instrução do processo ou à aplicação da lei, mas de um devedor, de um inadimplente civil.

É preciso reconhecer que a proporcionalidade de tal medida é uma exigência do Estado Democrático. Faz-se necessário, por conseguinte, o cotejo entre a prisão civil por alimentos e o princípio da proporcionalidade, a fim de se averiguar se a medida é ou não adequada.

O princípio da proporcionalidade, de origem suíça, teve notável desenvolvimento na Alemanha. Foi reconhecido, pela primeira vez, na decisão do Tribunal Constitucional Alemão, no caso *Elfes* (Elfes *x* Urteil): As leis, para serem constitucionais, não basta que hajam sido formalmente exaradas. Devem estar também materialmente em consonância com os superiores valores básicos da ordem fundamental liberal e democrática, bem como com a ordem valorativa da Constituição, e ainda hão de guardar, por igual, correspondência com os principais elementares não escritos da Lei Maior, bem como com as decisões tutelares da Lei Fundamental, nomeadamente as que atendem como o axioma da estabilidade jurídica e o princípio do Estado Social.[24]

Em Portugal, o Código de Processo Penal, por exemplo, faz referência expressa, em seu art. 193, I, aos princípios da proporcionalidade e da idoneidade, e no art. 193.2 exige também, em relação com a prisão, o cumprimento do princípio da necessidade.

A doutrina alemã, como refere Gómez Colomer,[25] aponta que o juiz deve levar em consideração o princípio da proporcionalidade ao tratar da

---

[23] Como assevera Gustavo Paim, "freqüentemente encontramos valores fundamentais conflitantes, sendo necessária a relativização de uns em prol da salvaguarda de outros, tendo em vista a manutenção harmônica de todo o conjunto". *A Garantia da Licitude das Provas e o Princípio da Proporcionalidade no Direito Brasileiro*. In As Garantias do Cidadão No Processo Civil – Relações Entre Constituição e Processo. Porto Alegre, Sérgio Gilberto Porto (Org), Livraria do Advogado, 2003, p. 177.

[24] *Apud* BONAVIDES, Paulo. Curso de Direito Constitucional, 6ªed. São Paulo: Malheiros, p. 384.

[25] *Apud* SANGUINÉ, Odone. "Prisão Provisória e Princípios Constitucionais". *In Fascículos de Ciências Penais*, Porto Alegre: Fabris, 1992, p. 237.

prisão, tendo em vista as graves conseqüências que causa ao imputado, motivo pelo qual deve ser o último instrumento a ser utilizado.

Na mesma linha interpretativa segue a doutrina italiana, alicerçada no art. 275.2 do *Codice de Procedura Penale*. Marzia Ferraioli[26] refere que a prisão não pode prescindir da análise sobre sua proporcionalidade: "vi è la necessária proporzione tra la misura prescelta e l'entità del fatto, da um lato, e tra la misura prescelta e la sanzione Che si ritiene possa essere irrogata, dall'altro (criterio di proporzionalità)".

Illescas Rus comenta o princípio da proporcionalidade sob o ponto de vista do Direito espanhol, salientando que o mesmo possui três requisitos:

1º – Adequação: a medida deve ser adequada ao fim que com ela se pretende lograr, atentando-se para a natureza da restrição causada pela medida escolhida.

2º – Sacrifício Proporcional: a limitação de um direito fundamental deve ser produzido em medida estritamente necessária para salvaguarda do interesse comum e não suponha um sacrifício excessivo e desnecessário. Se existir outra medida de eficácia análoga, mas menos prejudicial, deve ser ela adotada.

3º – Motivação da Resolução: é imprescindível, tendo em vista a gravidade de uma prisão, uma singular e extraordinária qualidade e primor na fundamentação de um decreto dessa natureza. É um imperativo constitucional...não pode existir uma fundamentação formulária, é necessário que exista uma análise particular do caso e da prova, sendo vedado ao Juiz que utilize uma decisão aberta e abstrata derivada de uma das muitas fórmulas consagradas na prática judicial.[27]

A garantia da proporcionalidade deve estabelecer os balizadores da atuação do magistrado na fixação dos meios de coerção na esfera civil. O difícil e quase insustentável equilíbrio entre os direitos individuais e a garantia da dignidade da pessoa humana terá no princípio da proporcionalidade um importante alicerce.

Como escreveu o Ministro Gilmar Mendes, a simples existência de lei não se afigura suficiente para legitimar a intervenção no âmbito dos direitos e liberdades individuais. É preciso que ela seja proporcional. Isso somente se precisará pela análise não só da legitimidade dos objetivos perseguidos pelo legislador, mas também pela adequação dos meios empregados, a necessidade de sua utilização, bem como a razoabilidade, isto

---

[26] FERRAIOLI, Marzia; DALIA, Andréa Antonio. *Manual Di Diritto Processuale Penale*. 4.ed. Padova: CEDAM, 2001.
[27] *Apud* LOPES JÚNIOR, Aury. *Fundamento*, ..., p. 237 e 238.

é, a ponderação entre restrição a ser imposta aos cidadãos e os objetivos pretendidos.[28]

É difícil não observar a desproporção da prisão por alimentos quando, por exemplo, o devedor é preso e paga a dívida. Ora, se pagou é porque tinha meios materiais para fazê-lo. Se tinha meios para pagar, o Estado deveria utilizar medida menos gravosa para coagir o devedor. Ou seja, na verdade o devedor tinha recursos, e o operador do Direito foi obrigado a lançar mão de instrumento extremamente gravoso como a prisão, em virtude de o legislador não lhe oferecer outras medidas eficientes, porém menos gravosas. Nesse caso, o Estado foi incapaz de forçar o pagamento usando instrumentos menos estigmatizadores.

Como se não bastasse, é de duvidosa proporcionalidade também a prisão, se não ocorre o adimplemento da dívida. Ou seja, a prisão se consubstancia em medida de coação absolutamente ineficaz, que não garantiu a dignidade do alimentando e nem a liberdade do alimentante.

Diante disso, vê-se que a prisão por alimentos deve ser a última medida colocada ao dispor do juiz, plenamente fundamentada, adequada aos fins propostos e proporcional ao sacrifício do bem jurídico (liberdade). Como salienta o Professor Teixeira Giorgis: "A prisão civil, por débito alimentar, por ser medida excepcional há que ser decretada somente em casos extremos".[29]

Conclusões

A legislação infraconstitucional colocou à disposição do alimentando quatro meios básicos de coerção, como forma de buscar o cumprimento da obrigação: 1) desconto em folha de pagamento (Lei nº 5.478/68, art. 16, c/c o art. 734 do CPC); 2) desconto de aluguéis ou de quaisquer outros rendimentos do devedor (art. 17 da Lei de Alimentos); 3) execução por quantia certa contra devedor solvente (art. 732 do CPC); e 4) pela prisão do devedor (arts. 733 do CPC, e 19 da Lei nº 5.478/68).

---

[28] MENDES, Gilmar Ferreira. *Questões fundamentais de Técnica Legislativa*. Porto Alegre, *Ajuris*, n. 53, p. 127, 1991.
[29] Agravo de instrumento nº 70001022532, Sétima Câmara Cível, TJRS, Rel. Des. José Carlos Teixeira Giorgis, j. 21.06.00. Na mesma linha a lição de Amílcar de Castro, afirmando que a prisão deve ser aplicada apenas em "casos extremos", por ser meio "violento e vexatório". CASTRO, Amílcar de. Comentários ao Código de Processo Civil (1939). Rio de Janeiro: Forense, 1941, p. 147.

Assim, como forma de se respeitar a regra da proporcionalidade, deveria ser adotada a prisão como última alternativa, esgotados os demais meios executórios pela sua ineficácia ou impossibilidade.[30]

Como se não bastasse, a prisão civil jamais deveria ser cumprida em regime fechado,[31] mas sim em regime aberto ou em prisão domiciliar, levando-se em consideração o *quantum* da "pena".

Além disso, a prisão por alimentos deve ter o prazo máximo de 60 dias, não interessando tratar-se de alimentos provisionais, provisórios ou definitivos, conforme o disposto na Lei de Alimentos (Lei n° 5.478/68, arts. 16 a 19).

Talvez houvesse a objeção de que a disposição do Código de Processo Civil (art. 733, § 1°, prisão de um a três meses) é posterior à Lei de Alimentos, motivo pelo qual deveria ser aplicada.

Entretanto, observou-se que os reflexos da prisão civil são assemelhados, para não dizer idênticos, aos da prisão penal. Desse modo, a interpretação sobre a duração da prisão deve ter um caráter restritivo, aplicando-se a regra mais benéfica ao preso-devedor, entendimento que é seguido por Adroaldo Fabrício, Araken de Assis[32] e Sérgio Gilberto Porto.[33]

Por fim, é imperioso reconhecer que o legislador não ofereceu ao operador do Direito um leque mais variado de alternativas para tornar exitosa a execução alimentar (Por exemplo, a positivação do nome do

---

[30] Conforme precedentes JCCTJRS, 1987, v. 1/161-163. Não se pode desconsiderar a relevante assertiva de Sérgio Gischkow Pereira, acerca da "urgência de que se reveste o crédito de alimentos, com a relevância social do tema, com o significado humano que impregna o assunto". PEREIRA, Sérgio Gischkow. *Ação de Alimentos*. 2ª edição. Porto Alegre: Síntese, 1981, p. 100. O problema da urgência no campo do Direito e o conseqüente enfraquecimento das garantias individuais e processuais é muito bem analisado em François Ost. Para Ost, a urgência alimenta uma cultura da impaciência que faz surgir qualquer atraso como dilação criticável, de forma que "o transitório tornou-se o habitual e a urgência tornou-se permanente". Assim, muitas vezes, em nome da urgência se enfraquece a idéia de processo como instrumento e como garantia, para transformá-lo em empecilho, benesse ou benemerência, esquecendo-se de que ele tem "por vocação dar as suas oportunidades à dúvida e institucionalizar a prudência e o debate". OST, François. *O Tempo do Direito*. Lisboa: A Triunfadora Artes Gráficas, 1999, p. 355, 359 e 383.

[31] "EXECUÇÃO DE ALIMENTOS. PRISÃO. REGIME PRISIONAL. Não se vislumbra qualquer sentido ou conveniência na manutenção de um devedor de alimentos recolhido à prisão em regime fechado. CONCEDERAM A ORDEM, POR MAIORIA" (HC N° 70000078923, SÉTIMA CÂMARA CÍVEL, TJRS, RELATOR: DES. JOSÉ CARLOS TEIXEIRA GIORGIS, JULGADO EM 15/09/1999). Não se diga que o pequeno número de Casas de Albergado impossibilitaria o cumprimento da prisão no regime aberto. O alimentante não deve ser responsabilizado pela leniência e incúria do Estado. Nesse caso, a prisão deveria ser domiciliar. O estímulo para o pagamento está na restrição do direito de ir e vir e não no local mais ou menos lúgubre e insalubre de cumprimento da medida. Se a prisão civil é forma de coerção pessoal, não o é humilhação, sofrimento e punição do sujeito passivo.

[32] *Da Execução de Alimentos e Prisão do Devedor*, 5ª edição, São Paulo: Revista dos Tribunais, 2001, p. 129 e ss.

[33] *Doutrina e Prática dos Alimentos*, p. 82. 2ª ed. Rio de Janeiro: AIDE, 1991.

devedor em cadastros de proteção do crédito, bloqueio de contas bancárias, apreensão da carteira de habilitação para dirigir etc.).

Tais medidas, menos gravosas que a prisão, mas também veementes e impactantes, caso fossem colocadas à disposição do juiz, certamente redundariam em maior eficácia judicial, pois preservariam a liberdade do alimentante e assegurariam a dignidade do alimentando.

Bibliografia

ALMEIDA JÚNIOR, João Mendes de. *O Processo Criminal Brasileiro*. Rio de Janeiro: Freitas Bastos, 1920.

ASSIS, Araken de. *Da Execução de Alimentos e Prisão do Devedor*, 5ª edição, São Paulo: Revista dos Tribunais, 2001.

BITENCOURT, Cezar Roberto. *Juizados Especiais Criminais e Alternativas À Pena de Prisão*. Porto Alegre: Livraria do Advogado: 1996.

BONAVIDES, Paulo. *Curso de Direito Constitucional*, 6ª ed. São Paulo: Malheiros, p. 384.

CASTRO, Amílcar de. *Comentários ao Código de Processo Civil (1939)*. Rio de Janeiro: Forense, 1941, p. 147.

FERRAIOLI, Marzia; DALIA, Andréa Antonio. *Manual Di Diritto Processuale Penale*. 4.ed. Padova: CEDAM, 2001.

FOUCAULT, Michel. *Sobre a Prisão*. Magazine Littéraire, p. 130

GOFFMAN, Erwing. *Estigma. Notas Sobre a Manipulação da Identidade Deteriorada*. Rio de Janeiro: Guanabara, 1988.

LOPES JÚNIOR, Aury. *Fundamento, Requisito e Princípios Gerais das Prisões Cautelares*. In Revista da Ajuris, n° 72, Porto Alegre, 1998.

——. Sistemas de Instruccion Preliminar en Los Derechos Español y Brasileño (Con Especial Referencia a la Situación del Sujeto Pasivo del Proceso Penal) Tese de Doutoramento na Universidad Complutense de Madrid: 1999.

MAZZZUOLI, Valério de Oliveira. *Prisão Civil Por Dívida e o Pacto de San José da Costa Rica*. Rio de Janeiro: Forense: 2002.

MENDES, Gilmar Ferreira. "Questões fundamentais de Técnica Legislativa". Porto Alegre, *Ajuris*, n. 53, p. 127, 1991.

MOREIRA ALVES, José Carlos. "A ação de depósito e o pedido de prisão (Exegese do parágrafo 1º do art. 902 do Código de Processo Civil)". In: *Revista de Processo*, n° 36, p. 13.

OST, François. *O Tempo do Direito*. Lisboa: A Triunfadora Artes Gráficas, 1999.

PAIM, Gustavo. *A Garantia da Licitude das Provas e o Princípio da Proporcionalidade no Direito Brasileiro*. In As Garantias do Cidadão No Processo Civil – Relações Entre Constituição e Processo. Porto Alegre, Livraria do Advogado, 2003.

PEREIRA, Sérgio Gischkow. *Ação de Alimentos*. 2ª edição. Porto Alegre: Síntese, 1981, p. 100.

PORTO, Sérgio Gilberto. (Org.) *As Garantias do Cidadão No Processo Civil – Relações Entre Constituição e Processo*. Porto Alegre, Livraria do Advogado, 2003.

——. *Doutrina e Prática dos Alimento*, 2ª ed. Rio de Janeiro: Aide, 1991.

SÁ, Alvino Augusto. Prisionização: Um Dilema Para o Cárcere E Um Desafio Para a Comunidade. In: *Revista Brasileira de Ciências Criminais*, n. 21, p. 117, jan.-mar. 1998.

SANGUINÉ, Odone. "Prisão Provisória e Princípios Constitucionais". *In Fascículos de Ciências Penais*, Porto Alegre: Fabris, 1992, p. 237.

SILVA, Hélio R. S.; MILITO, Cláudia. *Vozes do Meio-Fio, Etnografia* – Rio de Janeiro: Relume-Dumará, 1995.

TORNAGHI, Hélio. *Compêndio de Processo Penal*. Rio de Janeiro: José Konfino, 1967. Tomo III. p. 1080.

— 14 —

Constituição e processo nas ações de revisão de alimentos

SÉRGIO GILBERTO PORTO
Professor Titular de Direito Processual Civil da Faculdade de
Direito da PUC/RS. Mestre e Doutorando em Direito.
Membro do Instituto Brasileiro de Direito Processual.
Ex-Procurador-Geral de Justiça do RS. Advogado.

Sumário: 1. Considerações preliminares; 2. Classificação das demandas segundo as cargas de eficácia das sentenças; 3. Finalística da perfeita compreensão da classificação das demandas; 4. Garantias das partes e cidadania processual; 5. Ação de revisão modificativa ou exonerativa da obrigação alimentar; 6. Questões emergentes; 6.1 Conteúdo das sentenças; 6.2. Coisa julgada; 6.2.1. Limites temporais; 6.3. Invalidade do julgado; 6.3.1. Ação rescisória; 6.3.1.1. Natureza; 6.3.1.2. Pressupostos; 6.3.1.3. Legitimidade; 6.3.1.4. Princípio regulador insculpido no ordenamento processual; 6.4. Antecipação de tutela.

1. Considerações preliminares

Não é possível enfrentar qualquer espécie de demanda, sem antes compreender, exatamente, seu propósito. Nessa linha, vale destacar que as demandas não se definem por eventual *nomen iuris* que venham receber no batismo, mas sim definem-se pelo conteúdo que contemplam ou, mais precisamente, uma demanda é identificada a partir de seu núcleo e conhecendo-se este, naturalmente, será identificado seu propósito.

Nesse passo, cumpre esclarecer que o conteúdo das demandas é identificado a partir da composição das cargas de eficácias das sentenças de procedências, daí sobremodo importante conhecer e dominar os possíveis conteúdos das cargas de eficácia das sentenças de procedência, eis que ferramenta indispensável ao operador, pena de não conseguir realizar processualmente a necessidade imposta pela realidade, máxime em sede alimentar quando se pretende revisar encargo anteriormente fixado, vez que tal idéia encontra-se jungida, exatamente, ao conteúdos das demandas modificativas ou exonerativas do encargo alimentar.

2. Classificação das demandas segundo as cargas de eficácia das sentenças

A doutrina brasileira inclina-se, tradicionalmente, por classificar as ações e, por decorrência, as sentenças, em declaratórias, constitutivas e condenatórias.[1] Tal orientação está, indubitavelmente, vinculada à construção germânica do século passado, especialmente em Adolf Wach[2] que se destaca como um dos corifeus desta linha de pensamento.

Significa isto que, em *ultima ratio*, a doutrina clássica nacional identifica como únicos caminhos a serem seguidos, para a satisfação de pretensões deduzidas, a via declaratória, a constitutiva e a condenatória.

Assim, deve ser compreendido que na demanda de natureza declaratória, ordinariamente, busca-se a declaração da existência ou inexistência de determinada relação jurídica ou, ainda, a declaração em torno da autenticidade ou falsidade de certo documento (art. 4º, do CPC); busca-se, enfim, a certeza onde há incerteza. É exemplo típico a ação de consignação em pagamento, haja vista a eficácia liberatória decorrente da declaração de extinção da obrigação.

Na ação de natureza constitutiva, busca o autor a criação, extinção ou modificação de uma relação jurídica. Esta ação pode ter cunho positivo ou negativo. É positivo quando cria uma nova relação jurídica a partir da sentença, e negativo quando, através da sentença, é extinta a relação jurídica pré-existente. Esta última é também chamada, por parte da doutrina, de desconstitutiva ou constitutiva-negativa. Constitui exemplo típico a ação de divórcio, pois nela se extinguirá a relação jurídica matrimonial que nasceu com o casamento.

Na ação de natureza condenatória pretende o autor impor uma sanção ao demandado. São exemplos clássicos as ações de indenização em geral,

---

[1] V.g. MOACIR AMARAL SANTOS. *Primeiras linhas de Direito Processual Civil*. Saraiva, 1977, 1º v. p. 147 e ss.; JOSÉ FREDERICO MARQUES. *Manual de Direito Processual Civil*, Saraiva, 1975, 1º v., p. 164; HUMBERTO THEODORO JÚNIOR. *Curso de Direito Processual Civil*, Forense, 1986, p. 63/4; VICENTE GRECO FILHO. *Direito Processual Civil Brasileiro*, Saraiva, 1987, p. 85.
[2] Handbuch des deutschen Zivilprozerrechts, 1885, apud Teoria da Ações em Pontes de Miranda, CLÓVIS DO COUTO E SILVA, in *Ajuris* 43/69.

nas quais, a partir da sentença, está o réu obrigado a reparar eventual prejuízo causado, e nessa obrigação de reparar é identificada a sanção imposta.

A presente orientação gozou de trânsito fácil e, quiçá, exclusivo na doutrina brasileira durante algum tempo, até que Pontes de Miranda, questionando a limitação de tal classificação, lançou as bases da chamada teoria quinária em torno da classificação das ações quanto às suas cargas de eficácia.

A teoria quinária sustenta, em síntese, que, além das ações tradicionalmente reconhecidas, outras duas devem ser acrescidas à classificação, quais sejam: as mandamentais e as executivas *lato sensu,* portanto existiriam cinco espécie de ações e não apenas três.[3]

Quanto à ação mandamental, mais uma vez, o festejado mestre, buscando inspiração no direito alemão,[4] demonstra a existência de uma ação cujo objeto primordial é uma ordem do juízo para que alguém ou algum órgão faça ou deixe de fazer alguma coisa, pois é esse o sentido da pretensão deduzida. Constitui exemplo de ação mandamental a demanda cuja finalidade seja a de retificar um registro público, exatamente porque aquilo que mais pretende o autor é que o juízo ordene que o oficial de registro público proceda à retificação desejada.

A ação executiva *lato sensu*, de sua parte, representa a possibilidade de que ações integrantes do processo de conhecimento tragam em si embutidas capacidade executória. Quer isso dizer que existe um determinado tipo de demanda na qual o juízo, ao reconhecer a procedência da postulação, determina, desde logo e independentemente de qualquer outra providência por parte do autor, a entrega do *bem da vida*[5] que é objeto da lide. Note-se que nas ações em geral, por regra, embora condenado o réu, o *bem da vida* somente será outorgado ao autor se este tomar novas iniciativas. Assim, por exemplo, na ação de indenização, muito embora condenado o réu a indenizar, nada acontecerá no mundo fático se o autor não tomar a iniciativa de liquidar a obrigação e, posteriormente, a executar. Somente após as referidas iniciativas (liquidação e execução) é que receberá o autor o bem pretendido (indenização), vale dizer: o recebimento deste, por parte do autor, está condicionado a novas iniciativas suas, embora a decisão anterior já lhe tenha reconhecido o direito que alega. Entretanto, há ações em que o juízo, como já dito, ao reconhecer a procedência da alegação feita pelo autor, lhe deferirá o objeto pretendido, provocando alterações

---

[3] V. *in Tratado das Ações*, RT, 1979.

[4] GEORG KUTTNER, in Die Urteilwirkugem ausserhalb des Zivilprozesses e JAMES GOLDSCHIMIDT *in* Der Prozess als rechstlage,Idem nota 20.

[5] Conceito consagradamente destacado por CHIOVENDA ao longo de sua obra.

na esfera jurídica do demandado, independentemente de outras iniciativas. Constitui exemplo de demanda dessa natureza a ação de despejo, pois, no momento em que é alegada – por exemplo, determinada infração contratual – e o juízo a reconhece como existente, resolve, a um só tempo, o contrato, e determina a desocupação do imóvel, provocando, portanto, uma alteração por decorrência da sentença, sem que tenha o autor de se socorrer de nova providência. E isso somente é possível em razão da capacidade executória que está embutida na sentença.

Recentemente, Ovídio Baptista da Silva,[6] adepto inquestionável da classificação quinária de Pontes de Miranda, abre certo dissenso, relativamente a esta orientação, para excluir as ações mandamentais e executivas, *lato sensu*, do processo de conhecimento e incluí-las no processo de execução.

Muito embora tal dissidência em torno da natureza do processo em que estas demandas integram, a verdade é que, no que diz respeito a seu conteúdo esta circunstância não provoca qualquer invalidade, justamente, por que, antes de mais nada, é reconhecido seu conteúdo eficacial ou, mais precisamente, a existência, no que diz respeito a carga de eficácia, de conteúdos mandamental e executivo.

Deste quadro resulta que, hoje, parcela significativa da doutrina admite a existência de cinco demandas de conteúdos diversos e, por decorrência, de propósito também diverso.

Oportuno, por derradeiro, registrar que as cargas de eficácias podem ser compostas, ou seja, as demandas em geral poderão contemplar mais de um conteúdo concomitantemente, havendo, pois, sentenças híbridas, eis que compostas por mais de uma carga de eficácia, muito embora uma carga esteja mais presente do que outra na definição do conteúdo da decisão.

A exposição deste debate tem por escopo, dentre outros propósitos, definir no presente ensaio, justamente, qual o conteúdo das sentenças proferidas em demandas de cunho revisional, em sede alimentar. Isto propiciará a perfeita identificação dos contornos objetivos, subjetivos e temporais da demanda, bem como do pedido e, finalmente, o alcance da coisa julgada.

3. Finalística da perfeita compreensão da classificação das demandas

Após esta breve exposição envolvendo a classificação das ações e sentenças, emerge a necessária indagação relativa às conseqüências práti-

---

[6] In *Curso de Processo Civil*, vol. II. Porto Alegre: SAFE, 1990, p. 12 e ss.

cas do perfeito domínio de tal construção. E a resposta é clara: não é possível deduzir pedido adequado (ou prolatar sentença) sem a perfeita compreensão do tema. Com efeito, ainda na fase pré-processual, é dever do operador do direito identificar aquilo que a parte necessita; descobrir o verdadeiro objeto da demanda, ou aquilo que o autor deseja obter com a sentença, para, ao depois, adaptar a necessidade ao pedido. Somente haverá congruência entre a sustentação das necessidades do autor e o pedido deduzido se o profissional que trata da questão descortinar com precisão os caminhos de que dispõe para a satisfação do interesse posto em causa (declaratório, constitutivo, condenatório, executivo ou mandamental).

O pedido, portanto, deverá ser compatível com as cargas de eficácia que integrarão a sentença pretendida, ou, mais concretamente, deverá o autor — e também o juiz, ao sentenciar — usar verbo núcleo que caracterize a carga de eficácia preponderantemente querida, *verbi gratia*, se for condenatória, é pertinente o uso do verbo condenar; se constitutiva negativa, o verbo decretar; se declaratória, o verbo declarar; se mandamental, o verbo ordenar; e se executiva, por igual, verbo que represente o comando pretendido.

Outrossim, oportuno esclarecer que, na sentença executiva em sentido amplo, também o juízo expede uma ordem, a exemplo da mandamental. Todavia, tais ordens não se confundem, porquanto se distinguem na conseqüência jurídica. Com efeito, enquanto, na mandamental, o não-cumprimento da ordem importa — em tese — na responsabilidade criminal pela prática do delito de desobediência (art. 330 do Código Penal), já na executiva o não atendimento da ordem emanada implica execução forçada, e não responsabilidade criminal.

Essencial, portanto, que o conteúdo final da sentença seja retratado exatamente pelo comando constante do dispositivo da decisão e, nesta medida, o juízo poderá apenas declarar, condenar, constituir, ordenar e/ou executar. Não existem outros caminhos ou comandos oferecidos pelo Estado ao juízo, daí, pois, a importância de seu absoluto domínio, aos efeitos de promover uma perfeita adequação da necessidade da parte que tem razão com as possibilidades do juízo.

4. Garantias das partes e cidadania processual

Oportuno observar, quando em sede de demandas, que todo aquele que vai a juízo, no sistema jurídico brasileiro, não comparece desamparado, haja vista que o Estado lhe outorga certas garantias, mais conhecidas como garantias constitucionais-processuais, também, por vezes, chamadas de princípios constitucionais processuais. Tais garantias tem origem na mais valia da cidadania, representada esta por cláusulas de segurança oferecidas pelo Estado ao cidadão nos litígios, perfectibilizando, portanto, o conceito de cidadania processual, já que o Brasil, embora um país socialmente injusto, é, longe de dúvida, juridicamente civilizado.

Efetivamente, bem examinada a Carta Magna, fonte originária de direito no sistema brasileiro, verificar-se-á que toda e qualquer demanda deve a ela estar adequada, pena de, se assim não for, produzir-se algo inconstitucional, vício maior do ordenamento.

Nessa medida, como já sinalizado, a Constituição da República assegurou às partes determinadas garantias, a saber: (a) publicidade dos atos processuais (5, LX e 93, IX) ou seja a garantia de que todos os atos de julgamento no processo são absolutamente públicos, constituindo-se, tal circunstância, na possibilidade maior de fiscalização dos atos judiciais pela sociedade e, por decorrência, fazendo valer uma justiça transparente e democrática para o cidadão; (b) tratamento isonômico (5, *caput*), ou seja, através de tal garantia, em tese, se assegura tratamento paritário às partes, respeitadas suas desigualdades, não podendo haver privilégio a qualquer dos integrantes da relação jurídica controvertida; (c) a motivação das decisões judiciais (93, IX), com o fito de evitar o arbítrio judicial se exige do juízo fundamentação de suas decisões ou seja o juízo deve declinar as razões pelas quais decidiu desta ou daquela forma ou, ainda, dito de outro modo, o juízo não decide como quer, por livre arbítrio, mas decide nos termos que a prova dos autos lhe autoriza, através da competente fundamentação de sua decisão; (d) o contraditório judicial (5, LV e LIV), também conhecido como o princípio da bilateralidade da audiência, ou seja, às partes deve ser assegurado o direito de influenciar a decisão jurisdicional, através de seus argumentos e razões; (e) a inafastabilidade de lesão ou ameaça de direito da apreciação do Poder Judiciário (5, XXXV), vedando a possibilidade de qualquer tentativa de que "justiça alternativa" venha a promover o acertamento das relações controvertidas; (f) o acesso, que a todos deve ser assegurado, à Justiça (5, XXXV), facilitando as formas de buscar guarida junto ao Poder Judiciário, através de mecanismos tais como isenção de custas ou acesso independentemente de advogado; (g) proibição da obtenção de prova por meio ilícito (5, LVI), por não ser o processo um instrumento de incentivo a torpeza processual se veda a possibilidade de que prova obtida por meio ilícito venha a ser tida como válida e, portanto, apta a gerar convicções judiciais; (h) a segurança decorrente da coisa julgada (5, XXXVI), que visa oferecer estabilidade as relações sociais a partir de determinado ponto, lançando um basta estatal no conflito; (i) a atuação do juiz e do promotor natural

(5, LIII), impedido que juízo de exceção ou constituído *post factum* seja competente para processar e julgar a lide posta à apreciação; (j) o duplo grau de jurisdição, representado pela possibilidade que toda e qualquer decisão seja, no mínimo, examinada por juízos de graus diferentes, aos efeitos de diminuir a possibilidade de erro judiciário e, enfim, (k) o devido processo legal (5, LIV), representado pela soma de todas as garantias ou seja o desrespeito a qualquer das garantias, em *ultima ratio*, importa em violação a própria garantia do devido processo que é representado pelo conjunto das garantias oferecidas pelo Estado ao cidadão.

Nas demandas de natureza alimentar a questão não difere, eis que às partes são asseguradas todas as garantias, quer expressas, quer implícitas, integrantes do ordenamento constitucional. Contudo, oportuno advertir que, no mais das vezes, as garantias processuais não se apresentam como direitos absolutos, eis que mitigadas por esta ou aquela circunstância, ordinariamente de origem legislativa.

Nessa medida, oportuno registrar que a demanda de cunho alimentar (e neste conceito compreenda-se as demandas alimentares propriamente ditas, bem como as derivadas de cunho modificativo ou exonerativo) sofre restrição em torno da garantia da publicidade, pois, o artigo 155, CPC, limita sua divulgação, emoldurando-a dentre aquelas que correm em segredo de justiça, haja vista que outra garantia constitucional encontra-se em jogo, qual seja o direito a intimidade, a vida privada (X, 5, CF) do cidadão e, na mensuração dos valores, o legislador valorou mais esta do que aquela, daí a razão pela qual, em verdadeira exceção a publicidade dos atos processuais, instituiu-se o segredo de justiça em favor de todas as demandas de índole alimentar.

Afora tal particularidade, todas as demais garantias vigoram com plenitude no processo alimentar, assegurando, pois, a plena vigência daquela garantia que é composta por todas as demais ou seja a do devido processo legal.

Registre-se, por derradeiro, que a violação de qualquer das garantias enumeradas importa em grave vício, passível, inclusive, de desafiar Recurso Extraordinário, na forma do artigo 102, III, "a", da Carta Magna nas ações alimentares. Contudo, não há que se falar em violação de qualquer garantia constitucional-processual se é excepcionada certa garantia em favor de outra mais densa do que aquela mitigada . Nesta hipótese, em verdade, pela incidência do princípio da proporcionalidade,[7] impõe-se a

---

[7] Compreenda-se o princípio da proporcionalidade como fórmula de busca de um equilíbrio entre os valores fundamentais, através da hierarquização das garantias. Há, pois, segundo tal princípio, a possibilidade de uma garantia prevalecer sobre outra, através – exatamente – da identificação de seus respectivos graus de constitucionalidade, prevalecendo aquela de maior vigor sobre aquela de menor intensidade constitucional.

mais valia de uma garantia em detrimento da outra, em face da hierarquia dos direitos conflitantes.

5. Ação de revisão da modificativa ou exonerativa da obrigação alimentar

A ação revisional do encargo alimentar, objeto direto do presente ensaio, apresenta-se de duas formas: a) quando a pretensão é meramente modificativa e b) quando a pretensão é totalmente exonerativa. Esta ação encontra suporte no artigo 471, inciso I, do CPC, que estabelece: "Nenhum juiz decidirá novamente as questões já decididas, relativas à mesma lide, salvo: – se, tratando-se de relação jurídica continuativa, sobreveio modificação no estado de fato ou de direito; caso em que poderá a parte pedir a revisão do que foi estatuído na sentença".

Este dispositivo consagra a cláusula *rebus sic stantibus* e é aplicável às decisões proferidas em processos alimentares, daí a possibilidade da revisão do encargo tanto em uma pretensão modificativa para aumento ou diminuição do encargo, quanto numa pretensão exonerativa de alimentos. Para isso, basta que se alterem as condições econômicas das partes, conforme estatuído no art. 1.699 do Código Civil.[8]

Desta forma, constatamos que a possibilidade jurídica de alteração de pensão alimentar repousa em uma questão de fato, representada pelas oscilações da vida, mais precisamente na flutuação econômica dos envolvidos. Assim, se há um empobrecimento do obrigado ou um enriquecimento do alimentado, ocorre uma modificação de fortuna e, por conseguinte, as bases anteriormente ajustadas merecem ser revistas, para diminuição ou exoneração, eis que fica esta revisão também dentro dos parâmetros necessidade de um, possibilidade de outro (art. 1.694 do Código Civil).[9]

São incontáveis as situações que justificam a pretensão revisional, seja ela modificativa ou exonerativa, *v.g.*, a perda de emprego por parte do obrigado; a diminuição de ganhos do alimentante; o enriquecimento do alimentado; doenças que esgotem os recursos financeiros do obrigado; maioridade dos filhos beneficiados... enfim uma gama sem número de hipóteses pode gerar reflexos na situação fático-financeira tanto do obrigado, quanto do ou dos alimentados e, por conseqüência, torna-se imperiosa a revisão da situação, com o fito de buscar a proporcionalidade primitiva havida ao tempo da fixação dos alimentos originários. Porém, é

---

[8] V. art. 401 do Código Civil de 1916.
[9] V. art. 400 Código Civil de 1916.

necessário, para que o pedido encontre eco, que as circunstâncias modificativas tenham ocorrido posteriormente à fixação dos alimentos.

A ação revisional que busca a simples modificação dos alimentos, quer para aumentá-los, quer para reduzi-los, processar-se-á pelo rito estabelecido na Lei 5.478/68, ao passo que a ação que busca a exoneração do encargo é processável por via ordinária, consoante tem ensinado a doutrina.[10]

De outro lado, questão que tem merecido atenção da doutrina e da jurisprudência diz respeito à competência de juízo para conhecimento da ação revisional. Existem aqueles que sustentam ser a ação revisional uma ação acessória e que só existiria em razão da demanda alimentar originária, e, como conseqüência deste fato, geraria necessariamente juízo prevento.

Nesta linha então seria sempre competente para a ação de revisão o juízo onde foi decidida a lide alimentar. Dentre estes destacamos Jorge Franklin Alves Felipe, Hélio Tornaghi, Domingos Sávio Brandão Lima, Nelson Carneiro e, Inclusive, Pontes de Miranda.

Todavia, outra corrente doutrinária, respaldada basicamente em Yussef Said Cahali, sustenta que inocorre prevenção do juízo, devendo, portanto, prevalecer nas ações revisionais a regra constante do art. 100, II, do CPC.

A nosso juízo, com a devida vênia de entendimento contrário, assiste razão a Yussef Said Cahali, pois efetivamente a ação revisional é uma nova ação, muito embora decorrente da demanda alimentar originária. Com efeito, contempla nova causa de pedir, com outro pedido, fundada em relação jurídica de direito material não originada do processo anterior. Esta nova ação não é conexa à outra, pois somente serão conexas as ações quando lhes for comum o objeto ou a causa de pedir (art. 103 do CPC).

Prevento será o juízo que, correndo ações conexas em separado, despachar em primeiro lugar (art. 106 do CPC). Ora, na hipótese investigada não há conexão, vez que inexiste identidade de pedido ou de causa de pedir, por conseguinte, resulta excluída eventual prevenção.

Efetivamente, na ação originária de alimentos a causa de pedir é a relação jurídica de direito material que vincula alimentante e alimentado (p. ex. relação de paternidade); o pedido é representado pelos próprios alimentos. Já na ação revisional a causa de pedir é a mudança que sobreveio na fortuna de uma das partes; o pedido (objeto) é representado pelo aumento, redução ou exoneração que se pretende em relação ao encargo alimentar. Daí poder se afirmar que a ação revisional (quer modificativa,

---

[10] FELIPE, Jorge Franklin Alves. *Prática das ações de alimentos*. Rio de Janeiro: Forense, 1984, p. 47; BITTENCOURT, Edgard de Moura. Alimentos. São Paulo, 1979, p. 101; LIMA, Domingos Sávio Brandão de. *A nova lei do divórcio comentada*. São Paulo: O. Dip Editores, 1978, p. 167, p. ex.

quer exonerativa) não se constitui em ação acessória ou conexa à demanda alimentar, mas ação autônoma, com identidade própria. Diante deste quadro não há razão para se falar em prevenção de juízo e, por conseqüência, entendemos também que a regra aplicável quanto à competência é a constante do art. 100, II, do CPC ou, em outras palavras, o foro competente para propositura da ação revisória é o da residência ou domicílio do alimentado.

6. Questões emergentes

Algumas questões, no que diz respeito aos propósitos deste ensaio, merecem atenção particular, eis que contemplam hipóteses não tão corriqueiras na doutrina. Dentre estas, como já destacado anteriormente, aquela referente ao conteúdo das sentenças das ações revisionais, bem como as eficácias destas, sua capacidade de adquirir autoridade de coisa julgada e sua rescindibilidade e questões afins. Igualmente, deve ser examinada a possibilidade de antecipação dos efeitos da sentença de procedência, em regime de tutela de urgência, dentre outras questões laterais também pertinentes ao tema.

6.1. Conteúdo das sentenças

Questão decorrente da natureza do presente ensaio e vinculada a seu propósito, diz respeito a natureza da sentença proferida em demanda de conteúdo revisional, seja ele modificativo ou exonerativo.

Nesta linha, cumpre destacar que o conteúdo preponderante das demandas revisionais tem natureza diversa, dependendo, evidentemente, da situação substancial posta à apreciação do juízo e, portanto, sob o ponto de vista pragmático, ensejarão, como visto anteriormente, pedidos também diversos.

Com efeito, a demanda de cunho exonerativo pode apresentar suportes fáticos que ensejam conseqüências jurídicas diferenciadas e, como conseqüência, gerar demandas de projeção distinta. Nesta linha, vale destacar que a exoneração poderá ser definitiva ou temporária. Será definitiva quando ocorrer, no plano material, fato capaz de extinguir a obrigação alimentar e temporária quando ocorrer, no plano material, fato apto apenas a, em determinado momento, reconhecer a incapacidade momentânea de adimplemento integral da obrigação, mas não a extinção material desta.

A demanda revisional de pretensão exonerativa, com foro de definitiva, poderá, por exemplo, ter por fundamento substancial a morte do beneficiado ou a indignidade de parte do alimentado.

Já a demanda exonerativa, temporária, não reconhece a extinção da obrigação, mas apenas admite a impossibilidade do adimplemento frente as circunstâncias fáticas postas a exame. Poderá ser tido como exemplo a circunstância de que o obrigado contraia doença que, durante determinado período, esgote, por completo, seus recursos financeiros. Superada a fase de dificuldades e recuperada a saúde, nada obsta, seja demandado a adimplir sua obrigação que continuou existindo, apenas, frente a sua impossibilidade momentânea, deixou de se tornar exigível naquele determinado momento e frente àquelas circunstâncias específicas.

A demanda de exoneração de caráter definitivo tem conteúdo preponderantemente constitutivo (*rectius* desconstitutivo ou constitutivo-negativo), vez que extingue a obrigação alimentar, por sentença, ferindo de morte o encargo existente no plano material. A demanda, exonerativa temporária, de sua parte, tem conteúdo também preponderantemente constitutivo, porém não no plano da relação jurídica material, mas no plano da pretensão, haja vista que, embora persista a obrigação alimentar, a sentença outorga eficácia paralizante à pretensão, impedindo que o credor, diante das circunstâncias reconhecidas por sentença, exerça com eficácia sua pretensão. A decisão temporariamente desconstitutiva reconhece que, naquele momento, embora exista obrigação material alimentar, não há como exigir seu cumprimento, em face da não incidência – naquele tempo – do binômio necessidade/possibilidade.

Nessa linha, cumpre lembrar que nenhuma destas demandas possui conteúdo exclusivamente constitutivo, eis que as sentenças de procedência, em realidade, como já destacado, combinam cargas de eficácia. Portanto a demanda exonerativa com foros de definitividade ao lado do conteúdo preponderantemente constitutivo, também disporá de conteúdo declaratório. O conteúdo constitutivo está representado pela extinção do vínculo obrigacional e o declaratório pelo reconhecimento da ocorrência da situação substancial alegada. A demanda exonerativa de índole temporária, além do conteúdo preponderantemente constitutivo-negativo, possuirá, também conteúdo declaratório, representado este pelo reconhecimento da impossibilidade de exercício de pretensão material naquele momento e enquanto persistirem as mesmas circunstâncias reconhecidas na sentença.

A demanda meramente modificativa, de sua parte, possuirá conteúdo imediato preponderantemente declaratório se tiver por fito a redução da verba alimentar e conteúdo imediato acentuadamente condenatório se tiver por pretensão a majoração dos alimentos. Aquela, representado pelo reconhecimento da situação da necessidade de diminuição dos limites do encargo, reequalizando o binômio necessidade/possibilidade. Esta, de seu lado, impondo, cogentemente, o agravamento da sanção, portanto, sobrecondenando o demandado a majorar.

6.2. Coisa julgada

O estudo da sentença desemboca, logicamente, no instituto da coisa julgada, a qual para Enrico Tullio Liebman se constitui na imutabilidade do comando emergente de uma sentença. "Não se identifica ela simplesmente com a *definitividade* e intangibilidade do ato que pronuncia o *comando*; é, pelo contrário, uma qualidade mais intensa e mais profunda, que reveste o ato também em seu conteúdo e torna assim imutáveis, além do ato em sua existência formal, os efeitos, quaisquer que sejam, do próprio ato".[11]

Esta orientação, embora aceita por parcela significativa da doutrina, gerou dissenso e mereceu a crítica da pena talentosa de Barbosa Moreira e de Ovídio Baptista da Silva, na medida em que os respeitáveis mestres não admitem a imutabilidade dos efeitos da sentença, vez que sustentam, justamente, a possibilidade de mudança dos efeitos da sentença passada em julgado.

Contudo, vênia deferida, em nosso sentir, como já exposto em outras oportunidades,[12] não há como enfrentar o tema sem antes identificar a *natureza do direito posto em causa*, quer sob o ponto de vista dos limites objetivos (representados pela tentativa de identificar *o quê*, da sentença, passa em julgado), quer sob o prisma dos limites subjetivos (representados pela tentativa de identificar *quem* está sujeito a autoridade da coisa julgada) ou ainda sob o enfoque dos limites temporais (representados pela *medida da eficácia da decisão no tempo*).

Embora a divergência doutrinária reinante em torno da perfeita identificação dos limites da autoridade da coisa julgada, a verdade é que o instituto em si se forma a partir dos elementos identificadores da ação, os quais, segundo a clássica teoria dos *tria eadem*, intuída em tempos idos por Mateo Pescatore, são: partes, pedido e causa de pedir. *Parte*, em sentido processual, é aquele que demanda em seu próprio nome (ou em cujo nome é demandado) a atuação da vontade da lei, e aquele em face de quem essa atuação é demandada; *pedido*, de sua parte, se constitui no objeto da demanda, dividindo-se em mediato e imediato como ensina Giancarlo Giannozzi;[13] ao passo que a *causa de pedir* é, segundo José Ignácio Botelho de Mesquita: "o fato ou o complexo de fatos aptos a suportarem a pretensão do autor, ou assim por ele considerados".[14]

---

[11] LIEBMAN, Enrico Tulio. *Eficácia e Autoridade da Sentença com notas de Ada Pellegrini Grinover*. Rio de Janeiro: Forense, 1984, p. 50.

[12] PORTO, Sérgio Gilberto. *Coisa Julgada Civil*. Rio de Janeiro: Aide Editora, p. ex.

[13] GIANOZZI, Giancarlo. *La Modificazione Della Domanda Nel Processo Civile*. Milano: Giuffrè, 1958, p. 95.

[14] MESQUITA, José Ignácio Botelho de. *A causa 'petendi' nas ações reivindicatória. In:* Revista da AJURIS 20/169.

Assim, torna-se clara a lição que em havendo entre uma e outra demanda identidade de partes, pedido e causa de pedir, haverá também identidade de ações. Desta forma, estando uma das demandas já decidida e com sentença passada em julgado, pode-se afirmar que há coisa julgada em relação àquela lide. Coisa julgada esta que poderá ser formal ou material.

A coisa julgada formal apresenta-se como a impossibilidade de ser submetida a demanda a novo julgamento por vias recursais, ou porque este julgamento foi proferido por órgão do mais alto grau de jurisdição, ou porque transcorreu o prazo para recorrer sem que o sucumbente apresentasse recurso contra a decisão. Vale dizer: operou-se a preclusão porque a parte vencida exerceu todos os recursos que podia; ou usou de uns e não usou de outros ou ainda porque não usou de nenhum dos recursos que podia e, por esta razão, surgiu a impossibilidade de nova impugnação. Seus efeitos limitam-se ao processo em que foi proferida a decisão. Já a *coisa julgada material* extrapola os parâmetros do processo em que foi proferida a decisão e caracteriza-se, segundo forte orientação doutrinária, pela imutabilidade do elemento declaratório da sentença. Declaração esta que, ao reconhecer a nova situação jurídica decorrente da sentença, se torna imodificável tanto no processo em que foi pronunciada, como em qualquer outro.

Em matéria alimentar o estudo da coisa julgada, a exemplo de outros ramos, também enfrenta alguma dificuldade de interpretação. Com efeito, em muitas vezes as obras que versam sobre matéria processual alimentar afirmam que a decisão proferida em processo de alimentos não transita em julgado. Esta orientação, por certo, radica no teor do art. 15 da Lei de Alimentos, que reza: *A decisão judicial sobre alimentos não transita em julgado e pode a qualquer tempo ser revista em face da modificação da situação financeira dos interessados.* Daí, parte dos estudiosos passarem a afirmar que, no máximo, a sentença proferida em ação de alimentos atingiria o estágio de coisa julgada formal. Nesta linha encontramos algumas vozes na doutrina, p. ex., Paulo Lúcio Nogueira e João Claudino de Oliveira e Cruz.

Todavia, com a máxima vênia daqueles que esposam este entendimento, não é esta a interpretação que deve ser dada ao texto legal, pois a sentença proferida em ação de alimentos, no que tange ao mérito, transita em julgado e atinge o estado de coisa julgada material.

Note-se, neste passo, que uma relação jurídica continuativa dá suporte material a ação de alimentos, ou seja, uma relação jurídica em que a situação fática sofre alterações com o passar dos tempos. Deste modo, quando se diz que "inexiste" coisa julgada material nas ações de alimentos, faz-se referência apenas ao *quantum* fixado na decisão, pois, se resultar alterada faticamente a situação das partes, poder-se-á alterar os valores da obrigação alimentar. Mas, uma vez reconhecida esta, que envolve inclusive o estado familiar das partes, transita ela em julgado e atinge a condição de coisa julgada material, não podendo novamente esta questão ser reexaminada. Aqui, a declaração da obrigação alimentar, por representar o mérito da demanda e definir a nova situação jurídica existente, adquire o selo da imutabilidade e, portanto, faz coisa julgada material. Neste sentido, p. ex., Ovídio Batista da Silva e Pinto Ferreira.[15]

Na verdade, aqueles que sustentam que as sentenças proferidas em ação de alimentos não transitam em julgado confundem a "inexistência" de coisa julgada com a existência implícita da cláusula *rebus sic stantibus* (art. 471 do CPC) nas sentenças alimentares, pois representando estas dívidas de valor, sujeitam-se à correção, daí a pertinência dos limites temporais da coisa julgada, vez que a decisão é eficaz e possui autoridade apenas e enquanto não se alterarem as circunstâncias fáticas que a ditaram.

Assim, é certo que, modificando-se os valores por decisão judicial, a "nova" sentença não desconhece nem contraria a anterior. Ao revés, por reconhecê-la e atender ao julgado, que, como já se disse, contém implícita a cláusula *rebus sic stantibus*, a adapta ao estado de fato superveniente. E esta adaptação não atenua ou atinge a coisa julgada, mas antes a reconhece como tal.

Exatamente, com base nos fundamentos retro expostos é que se define a orientação de que as decisões proferidas nas demandas revisionais não ofendam a autoridade da coisa julgada anterior e, tal qual, as ações de alimentos propriamente ditas, também transitem em julgado e, portanto, na medida e nos limites da eficácia temporal da decisão, também adquiram autoridade de coisa julgada material.

6.2.1. Limites temporais

A matéria referente aos limites atribuídos à coisa julgada tem sido, ordinariamente, tratada apenas sob o ponto de vista objetivo e subjetivo, vez que a doutrina tem concentrado esforços prioritariamente na tentativa de identificar "quem" está sujeito a autoridade da coisa julgada e "o que" na sentença, transita em julgado, torna-se imutável, como anteriormente já destacado.

Contudo, vênia concedida, os limites de incidência da autoridade da coisa julgada não se esgotam somente nestas medidas, eis que as relações

---

[15] SILVA, Ovídio Baptista da. *Comentários ao Código de Processo Civil. Do Processo Cautelar*. V. XI. Porto Alegre, 1985, p. 197 e FERREIRA, Pinto. *Investigação de paternidade, concubinato e alimentos*. 2ª ed. São Paulo: Saraiva, 1982, p. 153.

jurídicas, embora normadas por decisão jurisdicional, também estão sujeitas a variação dos fatos no tempo, ou seja, a autoridade da coisa julgada não é capaz de imunizar a relação jurídica contra fatos futuros, embora vinculados à relação jurídica anteriormente jurisdicionada. Merece, portanto, especial atenção a questão referente a eficácia da decisão no tempo, como se se tratassse de uma capacidade intertemporal da decisão jursidicional.

Para que se conclua neste sentido basta que se atente para a matéria referente a coisa julgada quando posta em causa, p. ex., relação jurídica de natureza continuativa, tais como as relações tributárias ou as relações alimentares, nas quais, por existirem prestações periódicas o julgamento regula – evidentemente – apenas a relação jurídica no seu tempo e vale na medida do debate estabelecido, sem, entretanto, definitivar as conseqüências e projeções frente a novos fatos nascidos em razão desta mesma relação jurídica que sofre adequação com o passar do tempo.

Portanto, a idéia da existência de limites temporais para o caso julgado ou mais precisamente da triplicidade – e não apenas da duplicidade – dos limites da coisa julgada é realidade e não é nova, encontrando, inclusive, qualificado respaldo doutrinário, tanto que é expressamente tratada por Othmar Jauernig[16] que aduz: "O caso julgado está triplamente limitado: objectivamente pelo objecto, subjectivamente pelo círculo das pessoas atingidas e temporalmente com respeito ao momento em que se aplica a constatação."

Segue Jauernig,[17] ilustre professor da Universidade de Heidelberg, elucidando que "A sentença transitada estabelece a situação jurídica apenas em determinado momento, não para todo o porvir; pois normalmente a situação jurídica altera-se mais tarde: o direito é satisfeito e extingue-se, a propriedade reconhecida ao autor é transmitida, etc. A alegação destas alterações não pode ser excluída num novo processo pelo caso julgado."

Portanto, parece de lógica irrefutável a circunstância de que a decisão jurisdicional adquire a força de caso julgado em razão de fatos passados (aqueles alegados ou que deveriam ter sido alegados e que coexistiam com a decisão) e não em torno de fatos futuros, vez que estes ensejam, em face da teoria da substanciação,[18] nova demanda, pois representam nova causa de pedir. Daí, pois, a existência dos limites temporais da coisa julgada, vez que a projeção de sua incidência também é limitada no tempo da

---

[16] JAUERNIG, Othmar. *Direito Processula Civil*. 25 ed., Coimbra: Almedina, 2002, § 63. Tradução de F. Silveira Ramos.

[17] § 63, V.

[18] Vale lembrar que a teoria da substanciação identifica a causa de pedir na soma da relação jurídica afirmada aos fatos que a concretizam, fazendo que o direito sai do mundo das hipóteses e espalhe-se sob o mundo dos sentidos.

decisão ou, mais uma vez, na palavra autorizada de Jauernig[19] "Tudo o que, antes deste momento, podia ser alegado, está excluído num processo posterior (...). Todas as posteriores alterações na configuração dos efeitos jurídicos declarados, não são atingidas pelo caso julgado."

Esta idéia parte da premissa de que a relação jurídica é somente normada nos limites da situação substancial posta à apreciação, vez que pode, com o transcurso do tempo, sofrer alterações fáticas. Contudo, deve ser registrado que esta limitação não ocorre apenas quando a relação jurídica controvertida for tipicamente continuativa, tais as antes citadas ou seja as alimentares e tributárias, dentre outras igualmente de periodicidade intrínseca. Com efeito, também as relações *não-continuativas* estão sujeitas as variações temporais, haja vista que toda a relação jurídica possui, com maior ou menor intensidade, a presença da cláusula *rebus sic stantibus*. Assim, (a) o locatário que por força de decisão revisional está obrigado a pagar mil de aluguel, não está garantido que sempre pagará este valor, eis que uma nova realidade poderá determinar, mais uma vez, a revisão do valor locatício; (b) a decisão que regula a guarda dos filhos poderá, a qualquer tempo, ser revista com nova disciplina, basta que ocorram alterações fáticas que recomendem a revisão; (c) o credor que leva à penhora bem do devedor, perderá seu direito material expropriatório, mediante o adimplemento da obrigação e outras tantas hipóteses. Não há, nos exemplos, ofensa à autoridade da coisa julgada, vez que, muito embora se trate da mesma relação jurídica já normada por decisão, a nova situação não foi e nem poderia ser abrangida pela decisão anterior, vez que posterior a esta. Há, nos exemplos, mudança da situação substancial, portanto fora do alcance temporal da coisa julgada.

Assim, resulta evidenciado que a decisão jurisdicional regula a relação jurídica somente em face da situação substancial posta *sub judice* e não para todo o sempre. Desta forma, pois, possível afirmar que a autoridade da coisa julgada tem sua capacidade eficacial também limitada pelo tempo da decisão ou ainda, mais precisamente, quer as conseqüências jurídicas estejam sujeitas a adequações em face da natureza da relação jurídica de direito material ou não, a verdade é que a decisão tem seus limites também determinados pelo tempo dos fatos que foram considerados ou que deveriam ter sido considerados pela decisão, portanto preexistentes a esta.

Aliás, sobre a eficácia temporal, Remo Caponi, igualmente, observa que "Di efficacia della sentenza nel tempo si può parlare fondamentalmente in due sensi. Il primo porta a individuare il momento del tempo nel quale la sentenza comincia a produrre i suoi effetti e la loro stabilità. Il secondo

---

[19] Idem nota 17.

concerne l'incidenza dell'efficacia della sentenza passata in giudicato nel tempo delle situazioni sostanziali oggetto del giudizio".[20]

O ilustrado mestre peninsular supra, como se pode verificar, aponta duas formas de eficácia temporal da coisa julgada. Uma vinculada a partir do momento em que a decisão começa a produzir efeitos e outro, exatamente, vinculado a situação substancial normada. Todavia, a matéria referente aos limites temporais da coisa julgada, como o próprio Remo Caponi, no mesmo ensaio adiante obtempera, não se esgota apenas nesta disciplina, vinculada a situação substancial normada ou na mera identificação do termo *a quo* da eficácia da decisão, mas envolve, por evidente, também as chamadas condenações para o futuro, onde a decisão consolida sua eficácia não para regular situação jurídica pretérita, mas sim, projetando sua eficácia para além do imediato, tem por escopo disciplinar previamente eventual comportamento futuro.

Aliás, essa posição não é desconhecida pela doutrina brasileira e muitos enfrentaram a temática referente a condenação para o futuro.[21] Contemporaneamente, na Itália, como já destacado, a doutrina, por exemplo, sustenta que o objetivo da condenação para o futuro (*condanna in futuro*) é justamente regular condutas ainda não realizadas pelas partes: "in queste ipotesi laccertamento esprime dunque una regola di condotta per le parti che non è diretta a rimuovere un illecito del passato, ma si riferisce a fatti futuri".[22]

No direito indígena, especialmente, a eficácia temporal da coisa julgada aparece com nitidez na chamada tutela inibitória, cujo fito primordial é evitar a prática de ato ilícito, cumprindo, desta forma, função de cunho preventivo. Assim é, exatamente, porquê, a cognição e disciplina da situação projetada torna-se imune a discussões futuras, haja vista que já normada situação por vir, portanto antes da própria violação do direito. A disciplina sentencial define a conseqüência do futuro ato e esta conseqüência é imunizada pelo trânsito em julgado da sentença, definindo, pois, também sob esta faceta, os limites temporais da coisa julgada, já que esta dispõe de autoridade sobre eventual fato futuro.

A idéia dos limites temporais da autoridade da coisa julgada está, pois, intensamente presente nas demandas revisionais, sejam estas de cunho simplesmente modificativo, sejam de cunho exonerativo, pois, como dito, contemplam relações jurídicas de índole marcadamente continuativa, reclamando, portanto, adequação no tempo.

---

[20] CAPONI, Remo. *L'Efficacia del Giudicato Civile nel Tempo*. Milano: Giuffrè, 1991, p. 3.
[21] V, por todos, BARBOSA MOREIRA, Tutela Sancionatória e Tutela Preventiva, *Temas de Direito Processual*, Segunda Série, p. 27.
[22] CAPONI. *Op. cit.*, p. 83.

Releva destacar, entretanto, que internamente merecem distinção. Com efeito, como visto no corpo deste ensaio as demandas podem ser modificativas e exonerativas. Estas últimas, de seu turno, podem ser definitivas e temporárias, dependendo da situação substancial posta à apreciação. As definitivas, diversamente das demais, não ensejam posterior revisão, eis que a relação jurídica de direito material que obrigava ao encargo alimentar foi ferida de morte, estirpando o dever obrigacional do mundo jurídico. Isto, contudo, não significa que a decisão nela proferida seja destituída de limites temporais, na medida em que a sentença nela proferida por ter conteúdo constitutivo limita-se a produzir eficácia tãosomente *ex nunc* ou seja seus limites temporais de eficácia projetam-se apenas para o futuro e não para o passado.

6.3. Invalidade do julgado

No sistema jurídico brasileiro existem formas de invalidação do julgado ou, mais precisamente, formas de desconstituir a decisão jurisdicional. Dentre estas formas encontram-se as ações de anulação e as de rescisão. A medida de desconstituição do julgado apropriada para ser abordada nesta sede é a demanda de cunho rescisório que, em *ultima ratio*, visa seja procedido o julgamento do julgamento que, em caso de procedência, enseja o rejulgamento da causa originária, vez que as sentenças revisionais estão sujeitas a desconstituição, uma vez presentes qualquer vício apto a ensejar tal revisão.

6.3.1. Ação rescisória

Um dos suportes do ordenamento jurídico brasileiro, sem sombra de dúvida, é o instituto da coisa julgada, no qual, em face de seus propósitos ideológicos, encontra-se a idéia de estabelecer a paz social, eis que põe fim, no plano jurídico, ao conflito submetido à apreciação do Estado, tornando a decisão jurisdicional estável.

As decisões jurisdicionais, desta forma, poderão ser imodificáveis apenas nos processos em foram proferidas ou imutáveis frente a todo e qualquer outro processo, desde que presentes, tanto numa quanto noutra hipótese, os requisitos para a caracterização do instituto da coisa julgada, encerrando-se, pois, o litígio. O Estado, por opção de política legislativa, através do instituto da coisa julgada, lança um basta no conflito e, por decorrência, impede que seja retomada a discussão da causa em juízo. Eis, pois, um dos esteios do sistema jurídico brasileiro.

No entanto, o Estado-legislador, atento a possibilidade da existência de contaminantes indesejáveis, por cautela, criou a possibilidade de ser perseguida a desconstituição da decisão que, embora trânsita em julgado, tiver sido inoculada por vírus maléfico.

Com tal propósito, instituiu no direito brasileiro a chamada ação rescisória que, na palavra abalizada de Barbosa Moreira, é a ação "por meio da qual se pede a desconstituição de sentença trânsita em julgado, com eventual rejulgamento, a seguir, da matéria nela julgada",[23] ou, como observa Ovídio Araújo Baptista da Silva, " trata-se de uma ação autônoma que não só tem lugar noutra relação processual, subseqüente àquela em que fora proferida a sentença a ser atacada, como pressupõe o encerramento definitivo dessa relação processual. A ação rescisória (art.485 do CPC), em verdade, é uma forma de ataque a uma sentença já transitada em julgado, daí a razão fundamental de não se poder considerá-la um recurso. Como toda ação, a rescisória forma uma nova relação processual diversa daquela em que fora prolatada a sentença ou o acordão que se busca rescindir",[24] ou, ainda, na observação precisa de Pontes de Miranda[25] é o "julgamento de julgamento".

Como se vê, a medida tem por escopo, exatamente, desferir ataque à coisa julgada. Portanto, não é recurso contra decisão, mas ação autônoma de impugnação, verdadeira ação de invalidação da sentença passada em julgado.

Não se constitui em novidade ou privilégio do direito brasileiro permitir ataques a sentença passada em julgado, haja vista que a ação rescisória, no mínimo, conta com institutos aparentados no mundo ocidental. Efetivamente, identificam-se, p. ex., no direito comparado a *revocazione*, do direito italiano, a *requête civile*, do direito francês, a *Wiederaufnähme des Verfahres* do direito alemão, a revisão de sentença passada em julgado do direito espanhol, a revisão de sentença passada em julgado do direito português, a *open a judgment* do direito inglês e a querela de nulidade e a *restitutio in integrum* do direito canônico. Todas as medidas, ora como integrantes do sistema recursal, ora como iniciativa autônoma de impugnação, visam desconstituir a sentença já proferida e passada em julgado.[26]

Desta forma, muito embora possa ser afirmado que o assentamento de um instituto de tal envergadura no sistema jurídico brasileiro pudesse acarretar alguma intranqüilidade nas relações sociais, se justifica a pretensão de desconstituição de sentença trânsita em julgada porque, em certos

---

[23] BARBOSA MOREIRA, José Carlos. *Comentários ao código de processo civil.* v. V. Rio de Janeiro: Forense, 1974, p. 95.

[24] SILVA, Ovídio Baptista da. *Curso de processo civil.* v. I. Porto Alegre: Lejur, 1985, p. 409.

[25] PONTES DE MIRANDA. *Tratado da Ação Rescisória.* 3 ed. Rio de Janeiro: Borsoi, 1957, p. 45.

[26] Sobre o tema, consultar, com proveito, LUÍS EULÁLIO DE BUENO VIDIGAL, *Comentários ao Código de processo civil.* v. VI. São Paulo: RT, 1974, p. 14-19.

casos, "a natureza do vício causador da injustiça é de tal ordem, que apresenta inconveniente maior do que o da instabilidade do julgado".[27]

6.3.1.1. Natureza. Dentre as várias questões decorrentes do estudo da ação rescisória que merecem destaque, inclui-se aquela que tem por escopo identificar a natureza jurídica do instituto. Nessa linha, cumpre, de logo, afastar a idéia de que possa vir a se constituir em recurso, consoante institutos assemelhados existentes no direito comparado, haja vista que – como já destacado – no Brasil, se constitui em ação autônoma de invalidação de sentença passada em julgado. Ação tendente a eliminação da sentença anterior que passou em julgado, na palavra sempre abalizada de Pontes de Miranda.[28]

Em sendo ação autônoma, resta identificar qual sua natureza ou, mais precisamente, dentro do espectro conhecido da classificação das ações, em que moldura se afeiçoa. As ações, é sabido, em face das cargas de eficácias das sentenças, classificam-se, como anteriormente exposto: condenatórias, constitutivas, declaratórias, mandamentais e executivas.[29] Devendo, pois, a ação rescisória, como ação autônoma que é, incluir-se dentre uma dessas hipóteses.

Considerando, assim, o leque da classificação das ações, a partir das cargas de eficácia das sentenças, podemos definir a ação rescisória como ação constitutiva negativa ou, como quer parcela da doutrina, desconstitutiva.. Na demanda rescisória, o que mais se quer é, justamente, rescindir, anular, romper a sentença como relação jurídica viciada nascida com a sentença anterior. Assim, pois, parece irrefutável que – efetivamente – a carga de eficácia preponderante na pretensão rescisória é constitutiva negativa, na medida em que se busca a extinção de relação jurídica pré-existente.[30]

6.3.1.2. Pressupostos. A ação rescisória, como todo e qualquer demanda, deverá atender as exigências do artigo 282, CPC, e seus pressu-

---

[27] Idem, p. 5.

[28] *Op. cit.*, p. 96.

[29] Recentemente, aderindo a classificação quinária v. o excelente trabalho de TERESA ARRUDA ALVIM WAMBIER. *Nulidades do Processo e da Sentença*. 4 ed. São Paulo: RT, 1997, p. 76/86, item 1.5.2.

[30] Especialmente depois da edição do Código de 1973, a matéria firmou orientação no sentido do texto. Dentre vários, p. ex., JOSÉ FREDERICO MARQUES, *Manual de direito processual civil*. São Paulo: Saraiva, v. 3, 1974, p. 257; LUÍS EULÁLIO DE BUENO VIDGAL, *Comentários ao CPC*. São Paulo: v. VI. RT, 1974, p. 39; NERY, Nelson e NERY, Rosa Maria Andrade. *Código de Processo civil comentado e legislação extravagante em vigor*. 4 ed. São Paulo: RT, 1992, p. 942; PONTES DE MIRANDA, *Tratado da Ação Rescisória...*, p. 96; ROGÉRIO LAURIA TUCCI, *Curso de direito processual civil; processo de conhecimento*. v. 3. São Paulo: Saraiva, 1989, p. 211; VICENTE GRECO FILHO, *Direito Processual Civil*. v. 2. 2 ed. São Paulo: Saraiva, 1986, p. 366.

postos ordinários são àqueles pertinentes as ações em geral. Contudo, afora as exigências comuns, tem como pressupostos específicos de admissibilidade, dado seu propósito, duas exigências fundamentais: (a) existência de decisão de mérito transitada em julgado[31] e, ordinariamente,[32] (b) a configuração de um dos fundamentos de rescindibilidade elencados no artigo 485, CPC.[33]

Os pressupostos específicos de admissibilidade do manejo da ação rescisória delimitam o campo de atuação desta. Com efeito, releva destacar que a pretensão de rescindibilidade somente tem cabimento quando, além dos pressupostos ordinários, também estão presentes os requisitos próprios do instituto. E, vale destacar, não basta a presença de um deles, eis que é preciso que ocorra a concomitância de ambos, pois a cumulatividade é da essência da possibilidade jurídica da demanda.

Neste passo, tem lugar a demanda de rescindibilidade de julgado apenas contra decisão de mérito,[34] haja vista ser esta uma das exigências fundamentais. Isto afasta toda e qualquer pretensão de anulabilidade quando não se está frente a decisão de cunho definitivo, embora colorida qualquer das hipóteses do artigo 485, CPC, pois somente a presença simultânea dos pressupostos específicos é capaz de dar sustentação à demanda rescisória.[35]

Se a decisão contra a qual se pretende ataque não é de mérito não há interesse processual para a propositura de ação rescisória, na medida em que inexiste necessidade a justificar iniciativa processual dessa ordem, pois em sendo decisão de cunho meramente terminativo – aquela que não enfrenta o mérito da causa, não dispõe em torno do objeto litigioso – nada obsta que seja retomada a discussão em nova ação, pois a autoridade emanada da sentença terminativa é meramente interna ao processo onde foi proferida.

---

[31] Oportuna a observação de NERY e NERY (*CPC Comentado...*, p. 942) quando sinalizam que o artigo 485, CPC, ao limitar no *caput* a rescisória à hipótese de "sentença de mérito" disse menos do que pretendia, eis que, em verdade, seu sentido é mais amplo, comportando, pois, a demanda contra toda decisão judicial de mérito.

[32] Diz-se *ordinariamente* por que esta é a posição dominante na doutrina processual. Contudo, entendemos que o rol constante do artigo 485, pode, em certas hipóteses, ser flexibilixado, máxime se afrontada garantia constitucional implícita.

[33] "O art. 485 do Código de Processo Civil elenca as hipóteses que ensejam a pretensão à rescisão. Cada uma delas corresponde a uma possível *causa petendi* de ação rescisória, e, portanto, subordinam-se, em sua totalidade, ao regime reservado às *quaestiones facti*." CRUZ E TUCCI, José Rogério. *A causa petendi na ação rescisória. In:* Revista Forense 339/109.

[34] O sistema anterior não restringia as hipóteses de rescindibilidade às decisões de mérito. V. arts. 798/801, CPC/39. Por essa razão, quiçá, ainda hoje, por vezes, encontram-se referências a admissibilidade de rescisória contra decisões meramente terminativas. Neste sentido, PONTES DE MIRANDA, *Comentários...*, 1973, Tomo VI, p. 222, reproduzindo *Comentários...*, 1939, Tomo X, p. 136/7.

[35] Assim MARQUES, José Frederico, *Manua de direito processual civil*. v. 3. São Paulo, Saraiva, 1974, p. 258.

6.3.1.3. Legitimidade. Cumpre também esclarecer a questão referente a legitimidade ativa para a ação rescisória. Nesta linha, impende destacar que a matéria encontra-se disciplinada no artigo 487, CPC, no qual aparecem como legitimados: (a) aquele que foi parte no processo ou seu sucessor; (b) o terceiro juridicamente interessado e (c) o Ministério Público.

Como se vê, àquele que em qualquer fase do processado tenha ostentado a condição de parte, embora até mesmo excluído antes do final da causa, está legitimado à ação rescisória, na medida em que a *mens legis* estabelece, exatamente, esta hipótese. Com efeito, basta ter sido parte em algum momento processual, e não necessariamente até o final da causa, para adquirir a condição de legitimado à propositura da ação rescisória.

Esta situação outorga à parte da demanda originária a condição de legitimada à ação rescisória para si e para seus sucessores, seja a título universal ou singular. A legitimidade dos sucessores decorre da simples circunstância de que estes estão sujeitos a autoridade da coisa julgada, pois, mesmo quando manejados direitos individuais, o substituído processualmente, os cessionários e os sucessores da parte estão subordinados a esta,[36] portanto, se vinculados pela coisa julgada, também são legitimados à ação rescisória.

O terceiro juridicamente interessado igualmente está legitimado à propositura da ação de invalidade da sentença de mérito passada em julgado, consoante atesta o inciso II, do artigo 487, CPC. Por terceiro juridicamente interessado entenda-se àquele que é titular de relação jurídica que, direta ou reflexamente, venha a ser atingida pela sentença rescindenda, tal como, p. ex., o sublocatário na ação de despejo promovida, evidentemente, contra o locatário. Efetivamente, embora o sublocatário não seja titular da relação jurídica normada pela sentença rescindenda, é titular de relação jurídica conexa à esta e, por decorrência, será atingido pela decisão proferida, daí seu interesse jurídico no desate da causa.

O Ministério Público, por igual, possui legitimidade ativa à propositura de ação rescisória, uma vez coloridas as hipóteses tanto do inciso I quanto as alíneas constantes do inciso III, do art. 487, CPC, ou seja: (1) quando foi parte; (2) quando não tenha sido ouvido em processo que era obrigatória sua intervenção e (3) quando a sentença é efeito de colusão das partes, aos efeitos de fraudar a lei.

Isto representa que o Ministério Público se foi parte, como p. ex., em ação civil pública para tutela de interesses difusos, estará legitimado como toda e qualquer parte à propositura da demanda rescisória. Igualmente se

---

[36] Assim SILVA, Ovídio Araújo Baptista da. *Curso de direito processual civil.* v. 1. Porto Alegre: SAFE, 1987, p. 436.

deveria atuar[37] e não foi convocado a tanto, independente do resultado da causa, possui legitimidade ativa para a demanda de invalidade da sentença, eis que sua ausência representa clara violação de literal disposição de lei. Igualmente, legitimado estará, quando há colusão das partes, aos efeitos de fraudar a lei, pois como defensor da ordem jurídica (art. 127, CF) cumpre-lhe afastar toda e qualquer violação a Constituição e a lei.

6.3.1.4. Princípio regulador insculpido no ordenamento processual. O *caput* do artigo 485, CPC, define a incidência do princípio da taxatividade como aquele aplicável às hipóteses de cabimento de ação rescisória. Assim, os fundamentos para a propositura de demanda de invalidade de sentença passada em julgado se constituem – segundo a preferência da processualística nacional – em número determinado, não admitindo ampliação analógica, pois, o rol do dispositivo é taxativo e não meramente enunciativo.[38]

Muito embora a presente posição encontre-se majoritariamente solidificada em nível de doutrina, oportuno, apenas registrar, respeitados os limites do presente ensaio, que identificam-se aqui ou ali, posições que sustentam a superação do artigo 485 do CPC, pela via da ação de nulidade da sentença, desde que esta contemple vícios inconvalidáveis.[39]

Contudo, atento aos propósitos do tema central cumpre, por derradeiro, registrar que as demandas revisionais – seja modificativa seja exonerativa – por possuirem a capacidade de produzir sentença apta a gerar coisa julgada material, também estão sujeitas a demanda rescisória, desde que presente circunstância apta a autorizar a iniciativa. Portanto, incorreta a posição que inadimite ação rescisória contra decisão proferida em sede alimentar, em face da inexistência da capacidade de gerar coisa julgada material.

6.4. Antecipação de tutela

O instituto da antecipação da tutela, vênia concedida, representa até a presente data, a mais significativa das recentes reformas introduzidas no ordenamento processual. Efetivamente, no momento em que é permitida

---

[37] Sobre a atuação do Ministério Público desenvolvemos o ensaio intitulado *Sobre o Ministério Público no processo não-criminal*. Rio de Janeiro: Aide, 1998.

[38] Neste sentido, dentre outros, THEODORO JÚNIOR, Humberto. *Curso de direito civil*. v. I. 2 ed. Rio de Janeiro, 1986, p. 682; TUCCI, Rogério Lauria, *Curso de direito processual civil. Processo de Conhecimento*. v. III, São Paulo: Saraiva, 1989, p. 214; TEIXEIRA, Sálvio de Figueiredo. *CPC Anotado...*, notas ao art. 485; GRECO FILHO, Vicente. *Direito Processual Civil*. v. 2. 2 ed. São Paulo: Saraiva, 1986, p. 370.

[39] TESHEINER, José Maria. *Pressupostos processuais e nulidades no processo civil*. São Paulo: Saraiva, 2000, p. 283 e ss.

a antecipação de efeitos de futura sentença de procedência, de alguma forma, retoma-se no processo civil brasileiro a velha idéia carneluttiana da *justa composição da lide*, haja vista que passa a existir um melhor equilíbrio no trato das relações entre as partes, pois já de algum tempo os olhos estavam voltados exclusivamente para os interesses do demandado,[40] quiçá por resultarem baralhados conceitos do processo penal e do processo civil,[41] especialmente em face da concepção do primeiro em torno da posição do réu no processo criminal, onde a ampla defesa – justitificadamente – é compreendida de forma diferente, na medida em que livre, p. ex., do dever de veracidade.[42]

A revogação da decisão antecipatória, de sua parte, poderá ocorrer a qualquer tempo, ou seja, em qualquer fase do processo e em qualquer grau de jurisdição a que esteja afeta a demanda, todavia, sempre motivadamente.

De outro lado, deve ser registrado que o instituto da tutela antecipatória de mérito não se confunde em momento algum com medida cautelar.[43] Embora ambas integram o gênero tutela de urgência, apenas coincidem nos requisitos para concessão (*fumus e periculum*), todavia possuem escopos absolutamente diversos. Enquanto a tutela antecipatória visa, outorgar, antes da sentença final, o gozo do bem da vida ou parte dele, a tutela cautelar visa a assegurar, até a sentença final, a sobrevida do objeto litigioso ou como quer parcela significativa da doutrina o resultado útil do processo de conhecimento ou de execução.[44]

Posta a questão nestes termos, cumpre saber qual o comportamento dos tribunais para as ações de revisão de alimentos, tenham elas conteúdo modificativo ou exonerativo. Com este propósito, verifica-se, ainda que em exame perfunctório, que o instituto da antecipação de tutela merece

---

[40] Sobre a polêmica já discorremos em *"Recursos: reforma e ideologia." Inovações do Código de Processo Civil,...* p. 107 e ss.

[41] Esta circunstância, em nosso entendimento, decorre de outro equívoco histórico na compreensão da ciência do processo, qual seja, o de identificar a existência de uma chamada Teoria Geral do Processo, quando, em verdade, o processo penal está assentado em bases ideológicas diversas do processo civil.

[42] A ausência do dever de veracidade no processo penal justifica-se na medida em não pode ser exigido do réu que este se incrimine e, portanto, seu interrogatório já se caracteriza como meio de defesa (STF, RTJ 73/760), gozando, inclusive, do direito de ficar calado (art. 5°, LXIII, CF) Contrariamente, no processo civil é robusto o dever de lealdade imposto às partes (art. 14, CPC). Assim, pois, nota-se nítida diversidade de postura do processo penal e do processo civil no que diz respeito aos compromissos das partes, daí uma das várias razões que determinam a impossibilidade de serem compreendidos e tratados como se fossem um único instrumento.

[43] A propósito v., por todos, TEORI ALBINO ZAVASCKI, *Medidas cautelares e medidas antecipatórias: técnicas diferentes, função constitucional semelhante*. In *Inovações do Código de Processo Civil...*, p. 23 e ss.

[44] V. § 7°, art. 273 do CPC o qual abre possibilidade da aplicação da fungibilidade entre a antecipação e a cautelar incidental.

guarida nas ações revisionais, uma vez presente, seus pressupostos de admissibilidade, consoante se pode perceber do comportamento dos tribunais.[45] Contudo, também oportuno o registro de que uma vez ausentes os requisitos de admissibilidade do juízo antecipatório, tem este sido, obviamente, negado.[46]

---

[45] "REVISÃO DE ALIMENTOS – AGRAVO – MAJORAÇÃO – ANTECIPAÇÃO DE TUTELA – DEFERIMENTO, NO CASO CONCRETO – Embora não se tenha prova das reais condições do alimentante, é razoável a antecipação de tutela para majorar a pensão alimentícia, sensivelmente defasada pelo decurso do tempo e o aumento das despesas da alimentada, que fez prova de que está sendo privada de uma condição digna de vida. Agravo provido para elevar os alimentos para 80% do salário mínimo". (TJRS – AGI 70002440550 – 7ª C.Cív. – Rel. Des. JOSÉ CARLOS TEIXEIRA GIORGIS – J. 23.05.2001). "ALIMENTOS – EXONERAÇÃO – TUTELA ANTECIPADA – Prova inequívoca da maioridade da credora, mãe de dois filhos e que convive com o pai destes. Situação excepcional que permite a antecipação da tutela. Agravo a que se nega provimento". (TJMG – AGCív 263.846-8/00 – 5ª C.Cív. – Rel. p/o Ac. Des. JOSÉ FRANCISCO BUENO – DJMG 24.05.2002). "TUTELA ANTECIPATÓRIA – CONCESSÃO EM AÇÃO DE EXONERAÇÃO DE ALIMENTOS – ADMISSIBILIDADE, SE A EX-ESPOSA ASSUME ESTAR VIVENDO RELAÇÃO CONCUBINÁRIA COM OUTRO – INTELIGÊNCIA DO ART. 273 DO CPC – Nos termos do art. 273 do CPC é admissível a concessão de tutela antecipada em ação de exoneração de alimentos, se a ex-esposa assume estar vivendo relação concubinária com outro, pois não é permitido concluir que o tempo do processo sacrifique o direito do ex-esposo de livrar-se imediatamente da pensão, dado o caráter irrepetível dos alimentos". (TJSP – AI 74.094-4/9 (SJ)– 3ª C. – Rel. Des. ÊNIO SANTARELLI ZULIANI – J. 05.05.1998) (RT 755/256).

[46] "ALIMENTOS – REVISÃO – TUTELA ANTECIPADA – PEDIDO DE DIMINUIÇÃO OU EXONERAÇÃO DA OBRIGAÇÃO – Mantém-se a decisão que indeferiu o pedido de tutela antecipada para exonerar ou reduzir a obrigação do alimentante, quando não comprovada a alteração na situação das partes envolvidas. Agravo improvido. (TJRS – AGI 70003033859 – 7ª C.Cív. – Rel. Des. JOSÉ CARLOS TEIXEIRA GIORGIS – J. 26.09.2001). "ALIMENTOS – REVISÃO – TUTELA ANTECIPADA – Decisão que, antecipando a tutela em revisional de alimentos, reduz a quantia devida – Ato judicial reformado por acórdão, que, desconstituindo a tutela, tem efeito *ex tunc*, não se podendo considerar como devidos, no interregno, apenas o valor concedido na aludida tutela antecipada, mas sim o valor que vinha sendo pago – Decisão que entende que deve prevalecer a redução até a data do acórdão, incorreta – Eventual inserção de quantias pagas que deve ser examinada a requerimento do devedor, quando intimado para pagar – Recurso provido". (TJSP – AI 140.143-4 – São Paulo – 10ª CDPriv. – Rel. Des. MARCONDES MACHADO – J. 14.03.2000 – v.u.). "PROCESSUAL CIVIL – AÇÃO DE EXONERAÇÃO DE ALIMENTOS – TUTELA ANTECIPADA – ART. 273 , *CAPUT*, DO CPC – EXEGESE – DEFERIMENTO EX OFFICIO – ERROR IN PROCEDENDO – IMPOSSIBILIDADE – AGRAVO DE INSTRUMENTO PROVIDO – DECISÃO UNÂNIME – Em se tratando de demandas de exoneração de alimentos, que depende do exame minucioso da modificação do *status quo ante*, no atinente à continuidade da obrigação alimentar, não pode o julgador conceder tutela antecipada, sobretudo quando procede *ex officio*. Quando o juiz antecipa, *ex officio*, os efeitos da tutela meritória, incorre em manifesto *error in procedendo*, porquanto somente se possibilita tal manifestação, desde que a requerimento da parte interessada (art. 273, caput, do CPC). A confirmação, ou não, da necessidade alimentícia configura tema reservado para o julgamento meritório da ação originária, momento processual adequado para tanto, porque, ampliada a cognição, o juízo teria maiores subsídios para essa averiguação. Por votação unânime, deu-se provimento ao agravo interposto, para reformar a decisão agravada". (TJPE – AI 76182-2 – Rel. Des. Jones Figueirêdo – DJPE 08.09.2002). "ALIMENTOS – EXONERAÇÃO – TUTELA ANTECIPADA – AUSÊNCIA DOS REQUISITOS DO ARTIGO 273 DO CÓDIGO DE PROCESSO CIVIL – INADMISSIBILIDADE – Descabe a antecipação de tutela quando faltar um dos requisitos estabelecidos no artigo 273 do Código de Processo Civil". (TJMG – AI 000.203.104-5/00 – 1ª C.Cív. – Rel. Des. GARCIA LEÃO – J. 20.03.2001). "ALIMENTOS – EXONERAÇÃO – ANTECIPAÇÃO DE TUTELA – DESCABIMENTO – A maioridade do alimentando não autoriza, automaticamente, a

Assim, pois, pode-se concluir com facilidade que não há óbice jurídico para antecipação dos efeitos da sentença de mérito da ação revisional, uma vez presentes os requisitos indispensáveis ao seu deferimento. O que se percebe, portanto, é que é possível antecipar os efeitos tanto na exoneração como na modificação do encargo alimentar, desde que presente situação substancial apta a ensejar acolhimento de pretensão antecipatória.

Realmente, nada obsta que se antecipe a tutela exonerativa, uma vez presente condição extintiva da obrigação, tal qual, por exemplo, se apresenta a hipótese de indignidade já judicialmente reconhecida em desfavor do credor ou, em se tratando de simples modificação do valor do encargo, a notória desnecessidade superveniente do beneficiado. Igualmente, nas hipóteses de exoneração temporária, também possível a antecipação, segundo se vê dos arestos retro colacionados. Todas hipóteses devem se enquadrar no requisito da verossimilhança exigida pela disciplina legal do instituto e se presente essa, nasce, pois, a possibilidade jurídica da antecipação.

---

redução ou exoneração da pensão alimentícia, embora cessado o pátrio poder. Somente após a análise detalhada da capacidade do alimentante e da necessidade do beneficiário e que será decidida a questão. Assim, na falta de elementos probatórios, não se concede a tutela antecipada. Agravo provido, por maioria, para determinar o desconto alimentar no valor de 32,5% dos rendimentos líquidos do obrigado". (TJRS – AGI 70003110012 – 7ª C.Cív. – Rel. Des. JOSÉ CARLOS TEIXEIRA GIORGIS – J. 21.11.2001). "ALIMENTOS – EXONERAÇÃO – ANTECIPAÇÃO DE TUTELA – MAIORIDADE – A maioridade dos filhos, por si só, não acarreta a exoneração dos alimentos, porquanto podem estes subsistir fundados no artigo 397 do CCB. Proveram. Unânime". (TJRS – AGI 70003215829 – 7ª C.Cív. – Rel. Des. LUIZ FELIPE BRASIL SANTOS – J. 14.11.2001). "ALIMENTOS – EXONERAÇÃO – TUTELA ANTECIPADA – MAIORIDADE – NECESSIDADE DE ALTERAÇÃO NO BINÔMIO POSSIBILIDADE-NECESSIDADE – A maioridade por si só não autoriza a exoneração liminar do dever alimentar. O que pode autorizar a exoneração e a alteração do binômio alimentar. Caso em que a prova dos autos não autoriza a antecipação de tutela. Negaram provimento". (TJRS – AGI 70003104783 – 8ª C.Cív. – Rel. Des. RUI PORTANOVA – J. 18.10.2001).